ILS ONT TUÉ MON DISQUE

12, avenue d'Italie
75013 Paris – France
Tél. : 01 44 16 09 00
Fax : 01 44 16 09 01
Courriel : firstinfo@efirst.com
Internet : www.editionsfirst.fr

ISBN : 978-2-7540-6965-6
Dépôt légal : janvier 2015
Imprimé en France par NRI s.a.s. (1501311)

Ouvrage dirigé par Laurent Boudin
Édition : Capucine Panissal
Correction : Florence Le Grand
Mise en page : Romain Poiré

BENJAMIN PETROVER

ILS ONT TUÉ MON DISQUE

FIRST
Editions

Au premier lecteur de ce livre,
mon père Maurice Petrover.
Ce livre est aussi le sien.

Avant-propos

Je vous parle d'un objet que les moins de vingt ans ne peuvent pas connaître. Pendant un siècle, il mesurait 25 à 30 centimètres. Pendant vingt-cinq ans, 12 centimètres. Depuis dix ans, il ne survit que dans les cœurs des nostalgiques et dans quelques boutiques militantes. Il se présente sous la forme d'une galette de quelques millimètres d'épaisseur : le disque.

Dans l'inconscient collectif, cet objet est associé à des artistes que l'on a admirés, à des chansons que l'on a aimées, à des pochettes que l'on a exposées sur nos étagères, à des vacances que ces airs ont accompagnées, à des baisers que l'on a donnés. Le disque est un pan de notre histoire personnelle, il représente une ou des émotions, un attachement particulier et beaucoup de souvenirs. Vous qui lisez ces lignes, peut-être avez-vous gardé dans un coin de votre grenier le 45 tours de Johnny Hallyday en tenue de militaire chantant « Le Pénitencier », le 33 tours des Beatles traversant les clous de la mythique Abbey Road ou celui de « L'histoire de Melody Nelson » nous montrant une Jane Birkin naïve et pure.

De façon plus prosaïque, ce disque n'est pourtant rien d'autre qu'un simple support sur lequel est gravé un enregistrement sonore. Cette performance technique est le fruit d'une longue évolution. La musique fut d'abord sauvegardée sous forme de partitions, puis le son lui-même fut gravé sur les phonographes imaginés par Charles Cros et les rouleaux réalisés par Edison en 1877. Mais le rouleau ne pouvait être dupliqué et pour chaque exemplaire, l'orchestre devait rejouer le morceau et les chanteurs s'égosiller des heures durant pour interpréter la même chanson. Charles Pathé lui-même a répété plus de mille fois devant un cornet certaines allocutions[1]. C'est ainsi que naquit le 78 tours, à partir de 1904, inspiré du disque plat imaginé par Berliner. Cette année-là, Caruso devint le premier artiste à vendre plus d'un million de disques. Au même moment, les premiers labels discographiques se créaient (Columbia aux États-Unis, Pathé en France) pour inscrire du contenu musical sur ces galettes et créer des catalogues d'œuvres, label signifiant « étiquette » en anglais. Berliner lui-même en créa plusieurs. Leur rôle : produire, éditer et distribuer les enregistrements d'artistes. C'est ce que l'on appellera plus tard les maisons de disques.

Avec le progrès technique, l'électrophone a remplacé le tourne-disque à pavillon. Puis le vinyle 33 tours a remplacé le 78 tours. Nous sommes passés de quatre minutes enregistrées à trente minutes par face. Le son s'est fait plus fin, avec des graves et des aigus plus riches.

Les équipements se sont ensuite généralisés. Le particulier n'avait plus besoin d'aller dans les foires ou les boutiques spécialisées pour avoir le droit d'écouter, moyennant

1. Daniel Lesueur, *L'Histoire du disque et de l'enregistrement sonore*, éditions Carnot, 2004.

paiement, un précieux enregistrement. Le disque est entré dans nos maisons pour ne plus les quitter. Au total, on estime que près de quarante milliards de disques, tous supports confondus, ont été mis en circulation depuis 1877. Avec le numérique, sa taille s'est réduite pour entrer dans les lecteurs CD de nos ordinateurs. Puis il a disparu, s'est transformé en une suite de 0 et de 1, compressés dans un fichier MP3. Il est devenu si petit qu'on ne le voit plus. Envolé. Dématérialisé.

Le disque est-il mort ? Respire-t-il encore ? On dirait qu'il a bien failli y passer. Alors, qui a tué mon disque ?

« Comme un ouragan qui passait sur eux... »

Nous sommes le 20 février 1999. Ce soir-là, la 14e cérémonie des Victoires de la musique, retransmise en direct sur France 2, réunit comme chaque année les artistes les plus en vogue du moment. Alain Bashung y est triplement célébré. Il est sacré artiste masculin, reçoit la récompense du meilleur vidéoclip ainsi que celle couronnant l'album de l'année. Pour la première fois depuis leur création, les Victoires proposent une catégorie « rap ». Le métier choisit de récompenser le groupe Manau et son album *Panique celtique*, propulsé en tête des ventes par le tube « La tribu de Dana ». Enfin, « Belle » est sacrée sans surprise chanson de l'année après avoir été matraquée des mois durant sur les ondes pour promouvoir la très belle comédie musicale *Notre-Dame de Paris*, écrite par Luc Plamondon et composée par Richard Cocciante.

Mais derrière les sourires de circonstance, un malaise flotte dans la salle. Le monde de la musique va mal. Très mal. Et ce n'est pas un porte-parole des intermittents du spectacle qui va prendre le micro pour exprimer tout haut ce que chacun pense tout bas, mais la chanteuse Zazie elle-même : *« Nous voulons poser une question qui vous est bizarre mais qui nous est chère : la musique a-t-elle encore un avenir ?* demande-t-elle[2] juste après que Faudel ne reparte avec le trophée de la révélation de l'année. *Depuis un an, le pillage de nos créations s'est développé de façon impressionnante. Qui n'a pas entendu parler de sites pirates de musique sur Internet ou de trafic de CD copiés dans les lycées ou les entreprises ?* dit-elle d'un ton grave. *Nous voulons dire à vous, public, aux responsables politiques, à tous ceux qui aiment la musique et à ceux qui nous écoutent ce soir, que pirater la musique, c'est aussi la tuer.* »

Dans la salle, les applaudissements sont polis et personne ne commente la déclaration. Ni la ministre de la Culture, Catherine Trautmann, impassible au premier rang, ni le maître de cérémonie, Michel Drucker, qui s'empresse d'enchaîner avec la séquence « musique techno ». Seul Alain Chamfort, debout sur scène près de Zazie, précise que *« tous les artistes sont solidaires de cette déclaration »*. Il ne le sait pas encore, mais quatre ans plus tard sa maison de disques le remerciera et il deviendra malgré lui l'un des symboles de cette crise du disque qui jette sur le trottoir ses plus grandes vedettes.

En réalité, tout le métier a déjà peur. Oui, peur, depuis que les fans se sont mis à télécharger de façon compulsive des milliers de chansons sur leur ordinateur, au format MP3, *via* une plateforme américaine nommée Napster. Peur, depuis que le graveur de CD, jusque-là réservé à quelques rares professionnels, s'est démocratisé et que chacun peut, pour quelques dizaines de francs, faire l'acquisition de CD vierges pour dupliquer à volonté les disques des camarades de classe et des collègues de bureau.

2. « Les Victoires de la musique », France 2, 20 février 1999.

Le marché du disque vient pourtant de vivre une décennie prospère. Le chiffre d'affaires annuel de cette industrie avoisine alors les 12 milliards de francs (environ 1,8 milliard d'euros). Cinq majors se partagent alors l'essentiel du marché : Universal qui vient de fusionner avec PolyGram et regroupe désormais les labels Mercury, Barclay, Polydor ou Island avec des artistes aussi prestigieux que U2, Serge Gainsbourg, Eminem ou Elton John ; Sony Music qui détient les mythiques labels Columbia et Epic et distribue Mariah Carey, Jean-Jacques Goldman et Céline Dion ; Warner Music Group qui vend par millions les albums de Madonna ; EMI qui s'assoit sur la rente inusable que représentent les disques des Beatles ; enfin BMG, propriétaire des catalogues de RCA et des disques Vogue qui ont tant marqué la période yé-yé. Ces grands labels travaillent main dans la main avec plusieurs radios prescriptrices, NRJ en tête, ainsi que six chaînes de télévision qui assurent la promotion de leurs artistes *via* quelques grands shows (c'est l'ère des « grands classements ») et surtout des clips que M6 a l'obligation de diffuser du fait de son statut de chaîne à vocation musicale. Mais au même moment, Internet se développe. La France occupe en 1999 la troisième place du classement européen quant au nombre de foyers connectés. Elle se situe derrière l'Allemagne et le Royaume-Uni. 2,4 % des foyers disposent d'une connexion. Nous sommes encore à l'ère du bas débit, les usagers sont peu nombreux, mais l'on observe avec inquiétude la vague annonciatrice d'un tsunami qui fait déjà des ravages aux États-Unis. Une vague aussi incontrôlable qu'inattendue et qui pourrait bien atteindre aussi la France.

Quatre mois plus tôt, le SNEP, le Syndicat des éditeurs et producteurs phonographiques, qui regroupe alors les majors ainsi que quarante-trois producteurs indépendants, avait pourtant senti le vent tourner. Alors que l'année 1997 avait enregistré de bons chiffres, les indicateurs commencent à basculer dans le rouge en mai 1998[3]. Le marché du disque ralentit brusquement. Les ventes des singles s'essoufflent et les albums ne se vendent plus. Des chiffres inquiétants tombent alors tel un couperet : en cette année 1999, le marché du disque régresse de 2,5 % en valeur et 4,9 % en volume[4]. Pour la première fois depuis plusieurs années, le chiffre d'affaires de la profession chute de façon sensible. Certes, la France tient encore le coup comparé à ses voisins occidentaux. Le marché du disque hexagonal, chose exceptionnelle, résistera bon an mal an jusqu'en 2002. Pour mieux sombrer ensuite...

En cette année 1999, le milieu musical est donc sonné. S'attendait-il à de tels chiffres ? Le disque, objet physique jusqu'ici si prospère, voit son avenir compromis par un public qui grave des CD à tour de bras et découvre les joies du téléchargement de morceaux sans mettre la main au porte-monnaie. La dématérialisation de la musique est en marche. La révolution qui vient est énorme. Bien plus grande que les précédentes traversées par l'industrie du disque. Elles furent pourtant majeures pour comprendre son évolution. Il y eut la révolution du microsillon qui installa le 33 tours et le 45 tours comme des produits de masse, plé-

3. Véronique Mortaigne, « Le SNEP s'inquiète des nouveaux modes de diffusion de la musique », *Le Monde*, 28 octobre 1998.

4. SNEP, conférence de presse du 34e MIDEM, 24 janvier 2000.

biscités par le public et promus par les radios et les télés. Il y eut la révolution de la cassette audio qui instaura la notion d'écoute individuelle avec le Walkman créé par Sony. Elle provoqua une grande crise du secteur avec l'apparition des copies privées à grande échelle et obligea le pouvoir politique à intervenir pour la première fois dans cette industrie. Il y eut la révolution du CD qui marqua l'entrée du digital dans les foyers et la miniaturisation du support audio.

Mais la révolution du MP3 est bien plus forte. Elle signe la disparition complète de l'objet auquel les mélomanes s'étaient attachés pendant plus d'un siècle. Ce progrès technique, permet aux particuliers de copier de la musique à l'infini, sans la moindre déperdition de son d'une copie à une autre. Au-delà de la disparition d'un objet culte, c'est aussi toute l'économie qui lui est associée qu'il faut reconstruire, remodeler, redessiner, pour adapter l'offre à une consommation du public devenue compulsive et totalement insaisissable. Le consommateur ne veut plus payer pour une œuvre dématérialisée. Producteurs, labels, distributeurs et bien sûr artistes, découvrent que c'est la fin d'une époque prospère. Si le disque ne se vend plus, qui le remplacera ? Comment le virtuel peut-il devenir une source de revenu lorsqu'un fichier peut être dupliqué de façon illimitée, sans altération de sa qualité, et que son transfert s'effectue en un seul clic... et sans aucun contrôle ?

Laisser circuler librement les MP3 ? Une folie suicidaire ! Interdire le virtuel ? C'est refuser le progrès et surtout se mettre à dos le public. Ce dernier a déjà une longueur d'avance puisqu'il a pris, sans l'accord du secteur, le destin de la musique enregistrée en main. Alors il faut trouver la bonne voie pour concilier progrès technologique, demande du public, chasse aux pirates et source de revenu pour les producteurs et créateurs de musique. Cela prendra plus de dix ans. Une microseconde dans l'histoire de l'humanité, une éternité au siècle du clic et du tweet. Dix ans de données inquiétantes, de chiffre d'affaires en chute, de fusions entre labels, de licenciements en masse et de revenus issus du numérique qui peinent à croître. Dix ans pour faire comprendre au public que le tout-gratuit est un drame et qu'il ne permet pas aux artistes de vivre de leur art. C'est seulement en 2009, soit exactement dix ans après l'appel de Zazie, qu'est promulgué le décret instaurant la création d'Hadopi, la Haute Autorité pour la diffusion des œuvres et la protection des droits sur Internet, chargée de poursuivre les internautes pirates. Quant au marché mondial du disque, il ne reprend des couleurs qu'en 2012 et se redresse d'un petit 0,3 %, premier chiffre positif depuis 1998.

Mais le paysage musical n'est plus le même et la guerre du numérique a fait des morts. Deezer, YouTube, iTunes et Spotify sont devenus les nouveaux rois de la diffusion. Côté production, l'essentiel du marché se réduit désormais à trois majors qui se partagent 71 % du marché : Universal, Warner et Sony Music. Sur le petit écran, les télécrochets et talk-shows sont devenus les seuls espaces d'expression pour les jeunes artistes qui n'ont plus de fenêtre d'exposition pour interpréter leurs nouveautés et se faire connaître du grand public. Dans nos salons, l'enceinte wi-fi ou Bluetooth a remplacé la chaîne hi-fi. La bibliothèque iTunes et le flux infini de Deezer nous ont éloignés de l'étagère où nos CD prennent lentement la poussière. Pour la première fois en 2014, le streaming génère davantage de profits que le téléchargement légal. L'offre en ligne est devenue la norme et le consommateur de biens culturels dispose désormais de la plus grande discothèque musicale au monde. Tout morceau, quel qu'il soit, est à portée de clic ! Jamais dans nos rêves les plus fous nous n'aurions imaginé pouvoir disposer aussi facilement d'autant d'heures de musique en continu. Mais, ce même consommateur rechigne à payer ne serait-ce que quelques euros pour un contenu, quel qu'il soit, comme si l'immatériel avait annihilé la valeur marchande d'un enregistrement sonore.

Il n'en demeure pas moins un paradoxe : alors que le disque est en crise depuis dix ans, l'industrie musicale, au sens le plus large du terme, n'a jamais gagné autant d'argent. Les perceptions de droits, *via* la SACEM, n'ont cessé de croître, grâce notamment au spectacle vivant.

Alors comment apporter un regard éclairé face à cette immense révolution qui s'est déroulée sous nos yeux durant la décennie écoulée ? L'arrivée simultanée du MP3, des graveurs de CD, du piratage massif puis du haut débit, a mis à sac une industrie qui avait tourné à pleins tubes pendant plus d'un demi-siècle.

À qui la faute ? Aux maisons de disques qui n'ont pas su comprendre l'ampleur du phénomène Internet, ni proposer à temps une offre adaptée aux usages qui se sont complètement modifiés ? Aux consommateurs qui ont cessé de dépenser le moindre centime, quitte à faire disparaître les artistes qu'ils ont pourtant adulés ? Aux géants du net, toujours prompts à proposer des offres alléchantes d'accès Internet à haut débit, quitte à inciter implicitement au téléchargement illégal ? Aux politiques qui ont brillé par leur lenteur à installer une législation efficace ?

Entre vos mains, voici le fruit d'un an et demi d'une enquête passionnante qui a choisi de tendre le micro à ceux qui ont vécu cette révolution. Elle remontera les sillons de cette industrie du disque depuis ses origines jusqu'à la crise des années 2000. Puis elle interrogera les nouveaux acteurs de la génération du numérique afin de savoir ce que deviendra la musique enregistrée maintenant que nous sommes entrés dans l'ère de la *dématérialité* et du streaming. Elle interrogera aussi les artistes pour savoir comment ceux qui créent la musique feront pour en vivre.

Elle vous permettra de décrypter ce qui s'est passé au sein des majors de la musique, des labels indépendants, des studios, des grands médias musicaux, des plateformes de streaming ou de distribution, chez les pirates comme chez les artistes. Elle donnera la parole à ceux qui ont fait évoluer le disque en un demi-siècle. Ce sont eux, producteurs de disques, interprètes, directeurs artistiques, responsables de radios, patrons de magasins culturels, hommes politiques, jeunes pousses de start-up, qui nous raconteront avec leurs points de vue respectifs comment l'industrie du disque est née, comment elle a chuté face au tsunami des années 2000, et comment la mutation actuelle provoquée par la dématérialisation lui permettra de reprendre vie grâce aux nouveaux acteurs qui détiennent désormais les clés du marché.

De façon délibérée, cette enquête se concentre sur le marché français du disque car ce dernier porte nombre de spécificités. La France dispose d'une production nationale très forte. En 2013, 75 % d'artistes locaux composaient le top 10 des ventes d'album, plaçant la France dans les pays les plus attachés à leur patrimoine local avec l'Italie, l'Argentine, le Brésil, la Suède et le Japon. Elle a bâti une conception bien à elle du droit d'auteur et de la propriété intellectuelle. Elle a instauré très tôt ses propres lois et a connu la crise quatre ans après le reste des grandes nations.

C'est cette histoire que nous allons vous raconter... Ou plutôt qu'ils vont vous raconter pour vous permettre de plonger au cœur de la première industrie à s'être convertie au numérique, bien avant que le livre, la presse ou le cinéma ne vivent la même révolution : le disque !

PREMIÈRE PARTIE

AVANT LE TSUNAMI, *L'ÈRE DU MATÉRIEL*

« Monsieur Barclay
M'a demandé :
"Léo Ferré,
Je veux un succès
Afin que je puisse…
Promotionner
À Europe 1, et chez Fontaine
Et chez Lourie, et chez D. Dufrêne
Et moi pas con, j'ai répondu
"Voilà patron, ce que j'ai pondu" »

Léo Ferré

Les grandes dates du disque (1) – l'âge d'or

1877 : Charles Cros adresse à l'Académie des sciences un mémoire décrivant le principe d'un appareil de reproduction des sons.

1877 : Thomas Edison met au point le phonographe à cylindre.

1888 : Emile Berliner invente le gramophone et le disque plat.

1888 : Fondation de Columbia, première maison de disques.

1889 : Premier juke-box, le multiphone, un phonographe à rouleau pourvu d'un monnayeur.

1892 : Invention de l'enregistrement électrique.

1904 : Odeon en Allemagne et Columbia aux États-Unis fabriquent les premiers 78 tours à double face enregistrée.

1926 : Le phonographe se dote d'un pick-up, une tête de lecture microphonique.

1946 : La firme Columbia édite le premier microsillon sur un 33 tours/min.

1949 : La firme RCA lance le 45 tours/min, d'un diamètre de 17 centimètres.

1951 : Le premier microsillon 45 tours sort en France.

1956 : Mise sur le marché des premiers 33 tours en stéréo.

1959 : Lancement du célèbre Teppaz « Oscar », avec haut-parleurs dans le couvercle qui permet l'écoute mobile.

1971 : Commercialisation de disques microsillons en quadriphonie. C'est un échec.

1976 : Après les États-Unis, le maxi 45 tours arrive en France.

1978 : Pic historique des ventes de vinyles en France.

1979 : Invention du Walkman.

17 août 1982 : Commercialisation du premier CD.

1984 : Loi Lang sur les droits voisins instaurant notamment la taxe sur la copie privée.

1987 : baisse de la TVA sur le disque et autorisation de la publicité pour le disque à la télévision.

1993 : Arrêt du pressage des 45 tours.

1994 : Loi instaurant 40 % de chanson française à la radio et à la télévision.

Chapitre 1

Poupée de cire, poupée de son

L'épopée du microsillon, Eddie Barclay et Salut les copains

« Les mecs, ils ont inventé le métier du disque avec leur bite et leur couteau ! »

Yves Bigot

Mais à quoi ressemblait donc cet âge d'or du disque dont les anciens parlent avec tant de nostalgie ? Tout progrès n'arrivant jamais seul, l'industrie du disque, telle que nous l'avons connue jusqu'à la crise du disque des années 2000, a connu un essor considérable au début des années 1950 grâce à la conjonction de plusieurs facteurs. Cela commence par une révolution technologique : la mise au point du disque microsillon, tournant à 33 tours 1/3 par minute et capable de contenir plus de vingt minutes de musique enregistrée par face, contre quatre minutes à peine à l'ère du 78 tours. Désormais, une symphonie de Beethoven tient sur les deux faces d'un seul disque et ne nécessite plus l'achat d'un coffret entier. Un support moins onéreux fait également son apparition : le 45 tours/min. Cette galette d'un format réduit – 17 centimètres de diamètre – propose entre deux et six titres sur dix minutes maximum. Il est plus léger et plus maniable. La matière première a également changé. En raison de la pénurie provoquée par la Seconde Guerre mondiale, il a fallu remplacer la gomme-laque. C'est désormais le polychlorure de vinyle qui supporte les gravures du sillon. Grâce à l'utilisation de matières synthétiques thermoplastiques, le bruit du frottement se réduit et la gamme des fréquences se fait plus riche. Quant au lecteur, c'est un électrophone mobile qui remplace le meuble imposant du tourne-disque à pavillon.

L'objet « disque » est également devenu un bijou dont on prend soin. Adieu les emballages en papier kraft où la mention du fabricant en grosses lettres prend autant de place que le nom de l'artiste. Vive les belles pochettes colorées et distinguées avec des photos en couleurs. On situe cette révolution graphique vers 1939. Cette année, la firme Columbia nomme Alex Steinweiss, jeune graphiste originaire de Brooklyn, directeur artistique du plus puissant label de États-Unis. C'est lui qui, le premier, voit en la pochette de disque une œuvre à part entière. Sa première réalisation est une pochette illustrée pour *Smash Song Hits*, une compilation de Richard Rodgers et Lorenz Hart, les rois de la comédie musicale[5]. La pochette avec photo est née. L'esthétisme autour du disque vinyle aussi. Car, outre la musique, l'attrait que représente une belle pochette est déterminant dans l'acte d'achat. Elle

5. Richard Gouard, Christophe Gueudin, Grégory Bricourt, *Vinyles, l'art du disque*, La Martinière, 2012.

est laissée nonchalamment près du lecteur de microsillon ou sciemment posée debout contre un mur, tel un poster auquel l'on s'attache et que l'on veut fièrement exhiber. L'artiste que l'on aime nous regarde les yeux dans les yeux.

De nombreux passionnés de musique voient dans ces progrès une opportunité immense pour à la fois développer un business et faire partager leurs goûts pour ces airs venus d'outre-Atlantique. C'est le début d'une grande épopée et la naissance de métiers : producteurs et managers d'artistes. Il s'agit de façonner un personnage médiatique, trouver les chansons qui lui conviennent le mieux (la plupart du temps en important et en traduisant des tubes américains), puis financer l'enregistrement et la distribution du disque.

Le plus célèbre de ces passionnés s'appelle Eddie Barclay. C'est un pianiste, fou de jazz, au flair gigantesque. Un ami américain lui parle de l'invention du microsillon. Eddie part alors aux États-Unis découvrir la technique de fabrication de cette invention révolutionnaire. Il en profite pour signer plusieurs contrats avec des stars américaines du jazz de l'époque, et négocie l'autorisation de distribuer en France les disques du label Mercury. Il importe également 3 000 électrophones produits outre-Atlantique. De retour en France, il obtient par l'entremise de son frère, le pressage aux usines de Chatou chez Pathé Marconi des premiers 33 tours, grâce à soixante matrices rapportées dans ses valises de son séjour new-yorkais[6]. Premier succès : The Platters avec leur tube « Only You » qui s'écoule à 1 million et demi d'exemplaires.

---

6. Bertrand Dicale, *Eddie Barclay, notre dernier nabab*, Le Figaro, 14 mai 2005.

La légende de Barclay descendant de son avion avec les disques sous le bras est belle. Mais la réalité n'est-elle pas différente ? Car le premier microsillon français aurait en fait été mis au point par les ingénieurs des laboratoires Pathé Marconi et Pechinay. Barclay aurait donc simplement utilisé leur dispositif. Par ailleurs d'anciens collaborateurs racontent une autre histoire. C'est un concurrent, Léon Cabat, fondateur des disques Vogue, qui aurait pressé les premiers microsillons 25 centimètres avant Barclay. Il importe des presses, crée une usine à Villetaneuse ainsi que des studios d'enregistrement, donnant ainsi naissance à la première maison de disques 100 % française. Il produit alors beaucoup de disques de jazz, et donne leur chance à de jeunes interprètes au destin prometteur : Françoise Hardy, Pierre Perret (venu de la maison Barclay) ou Johnny Hallyday. C'est sans doute par son tempérament bien plus discret que Léon Cabat n'est pas entré autant que Barclay dans la légende.

Mais Barclay ou Cabat, la grande histoire du microsillon peut commencer. Nous sommes en 1951. Les petites structures fleurissent et partout, au dire des anciens, une ambiance encore familiale demeure, bien loin des monstres que deviendront les majors des années 2000. La dénomination « maison de disques » pour évoquer le métier d'éditeur de phonogrammes prend tout son sens. Pathé Marconi est la principale maison de disque du moment. Elle se partage le marché avec plusieurs firmes (Victor, Columbia), rachetées par de grands groupes de radio américains (qui donneront naissance à RCA et CBS) après la crise de 1929, ou encore du néerlandais Philips.

Le cas de Philips est d'ailleurs intéressant. Le fabricant cherche à la fois à produire le contenant et le contenu, à l'image d'Emile Berliner lorsque ce dernier avait inventé le disque plat et créé dans la foulée son label musical, la Gramophone Company, et vendu les machines pour écouter la musique. Philips lance à fois la première platine de disque électrique et crée en 1950 le label Philips Phonografic Industries qui produit et édite les enregistrements d'artistes. Ce sont les fameux « disques Philips », un nom qui raisonne dans la mémoire de beaucoup d'entre nous. Philips possède également sa propre usine. Le fabricant de l'électrophone est donc aussi le propriétaire de la galette que l'on achète ainsi que de son contenu, un peu comme un fabricant d'imprimantes qui vend ensuite les cartouches compatibles[7]. Et quelles cartouches ! Jacques Brel, Serge Gainsbourg, Félix Leclerc ou Georges Brassens font partie d'un tableau de chasse prestigieux et d'un catalogue mis sur pied par Jacques Canetti. Cet homme est à la fois directeur artistique au sein de la maison de disques et dirigeant du théâtre Les Trois Baudets. Ses artistes peuvent ainsi rôder leurs chansons sur scène et graver sur disque celles que le public a le plus applaudies. La musique française doit beaucoup à son flair et surtout à sa persévérance pour imposer des artistes, même lorsque le succès tarde à venir. On retrouve également chez Philips le catalogue de la Dutch Decca Company que le groupe a racheté pour ses enregistrements classiques prestigieux. Fontana est le label dédié aux amateurs de jazz, un temps dirigé par Boris Vian.

---

7. C'est la même stratégie qu'emploiera Sony à la fin des années 1990 en rachetant le catalogue de Columbia, devenant ainsi fabricant de platine CD, éditeur de phonogrammes *via* sa filiale Sony Music et même fabricant de CD vierges et de graveurs de CD.

Qui est le petit chien de « La voix de son maître » ?

La maison de disques Pathé Marconi est aussi célèbre que le chien représentant son label « La voix de son maître ». Ce tableau du peintre Francis Barraud représente un petit chien attentif face au pavillon d'un gramophone. Ce chien a vraiment existé. C'est celui de Mark, le frère de l'artiste. Après sa mort, Francis hérite de l'animal prénommé Nipper, mais aussi d'un phonographe équipé de rouleaux sur lesquels Mark avait enregistré sa voix. Un jour, Francis met en route l'appareil et remarque que le chien réagit en entendant les paroles de son défunt maître. Ému et surpris, il immortalise alors la scène sur un tableau qu'il nomme « His Master's Voice », en français « La voix de son maître ».

Après plusieurs revers, Francis Barraud propose de vendre sa peinture à la Gramophone Compagny de Londres. Le directeur William Barry Owen en fait l'acquisition le 4 octobre 1899, mais à la condition que le phonographe (à rouleau) du tableau soit remplacé par un gramophone qui lit les disques plats. Ce sera chose faite. Le tableau en devient pourtant absurde : il est impossible qu'un chien entende la voix de son maître sur un gramophone car les tourne-disques n'ont jamais permis d'enregistrer de la musique en prise directe. Quoi qu'il en soit, la scène est entrée dans la légende et la marque « His Master's Voice » a été adoptée comme image de marque dès 1900 aux États-Unis puis dans toute l'Europe chez HMV devenue en 1931 EMI.

L'époque est alors au dynamisme à tous les niveaux. Après le jazz, une musique révolutionnaire envahit le monde entier : le rock'n'roll. Bill Halley signe son acte de naissance officiel en deux minutes et huit secondes avec « Rock around the clock » qui entre dans les foyers américains en 1955. L'année suivante, Elvis Presley, véritable bombe atomique musicale, réveille l'Amérique en se déhanchant devant 40 millions de téléspectateurs. Les réalisateurs de télévision sont contraints par la suite de ne filmer que son visage en plan serré tant ses mouvements son jugés trop sexuels. En France, Gilbert Bécaud déclenche des mouvements d'hystérie auprès de la jeunesse. En février 1955, le patron de l'Olympia, Bruno Coquatrix, propose d'offrir son spectacle aux étudiants. Plus de 4 000 spectateurs se pressent alors dans une salle qui ne peut en accueillir que la moitié. Les adolescents s'emballent jusqu'à casser les fauteuils. Le rock est suivi par le twist, la pop et la venue à l'Olympia des Beatles en janvier 1965. Mais contrairement à l'engouement mondial que suscite le groupe, la Beatlesmania ne semble pas avoir vraiment touché l'Hexagone. Les quatre garçons dans le vent sont applaudis poliment par un public qui réclame surtout Sylvie Vartan et Trini Lopez, également à l'affiche ce soir-là.

Le train est en marche. Le rock, cette chanson au langage simple, cet art de dire « je t'aime » avec des mots de tous les jours ponctués de quelques rimes et d'un rythme endiablé, séduit les plus jeunes et provoque un engouement pour le 45 tours. Ce support peu onéreux nécessite moins de précautions que l'imposant 33 tours. Il s'écoute dans les juke-box, mais aussi les mange-disques et autres Teppaz, premiers appareils permettant une écoute mobile, loin du lecteur imposant des parents plantés au milieu du salon. On l'achète chez les disquaires spécialisés. Entre les années 1950 et les années 1980, ces derniers jouent un rôle de prescripteur considérable, comme l'immense Sinfonia sur les Champs-Élysées à Paris qui obtient en un temps record les disques sortis outre-Atlantique. Mais le vinyle est partout. Même les quincailliers disposent de tourniquets avec les derniers titres à la mode.

Le 45 tours devient l'objet d'une génération. C'est celle du baby-boom. En cette période de Trente Glorieuses, les jeunes reçoivent de leurs parents de l'argent de poche. Ils dépensent sans compter pour écouter et applaudir les Chaussettes noires ou Chuck Berry. Qu'importe si ce format ne permet d'entendre que deux à quatre chansons par face ! C'est un public qui dispose pour la première fois d'un pouvoir d'achat. Les industriels du disque comptent bien en profiter. Pierre Lescure, qui se définit lui-même comme un enfant du rock, fait partie de cette jeunesse-là. « *J'ai grandi dans une famille qui écoutait de la musique en 33 tours ou en 78 tours. L'arrivée du 45 tours a changé la donne. Pour un film ou un livre, le jeune devait demander de l'argent. Le 45 tours, lui, ne coûtait que cinq francs. On pouvait donc s'acheter un titre et faire le choix de la musique que l'on aimait. Cela change tout économiquement. On avait l'impression de vivre une révolution !* »

Avec cette révolution des usages, le producteur de disques devient l'élément central de l'industrie musicale. C'est un tournant de taille. Au XIXe siècle et jusqu'aux années 1930, la musique existait principalement *via* les spectacles vivants et les éditeurs. Les deux métiers travaillaient main dans la main. Pour faire simple, un éditeur trouvait un auteur, un compositeur, un artiste puis mettait ce dernier en relation avec une salle de spectacle. Son intérêt était qu'un catalogue de chansons soit interprété ou joué par un orchestre. L'artiste se faisait alors son expérience sur scène, écumant le soir les petits cabarets parisiens. La sortie d'un disque n'arrivait qu'après ce long et formateur chemin de croix. Songez par exemple au premier album de Barbara qui n'est rien d'autre que la reproduction de sa prestation au cabaret l'Écluse. Georges Brassens faisait ses gammes aux Trois Baudets avant d'enregistrer le moindre disque.

À partir de la période yé-yé, le producteur de phonogramme peut parfaitement lancer seul la carrière d'un artiste interprète. France Gall ou Sylvie Vartan n'ont pas foulé la moindre scène avant d'enregistrer leur premier disque. C'est même le contraire. Sortir un disque devient une fin en soi et, disons-le, le gros du business. Le concert n'arrive que dans un second temps et devient un aboutissement assurant la promotion d'un album, il n'en est plus l'élément déclencheur. Le producteur de phonogrammes a récupéré les clefs du business de la musique et pour un bon moment.

Pourquoi des 45 tours et des 33 tours ?

Aussi surprenant que cela puisse paraître, les 33 et 45 tours sont nés d'une guerre de formats entre deux entreprises concurrentes. Lorsque le microsillon est mis au point, Columbia et RCA-Victor s'approprient la découverte. C'est le 21 juin 1946 qu'est officiellement mis au point par les ingénieurs René Snepragers et Peter Goldenmark le premier disque tournant à 33 tours 1/3 par minute. La Columbia Records en dépose immédiatement le brevet. Mais au même moment, RCA-Victor, firme concurrente, met au point le disque tournant à 45 tours par minute, exploitant également le microsillon. Elle promeut ce support plus petit, plus léger et moins cher. Deux formats se retrouvent donc simultanément sur le marché. L'un a adopté la taille du 78 tours (25 ou 30 centimètres de diamètre), l'autre s'est calqué sur la durée du 78 tours (4 à 7 minutes par face). Quant au large trou du 45 tours, il est destiné au bras des juke-box, mais très vite, il deviendra aussi le signe distinctif du SP (format court) dont beaucoup d'entre nous ont la tendre nostalgie.

En France, c'est en 1951 que le 45 tours fait son entrée. La même année, les deux formats se mettent à cohabiter pour de bon. RCA-Victor, se résignant face au succès du format concurrent, édite son premier LP (format long) 33 tours : la *Gaîté parisienne* d'Offenbach jouée par le Boston Pops Orchestra. Les deux univers cohabitent alors, l'un pour les « singles », l'autre pour les « albums ». Dès lors, les fabricants se mettent à équiper les platines de plusieurs vitesses de rotation : 78, 45, 33 et même 16 tours par minutes, un format destiné à l'enregistrement de discours, mais qui fut très vite abandonné.

⏭ La génération « Salut les copains »

La révolution du disque n'aurait sans doute jamais été aussi importante si les radios périphériques n'avaient pas vu le jour au même moment. Elles jouent dès leur apparition un rôle non négligeable dans la promotion de ce support car jusque-là, les métiers du disque et de la radio se regardaient en chien de faïence. *« Si les gens entendent mes artistes à l'antenne, ils n'achèteront pas leurs disques »*, estimaient les producteurs. Quant aux radios, elles voyaient surtout dans le disque un substitut à leurs orchestres.

En 1955, soit quatre ans après l'arrivée du 45 tours en France, Europe N° 1 émet ses premiers programmes. Cette radio contourne le monopole d'État sur les ondes en installant son émetteur dans la région de la Sarre, hors du territoire national (d'où l'appellation « radio périphérique »). Une émission devient alors un phénomène, porte-parole de toute une génération. C'est *Salut les copains*, créé par Daniel Filipacchi. Le titre est une chanson de Gilbert Bécaud. Daniel Filipacchi n'y passe que des nouveautés dont un « chouchou », morceau sélectionné pour passer en début et en fin d'émission. Claude François avec « Belles, belles, belles » ou Michel Berger avec « Amour et soda » font alors partie de ces privilégiés.

Le public est aussi sollicité pour plébisciter les artistes qu'il aime. Un soutien qui s'organise *via* les fan-clubs. Ces derniers sont mobilisés et harcèlent le standard pour faire monter la côte de leur chanteur favori. Et quand le patron d'Europe N° 1, Lucien Morisse, casse en direct le disque de Johnny Hallyday qu'il considère comme le summum de la médiocrité, Filipacchi programme tout de même le jeune rocker dans *Salut les copains*, émission devenue un État dans l'État au sein de la station de la rue François Ier. La radio devient l'espace privilégié pour diffuser abondamment de la musique et faire connaître les nouveautés au public. Pour les producteurs, c'est un relais de publicité fabuleux.

C'est à cette même époque que le producteur Claude Carrère lance la carrière de Sheila, assisté de Mémé Ibach[8]. La jeune et insouciante Annie Chancel est alors choisie pour devenir l'interprète de « l'école est finie », inséparable de ses célèbres couettes. Aujourd'hui encore, Ibach se souvient avec une certaine émotion de cette époque d'effervescence. *« Une profession est née avec Salut les copains, la profession du vinyle. SLC a véritablement démocratisé le 45 tours. Tous les quartiers de France voulaient avoir leur disquaire pour trouver les chansons entendues dans cette émission. Au même moment, Radio Luxembourg ramait car elle n'avait pas compris l'impact de cette émission. »* Le langage pour désigner les chanteurs change. On ne parle plus d'artistes mais d'idoles. Leur genre musical est appelé yé-yé.

Bien plus tard Franck Alamo est revenu sur cette époque bénie. *« Jacques Brel, Charles Aznavour et tous les artistes qui étaient chez Barclay en voulaient énormément aux yé-yé parce que l'on perturbait les maisons de disques. Il n'y avait pas de magnétophones, pas de quoi enregistrer les musiques à la radio. Pour entendre une chanson, il fallait donc l'acheter. C'est comme cela que l'on en vendait quatre, cinq, ou six millions[9] ! »* C'est d'ailleurs avec un peu de réticence que Charles Aznavour, figure de la chanson française, écrit « La plus belle pour aller danser » à l'intention de la jeune Sylvie Vartan, symbole de cette génération yé-yé montante pour laquelle les aînés n'ont pas vraiment d'estime.

8. À la fin des années 1970, il quitta Carrère pour fonder les Disques Ibach, produisant des artistes tels que Karen Cheryl ou Douchka.

9. Diffusé dans « Les années Barclay », Henry-Jean Servat, Jean-Luc Prevost, France 3, 14 septembre 1999.

Producteurs, radios et salles de spectacles travaillent main dans la main. Ces métiers sont intimement liés, chacun comprenant bien l'intérêt qu'il peut tirer de cette relation de proximité. Europe 1 diffuse ainsi chaque semaine les *Musicorama* retransmis depuis l'Olympia qui mettent en avant les tubes et les vedettes du moment. Certains sont amis. Il n'est ainsi pas rare de voir Eddie Barclay jouer aux cartes avec Lucien Morisse, Paul Lederman et plus tard Dalida. Elle connaîtra avec le premier une grande histoire musicale, avec le second une grande histoire d'amour.

La recette pour faire un tube

Bien malin celui qui pourra expliquer la magie qui fait qu'une chanson touche le cœur du public. Ce qui est certain, c'est qu'elle est le fruit de plusieurs talents :

- **L'auteur et le compositeur :** ils écrivent et composent, parfois ensemble, une chanson.
- **L'éditeur :** il « place » la chanson. Autrement dit, il la propose à une équipe artistique pour que la chanson trouve son interprète. L'ensemble des chansons ainsi placées constitue un catalogue d'œuvres.
- **L'interprète :** son succès est le fruit de plusieurs années de petites scènes et d'enregistrements pour se faire connaître. Le succès est basé sur la voix, mais aussi sur l'image que le public a de lui.
- **Le directeur artistique :** il supervise l'enregistrement afin que la chanson ait un son et que l'album ait une cohérence.
- **Le producteur :** il paye l'enregistrement. Jusqu'à l'arrivée du numérique, cela coûtait extrêmement cher, de la location du studio à la rémunération des musiciens, parfois d'orchestres entiers. Après la chute du mur de Berlin, on trouve l'astuce d'enregistrer en Europe de l'Est là où les orchestres coûtent moins cher. Cette méthode fut beaucoup appliquée pour les comédies musicales.
- **L'éditeur phonographique :** il récupère l'enregistrement (master) en fait un disque et le commercialise. Il prend la charge financière du pressage du disque, est propriétaire du stock fabriqué.

- **Le distributeur :** il fait en sorte que le disque soit bien placé dans les points de vente, de la grande distribution au petit disquaire.
- **Le responsable marketing (arrivé dans les années 1980) :** il doit mettre en place un plan afin d'assurer la promotion de l'album dans les médias et sur les points de vente.
- **L'attachée de presse :** elle doit convaincre les radios de jouer la chanson sur leurs ondes mais aussi inciter les télés et la presse écrite à inviter et parler de l'artiste.
- **Le tourneur :** il est en contact avec les salles de spectacles afin de réaliser le planning d'une tournée.

Le terme « maison de disques » peut regrouper une ou plusieurs de ces activités, que ce soit celles d'éditeur de phonogrammes et de producteur principalement, mais aussi les métiers de distributeur ou de tourneur. Une maison de disques peut abriter plusieurs labels, chacun d'entre eux ayant une identité musicale.

⏭ À la pêche aux tubes et aux talents

Chacun est donc à l'affût des nouveautés. Côté maison de disques, des têtes chercheuses doivent déceler les tubes populaires capables d'être diffusés par les radios. Il faut également repérer les jeunes talents qui pourraient les incarner. Eddie Barclay lui-même organise chaque mercredi des auditions au cours desquelles une vingtaine de postulants tentent leur chance. Il n'en retient qu'un seul, voire deux, par an à qui il propose de graver un disque.

C'est la naissance d'un métier : celui de directeurs artistiques dont le rôle est de déceler les interprètes qui pourraient dans un futur proche rencontrer un public. Ils doivent flairer les jeunes talents dans les salles de concert, puis les accompagner dans la production de leur disque, appuyer leur vision artistique. Plus prosaïquement, il s'agit de mettre en œuvre toutes les conditions matérielles pour que l'artiste soit inspiré : studio, musiciens, réalisateur pour réaliser le meilleur disque possible. Puis aider à faire la meilleure promotion possible. Ils sont aidés pour cela par des attachés de presse dont le travail consiste à établir un lien étroit – parfois à harceler – les journalistes et responsables des radios. Parmi les directeurs artistiques de Pathé Marconi au début des années 1970 figurent ainsi un certain Michel Berger qui écrit « Les girafes » pour Bourvil, ou encore Claude-Michel Schoenberg, l'homme du « premier pas », puis le compositeur des comédies musicales *Les Misérables* et *La Révolution française*.

Les directeurs artistiques doivent aussi chercher des chansons à fournir à leurs artistes quand ces derniers n'écrivent pas, ou pas assez. Pour cela, ils travaillent en étroite collaboration avec des éditeurs. Le travail de ces derniers consiste à trouver des utilisateurs pour une œuvre. En clair : donner clef en main des mélodies et des textes à des interprètes. La plupart du temps, surtout dans la période yé-yé, ils acquièrent les droits sur des tubes qui ont fait leurs preuves outre-Atlantique. De leur persévérance dépend la carrière de nos artistes. Citons l'exemple de Marc Lumbroso, jeune éditeur chez Vogue au début des années 1970. Il arrive à confier « Barbara Ann » des Beach Boys aux Martin Circus. La chanson américaine devient en français « Marylène ». Le titre arrive numéro un des ventes de 45 tours en septembre 1975. Il fait également chanter par Johnny, « Joue pas de rock'n'roll pour moi », adaptation du titre anglais « Don't play your rock'n'roll to me ».

Mais son plus grand fait d'armes, c'est la découverte de Jean-Jacques Goldman. Aujourd'hui encore il en est fier.

« C'était en 1976-1977. J'essayais de placer ses chansons à des interprètes. Je lui disais : "Écris pour Johnny Hallyday,

pour Michel Sardou, pour Gérard Lenorman" qui vendaient des disques à l'époque. » « L'envie » est ainsi proposée à l'équipe de Michel Sardou, « Je te promets » pour celle de Gérard Lenorman. « S'il suffisait d'aimer », « Veiller tard » ou encore « Il y a » sont aussi dans les cartons. *« J'allais ensuite voir les directeurs artistiques. Pendant un à deux ans, aucun n'en voulait. Alors j'ai persuadé Goldman de les chanter lui-même. À nouveau, j'ai fait le tour de toutes les maisons de disques. »* Mais les réactions sont mauvaises. Personne ne veut signer Goldman, ni chez les indépendants ni chez les majors. Chez Ariola (BMG), un responsable jette la cassette à la figure de Lumbroso. *« Tu m'as fait passer un mauvais week-end avec cette merde ! »* lui crie-t-il. Seul Claude Carrère, qui vient de remporter un énorme succès en distribuant Boney M en France, y décèle un potentiel. Mais il veut tester l'artiste en lui faisant enregistrer un simple 45 tours. Ce dernier est intransigeant et ne veut pas être une vedette kleenex. *« Single ? Non ! C'est un album ou rien »*, répond Goldman. C'est finalement chez CBS que Jean-Jacques Gossuan, directeur marketing du label Epic, est pris d'un coup de cœur pour l'album. La carrière de Goldman commence ce jour-là.

Il aura donc fallu la persévérance de son éditeur dont on vient de voir le rôle primordial, mais aussi, la confiance d'un label puis le coup de foudre artistique d'une grande programmatrice radio, Monique Le Marcis, de RTL, qui choisit de lui donner sa chance, pour que Goldman devienne le fournisseur de tubes le plus prolifique des années 1980 et 1990. Quant à Lumbroso, il restera l'éditeur de Goldman et réalisateur de ses albums jusqu'à « Frédéricks Goldman Jones », l'opus contenant le très émouvant « Né en 17 à Leidenstadt ».

⏭ Le pouvoir des radios

Côté radio, un autre métier fondamental voit également le jour : le programmateur musical. Au départ, il s'agit de conseiller le directeur de la station quant au choix des chansons à diffuser à l'antenne. Mais la musique occupant une part importante du temps d'antenne, ce métier prend une importance fondamentale et, disons-le, inattendue pour les premiers intéressés. Rappelons que jusque dans les années 1980, seules quatre radios se partagent les fréquences : Paris Inter (devenue France Inter en 1963), Europe N° 1, Radio Luxembourg (RTL à partir de 1966) et Radio Monte Carlo (RMC). Les programmateurs sont des personnes courtisées, choyées et que les producteurs de disques ménagent pour obtenir les « faveurs » de la programmation. De leur décision dépend la vie ou la mort des artistes. C'est bien simple, la radio est devenue le média numéro un, LE prescripteur d'achat. Pour sélectionner les morceaux à diffuser sur RTL, la programmatrice musicale Monique Le Marcis prend soin de contacter régulièrement les disquaires dans les grandes villes de France. Elle se fait ainsi une idée des albums qui se vendent et ceux qui n'intéressent pas les clients. Elle le revendique : son rôle alors n'est pas de savoir ce qui marche mais ce qui *va marcher*. *« Je passais beaucoup de temps chez les disquaires et je regardais qui achetait quoi. Le jour où j'ai vu un monsieur de quarante ans acheter Renaud, j'ai compris que je pouvais le diffuser à toute heure. »*

Mais le flair et la sensibilité musicale de la programmatrice occupent également une part importante. Jean-Jacques Goldman aurait-il eu la carrière que l'on connaît si Monique Le Marcis n'avait pas insisté, contre sa direction, pour le diffuser sur RTL ? « Prendre un enfant par la main » d'Yves Duteil était un titre perdu au fond de l'album *Tarentelle*. Là encore, c'est Monique Le Marcis qui, après avoir vu la réaction du public lors d'un concert au Théâtre de Paris, choisit de diffuser ce morceau à l'antenne, propulsant « Prendre un enfant » chanson du siècle. Elle n'hésite pas non plus à mettre sa démission dans la balance pour imposer la diffusion sur les ondes de Daniel Balavoine dont elle est la seule à deviner le potentiel. Et les cas sont nombreux. « Le zizi » de Pierre Perret était une chanson placée discrètement à la fin d'un 33 tours sorti en 1975. Le directeur des programmes d'Europe 1 Jacques Ourevitch la découvre et, malgré le texte sulfureux, se met à la diffuser avec délectation. Du jour au lendemain, « Le zizi » devient le morceau phare de l'album mais aussi l'un des plus grands succès de la carrière du chanteur qui célèbre en 2014 ses 80 ans. Ces quelques exemples illustrent combien l'influence des radios sur la carrière et le succès d'un artiste est grande. Programmation sur les ondes et succès dans les bacs sont intimement liés. Bien sûr, nous trouverons toujours des exemples de chanteurs qui ont construit un parcours atypique tout en étant superbement ignorés par les radios. Hubert-Félix Thiéfaine ou Anne Sylvestre sont régulièrement cités. Mais pour un Thiéfaine qui s'en sort comme il peut, combien d'artistes oubliés des ondes le sont aussi du public ?

On le comprend, pour un artiste, passer à la radio est un enjeu de taille. Et en la matière, tous les coups sont permis. En 1976, la chanteuse Jeane Manson sort son 45 tours « Avant de nous dire adieu », que RTL diffuse abondamment. Alors que le titre dépasse les 700 000 ventes, Europe 1 refuse toujours de le passer. Irrité et vexé, le président de CBS, Jacques Souplet, appelle la radio. *« Je vais vous envoyer les huissiers récupérer tous les disques estampillés CBS qui se trouvent dans votre discothèque. Ce sont des prêts, ils sont à moi ! »* Puis il se fait menaçant : *« On ne peut pas me faire ça ! Je veux bien que vous refusiez de passer les disques qui ne marchent pas. Mais là je suis numéro un des ventes. C'est une insulte à mon artiste. »* Europe 1 est une radio puissante, la major l'est tout autant car outre Jeane Manson, elle produit les deux artistes en vogue du moment, Joe Dassin et Gérard Lenorman. Il faudra l'intervention du bureau de Jean-Luc Lagardère pour apaiser les esprits.

Mais parfois, ce sont au contraire les petits arrangements qui font les grands amis. La plus belle des caricatures en la matière est sans doute cette scène d'anthologie du film *Tout le monde il est beau*, comédie satirique réalisée par Jean Yanne en 1972 et qui fut un succès populaire lors de sa sortie en salles. La scène, de quelques secondes à peine, est très parlante. Elle se déroule dans le bureau des programmateurs, ces deux ou trois personnes au sein d'une radio qui écoutent en boucle les nouveautés musicales envoyées par les productions, souvent bien avant la sortie du disque dans le commerce. Le programmateur ouvre la pochette contenant un vinyle. *« Encore une belle cochonnerie ! »* s'exclame-t-il le regard méprisant. Il s'apprête alors à le jeter, lorsqu'il aperçoit un billet de banque s'échapper de l'enveloppe. Brusquement, son visage change d'expression… et son comportement aussi ! *« Tiens les filles, c'est pas mal ça ! »* s'enthousiasme-t-il, ordonnant alors à son assistante de diffuser le morceau à l'antenne. Bien sûr, tout cela est le fruit de l'imagination de l'auteur. Mais Jean Yanne et son coscénariste Jean Sire sont des hommes de radio. Et la scène, bien qu'exagérée, a le mérite toutefois de montrer que médias et maisons de disques ont parfois des rapports un peu trop incestueux.

Tous les anciens interrogés l'affirment : il n'y a jamais, au grand jamais, eu de pratiques douteuses pour qu'une radio accepte de passer un disque. « *C'est une caricature gratuite !* » s'emporte Mémé Ibach qui, seize ans durant, faisait quotidiennement le pied de grue devant RTL et Europe 1 afin qu'elles diffusent les disques produits par Carrère, notamment Sheila. *« Pour chaque Noël j'avais une pensée, une boîte de chocolats pour les programmateurs ou une bouteille de champagne lorsque je faisais un tube. Il y avait de l'amitié et du partage, pas de tripatouillage. »* Le regard froncé, Monique Le Marcis de RTL refuse de commenter ce qu'elle appelle *« les méthodes Carrère »*. Fidèle à sa réputation d'incorruptible, elle m'affirme n'avoir jamais accepté le moindre cadeau que ce soit.

Pourtant il semblerait que les petits arrangements étaient monnaie courante en échange d'une belle exposition d'un titre, du pull cachemire envoyé à Guy Lux au cheval de course offert par Carrère à un programmateur radio. *« Tu sais, tous mes costumes, c'est Eddie Barclay qui me les paye »*, confie un jour le directeur des programmes d'Europe 1 Lucien Morisse à un responsable de chez Philips.

Parfois, les nouveaux arrivants s'en étonnent. Jean Peigné, programmateur d'Europe 1 dans les années 1960, reçoit un jour un paquet cadeau et l'ouvre. Il y découvre une superbe montre Cartier, avec ce petit mot : *« Merci pour tout... signé Eddie Barclay »*. Il se confie alors à Lucien Morisse : *« Lucien, je suis embêté, regardez ce que m'envoie Ed-*

die. » « Jean, ne vous inquiétez pas, je vais arranger ça ! » lui répond-on. Ne perdant pas un seul instant, Morisse saisit son téléphone pour appeler Eddie Barclay. Il n'y va pas par quatre chemins. *« Salut Eddie, c'est Lucien. Jean vient de me montrer le magnifique cadeau que tu lui as offert. Mais alors je ne comprends pas. Pour Maurice Siegel et moi, il n'y a rien ?! »* N'allons pas accuser le milieu de pratiquer le pot-de-vin à outrance pour favoriser la diffusion d'une chanson sur les ondes. Disons simplement que les remerciements pour services rendus étaient pratique courante.

⏭ La naissance du single

Durant toute la période yé-yé, le disque au format 45 tours ne contient pas deux, mais quatre titres. Un format pratique, mais qui oblige les artistes à être en permanence sur la brèche. Paul Lederman est pendant douze ans le manager de Claude François. Avec lui, il découvre un métier et parcourt les routes de France de jour comme de nuit. *« Tous les trois ou quatre mois, on devait sortir un nouveau disque de quatre titres. Cela nous mettait une pression incroyable. Johnny, Sheila ou Richard Anthony avaient la même pression. Il fallait enregistrer les chansons, les promouvoir, faire les galas sur la route. C'était un travail vingt-quatre heures sur vingt-quatre. »*

Cette contrainte ne plaît ni aux artistes, ni à ceux qui les entourent. En 1966, le nouveau P.-D.G. de CBS Jacques Souplet cherche à changer les règles. *« Vendre quatre titres quand on sort quelques mois plus tard un album de 8 ou 9 titres, c'est de la gabegie ! Le public connaît déjà la moitié de l'album !* se plaint-il auprès de ses troupes. *Pourquoi ne pas faire en sorte que les gens n'achètent qu'un titre ?* » C'est ainsi que naît le 45 tours simple avec une seule chanson par face. Parfois, la face B n'est rien de plus qu'une version instrumentale. Le concurrent Philips tente d'abord l'expérience, mais sans succès. CBS crée, lui, une véritable collection intitulée *Gemini* avec des 45 tours vendus 6,50 francs l'unité. L'initiative fait un tabac ! Le premier disque à sortir de l'usine est « Sunshine Superman » de Donovan. L'amateur de musique achète alors la chanson qui l'intéresse et elle seule. Pour découvrir les autres titres de l'artiste qu'il aime, il est contraint d'acheter la version 30 centimètres. Le 45 tours devient alors un produit d'appel pour l'album. C'est une nouvelle façon de faire cohabiter les deux formats et les rendre complémentaires. Un système est né, il perdure encore un demi-siècle plus tard.

Les années 1970 sont marquées par la ringardisation de la génération « Salut les copains ». Le thermomètre du moment devient le « hit-parade RTL » présenté par André Torrent de 1972 à 1981 qui rend compte des goûts du public. Certains artistes cherchent alors une nouvelle façon de faire de la musique. Ils la trouvent en 1971 lorsqu'une autre grande major fait son entrée sur le marché français. Warner Music installe une branche hexagonale après avoir été distribué par Barclay. Bernard de Bosson, ancien collaborateur de Barclay, prend la tête de WEA (Warner Elektra Atlantic)-Filipacchi. Comme lui, c'est un passionné de musique qui sait comment tisser des liens solides avec ses artistes. La « nouvelle chanson française » voit alors le jour, une génération d'artistes capable d'écrire, composer et interpréter des albums entiers, tout en ayant intégré les codes de la pop anglo-saxonne. Véronique Sanson et Michel Berger marquent une nouvelle époque. Il n'est alors pas étonnant de comprendre pourquoi Françoise Hardy et France Gall ont aussitôt cherché à prendre contact avec le jeune Berger. L'une comme l'autre souffre de son image yé-yé. Il composera pour la première « Message personnel », pour la seconde « La déclaration d'amour » et bien plus encore. De Bosson, aujourd'hui trésorier des Victoires de la musique, n'a pas oublié la difficulté qu'il a eue à le convaincre de le rejoindre. « *Berger vouait une haine à l'impérialisme américain, que Warner incarnait à ses yeux. Notre première rencontre fut d'ailleurs explosive. Ce n'est qu'au terme d'une longue dispute que Berger accepta de travailler avec moi.* » Elle se transforme alors en une collaboration riche et une amitié profonde qui perdura jusqu'à la mort brutale du créateur de génie le 2 août 1992.

À la fin des années 1970, l'industrie du disque est donc foisonnante. Les majors de l'époque s'appellent PolyGram, dont le nom est le fruit du mariage entre Polydor et Phonogram, et qui vient d'absorber la maison d'Eddie Barclay dont les dépenses sont dans le rouge. WEA Music (Warner) prend son envol en France, Pathé Marconi EMI est une institution. Quand aux labels indépendants, ils sont nombreux. Ces noms inscrits sur les galettes vous rappellent sans doute de nombreux souvenirs à l'image de Vogue ou RCA. Carrère, spécialisé dans les singles de variété notamment Sheila, Ringo, Boney M ou encore Sacha Distel ; les disques Tréma qui produisent les chansons de Michel Sardou mais aussi Catherine Lara ou Enrico Macias ; Adès célèbre maison de disques pour enfants avec sa collection « Le Petit Ménestrel » ; Harmonia Mundi est spécialisée dans le classique ; Musidisc spécialisée dans les compilations ou encore la toute jeune AB Production dont le premier fait d'armes est la production discographique des discours du pape.

Côté distribution, les années 1970 sont la fin de l'âge d'or des disquaires indépendants. En 1972, plus du tiers des ventes s'effectue chez eux. Ils ne seront plus que 10 000 en 1980. Après avoir proliféré, le métier recule face à la naissance d'une concurrence. La première Fnac ouvre ses portes dans le quartier du Châtelet, à Paris, dans les années 1960, puis les hypermarchés proposent eux aussi des rayons disque, Carrefour à Annecy étant le premier.

⏭ Et la télé ?

« La radio fait les tubes, la télé fait les carrières ! » Ainsi dit l'adage que m'a répété le président de Warner Music France, Thierry Chassagne lors de notre rencontre. La promotion des nouveautés musicales à la télévision est aussi vieille que la télévision elle-même. La première émission de variété voit le jour dès 1947. Il s'agit de la captation de *Télé-Paris* de Jacques Chabannes et Roger Féral. Le programme radiophonique est régulièrement filmé pour être diffusée à la télévision cinq jours par semaine. Mais contrairement à la radio, les heures dédiées à la musique sont plus rares et le resteront jusqu'à l'essor des chaînes musicales et l'avènement du clip dans les années 1980. Le matraquage d'un tube est une science que les télévisions ne connaissent pas.

Mais leur rôle est manifeste, surtout grâce aux grands shows de variété du samedi soir à partir des années 1970, lorsque le téléviseur se démocratise et qu'il pénètre dans chaque foyer. Quant à l'adage, il dit vrai. Ce sont davantage les artistes que les tubes que les télévisions aiment mettre en valeur en ce temps-là. Discorama (1959-1974) a par exemple beaucoup contribué à médiatiser Barbara à ses débuts. Pour la faire connaître, sa première fan et présentatrice de l'émission, Denise Glaser, crée même une fausse pochette de disque à montrer à l'écran alors que l'album de la chanteuse n'existe pas encore. Les années 1960 sont celles de *Âge tendre et Têtes de* bois, cousin télévisé de *Salut les copains.* Les grands shows de Maritie et Gilbert Carpentier marquent les samedis soir des années 1960 et 1970 – *Sacha show* (1963-1971), *Top à* (1972-1974), *Numéro 1* (1975-1982) de la première chaîne. En face, les concepts de Guy Lux qui allient musique, jeux et interactivité changent de nom avec les saisons : *Le palmarès des chansons, Top club, Ring parade, Système 2* ou *Cadence 3* pour n'en citer que quelques-unes de cet homme foisonnant d'idées. Guy Lux y construit sa programmation en invitant en plateau les présentateurs des hit-parades des radios, seul thermomètre qui permet de connaître alors les goûts du public car le *Top 50* des ventes n'existe pas encore. Dans les années 1980, le mythique *Champs-Élysées* présenté par Michel Drucker devient une référence entre janvier 1982 et juin 1990. Un seul passage dans cette émission permet de faire décoller les ventes de disques. Malheur donc au producteur qui n'a pas les entrées nécessaires et qui aurait mal choisi ses « amis ».

D'ailleurs, cette petite famille en agace plus d'un. Très tôt, le choix de privilégier certains artistes fédérateurs au détriment d'une certaine diversité fait des mécontents. Dans une enquête intitulée « La chanson à la radio et à la télé » publiée en 1981, le mensuel *Que Choisir*[10] démontre, chiffres à l'appui, l'omniprésence de certains artistes sans que l'on sache vraiment si cela corrobore les chiffres de vente et l'adhésion du public. L'analyse porte sur six mois, de juin 1980 à février 1981. L'émission « la plus symptomatique » pour son manque d'ouverture, *Numéro 1*, de Maritie et Gilbert Carpentier sur TF1, s'est déroulée vingt-deux fois au cours desquelles elle a accueilli une soixantaine de chanteurs. Trente d'entre eux n'ont chanté qu'une chanson et ne sont passés qu'une fois, explique l'étude. Les trente autres se partagent l'antenne. Mireille Mathieu détient le record avec sept passages. Suivent Dalida et Annie Cordy (six fois), Julio Iglesias (cinq fois), Michel Sardou, Eddy Mitchell, Sylvie Vartan, Carlos, Charles Aznavour, Jeane Manson (quatre fois), Serge Lama, France Gall, Chantal Goya, Nana Mouskouri, Roland Magdane, Julien Clerc et Francis Cabrel (trois fois).

L'étude pointe du doigt le manque de données claires sur les ventes réelles de disques et les choix finalement assez subjectifs des programmateurs. Mireille Mathieu est la plus diffusée chez les Carpentier. Mais est-elle pour autant la plus grande vendeuse de disques ? Impossible de le vérifier, les classements officiels sont encore opaques. À cette époque, les sociétés confient à des notaires les synthèses de ce qu'elles fournissent aux magasins. Mais c'est une comptabilité de stocks, pas de ventes réelles. Chaque label se garde bien de révéler le nombre d'invendus qui prennent la poussière dans les cartons. Seule la SACEM dispose de relevés plus précis destinés à redistribuer les droits aux auteurs, compositeurs

10. *Que Choisir*, n° 161, avril 1981.

et éditeurs. Mais ces données sont regroupées six mois, voire un an après la sortie d'un album. Un intervalle suffisamment grand pour que chacun clame haut et fort qu'il est numéro un. Et tous les producteurs s'en donnent à cœur joie !

Chanson en play-back ? Pas de micro !

La pratique du play-back est intimement liée à l'histoire du disque à la télévision. Pour ainsi dire, elle a toujours existé. L'INA (Institut national de l'audiovisuel) mentionne pour la première fois ce terme sur l'émission Réponse à l'œil de 1954 dans laquelle Luis Mariano interprète « C'est magnifique », entouré de fillettes au regard amoureux.

À l'origine, le play-back répond à une contrainte technique. Les plateaux de télévision ne proposant pas tous de grands orchestres, il était impossible de reproduire le même son que celui obtenu après des heures de mixage d'une chanson en studio. Le procédé de l'interprète mimant sa chanson est donc généralisé, quitte à prendre le téléspectateur pour un idiot, tant certains ont du mal à suivre leur propre débit labial. Serge Gainsbourg en est l'exemple le plus caricatural lorsqu'il arrive éméché devant les caméras de *Midi Première* chez Danièle Gilbert. Un verre champagne à la main, il est incapable de suivre sa propre voix sur sa reprise en reggae de « Harley Davison ».

Le play-back est également associé aux incidents techniques du petit écran. Sheila n'est pas près d'oublier ce jour de mai 1980, lorsqu'en plein play-back dans le *Palmarès 80* de Guy Lux, la bande de « King of the world » s'arrête brutalement. Concentrée sur sa chorégraphie, elle ne réalise pas que la chanson s'est arrêtée et continue de se mouvoir sans émettre le moindre son pendant une bonne vingtaine de secondes devant un public et des téléspectateurs médusés. Guy Lux vient s'excuser, la bande repart et la chanson se poursuit jusqu'à son terme... avec une Sheila au regard noir de colère.

On se souvient également de Dorothée, faisant de grands signes à la caméra le jour de sa première sur TF1 le 2 septembre 1987. Seul hic : « Ça donne envie de chanter », le générique de l'émission avec sa voix pétillante, raisonne déjà dans les haut-parleurs. Elle demande alors en direct au technicien de rembobiner la bande et retourne se cacher derrière le décor avec un aplomb ahurissant comme si de rien n'était.

Ce sont les aléas du direct – ou plutôt du play-back – qui font le bonheur des bêtisiers depuis tant d'années. Dave, Michel Delpech ou Dalida en faisaient régulièrement les frais chez Danièle Gilbert.
Mais il existe également une règle religieusement respectée par les ingénieurs du son de la SFP : un interprète chantant en play-back n'a pas le droit de tenir un micro à la main. Observez bien les archives des émissions de Danièle Gilbert, Guy Lux, Michel Drucker ou des Carpentier. Les chanteurs ne tiennent pas de micro. Ce dernier leur est apporté par l'animateur, au moment de l'interview. Ce n'est pas un hasard. Cela correspond à un souhait, celui de montrer explicitement au téléspectateur que la prestation n'est pas en direct.
Au milieu des années 1980, les producteurs d'émissions de variété veulent changer les choses. Pour Sacrée Soirée, Gérard Louvin souhaite que chaque interprète, qu'il soit en play-back ou non, chante un micro à la main. Le conflit éclate alors avec les techniciens qui refusent de « mentir » au téléspectateur. Il faudra que Louvin menace de faire appel à un autre prestataire que la SFP pour que la technique cède. Mais les ingénieurs du son acceptent le principe à une seule condition : que les artistes en play-back viennent au studio avec leur propre micro ! C'est ce que certains feront. D'autres attendront qu'un assistant de Louvin leur prête discrètement un micro avant d'entrer en scène, évitant ainsi les réprimandes des techniciens.

⏭ Entretien avec Paul Lederman, manager, producteur d'artistes

Paul Lederman symbolise à merveille cette génération de producteurs « à l'ancienne » qui accompagnent leurs artistes en tournée et produisent leurs disques. Il a lancé les carrières de Claude François, de Coluche, de Thierry Le Luron ou encore des Inconnus. Il a également produit « Auteuil Neuilly Passy », premier morceau de rap à être numéro un au Top 50.

Interview d'un homme discret dans son bureau recouvert de prestigieux disques d'or.

À quoi ressemblait l'industrie du disque dans les années 1950 ?

J'ai commencé en 1957 comme disquaire dans les PX américains[11] au Chesnay. Les préadolescentes de 11 ou 12 ans arrivaient en petites jupes. C'était l'explosion du rock avec Elvis Presley, une nouvelle musique, celle des gens de mon âge. Après j'ai vendu des disques aux puces de la porte de Clignancourt. À chaque fois que quelqu'un venait acheter un disque, je lui demandais pourquoi il l'aimait. Je voyais ainsi comment naissait un tube. Ensuite j'ai travaillé pour Sinfonia, le grand disquaire des Champs-Élysées. On pouvait y acheter tous les disques introuvables ailleurs.

Puis vous commencez à vous occuper d'artistes...

Le premier d'entre eux était Lucky Blondo avec son tube « Jolie petite Sheila ». À l'époque, ce qu'il fallait, c'était placer la chanson dans les juke-box. Ce média avait un rôle de promotion considérable. Tout de suite après,

11. Magasins des bases aériennes américaines en France. On y vendait hors taxe des vêtements, des disques ou de l'électroménager.

j'ai rencontré Claude François dans le couloir de Philips. C'était son premier tube « Belles, belles, belles », traduction de « Girls, girls, girls ». J'en ai fait la promotion. Celui qui déclenche le succès de cette chanson, c'est Michel Poulain, programmateur de *Salut les copains* qui est cette semaine-là en quête d'un chouchou pour l'émission. Cela a duré douze ans avec Claude.

Comment sont arrivées les Clodettes ?

Cela s'est passé après un concert à Bruxelles. Le spectacle était triomphal, mais j'ai eu un pressentiment. J'ai dit à Claude « si l'on ne change pas tout, dans six mois on est démodés ! » On s'est fâchés pendant une semaine. Puis il m'a rappelé et, après avoir vu un concert de James Brown, il a créé les Clodettes et les Fléchettes. Au début, les Clodettes étaient quatre. Je lui ai dit « soit on en met huit ou douze, soit on les déshabille ». On les a déshabillées ! (rires)

Ce sont également les années des premiers « coups » pour faire parler de vos artistes.

Celui qui est prêt à être numéro deux n'est pas loin d'être le dernier. Il fallait donc que l'on soit numéro un et que l'on se remette constamment en question. Mes artistes avaient un vrai talent. Je les lançais avec des coups mais toujours avec l'intention que cela dure et que l'on soit artistiquement irréprochable. Tout ce qui m'intéressait, c'était le rapport avec le public que j'ai appris à connaître lorsque j'étais disquaire. C'est lui qui nous dit si l'on se trompe ou pas. Par exemple, en 1971, j'ai traité Thierry Le Luron comme une vraie vedette alors que les imitateurs de l'époque restaient dans les cabarets et assuraient surtout les premières parties. Il a bénéficié d'affiches en quatre par trois. Le Luron et Coluche sont les premières stars du rire de l'ère moderne.

Pourquoi avoir fait le mariage Coluche-Le Luron ?

C'est venu au moment du mariage d'Yves Mourousi. Thierry le surnommait « la reine de Nîmes » car le mariage avait lieu là-bas. Un soir, nous dînions tous les trois Coluche, Le Luron et moi. C'est là que l'idée m'est venue de les marier tous les deux. Je l'ai organisé comme un vrai mariage avec une calèche, souvenir de Casablanca au Maroc. Ce jour-là, il a fait un soleil magnifique, cela a contribué au succès de l'événement. Mine de rien, j'ai fait le premier mariage homosexuel ! Mourousi, Chazot. C'est un Paris qui n'existe plus. Peut-être que Mourousi a été vexé, mais cela ne pouvait pas être plus ridicule que son mariage recouvert de sponsors.

Et la candidature de Coluche pour les élections présidentielles de 1981 ?

C'est une autre idée que j'avais eue sept ans plus tôt. En fait, elle était destinée à Thierry Le Luron. Cela ne s'est pas fait. La seule difficulté avec Coluche, c'est qu'il était très ami avec la bande de Charlie Hebdo, estampillé à gauche. Or, pour fonctionner, le rire ne doit appartenir à aucun parti. Finalement on s'est mis d'accord. Le lendemain, je prévenais l'AFP et le patron d'Europe 1 Maurice Siegel. Toute la presse l'a instantanément relayé. Je savais qu'on allait frapper fort, que l'on allait monter à 16 % dans les sondages.

Aviez-vous conscience que certains prenaient cette candidature au sérieux ?

Moi, j'ai toujours dit que c'était une blague. Jacques Attali s'est même ridiculisé en allant rendre visite à Coluche.

Aviez-vous le sentiment d'être un père de substitution pour vos artistes ?

Je l'ai compris très tard dans les discussions que j'avais avec eux. À l'heure où ils avaient tout, j'ai été le premier qui dans leur vie leur a dit « non », à Le Luron, Claude François ou Coluche. Claude ne voulait pas revivre ses années de misère. Coluche, tout n'a pas été facile dans sa vie pour manger. Je lui disais non. La drogue, je ne l'ai pas acceptée facilement. Et puis il y a le problème de l'entourage. C'est l'artiste qui le choisit. Moi, j'ai vu comment la drogue a démoli Coluche. Quelle horreur ! Mais j'étais le seul à me battre contre lui.

Cela vous peine-t-il d'avoir toujours eu cette image clichée du riche producteur à cigare ?

Il y a des choses qui ont été déformées. La mort de mes artistes m'a retiré mes meilleures imprésarios. Coluche et Le Luron disaient des choses magnifiques sur moi, même sur le ton de la plaisanterie. Un jour Thierry a dit *« Lederman je lui dis "vous", car il me prenait tellement d'argent, je croyais qu'ils étaient plusieurs. »* C'est magnifique ! La vérité, c'est que les artistes avaient un cachet fixe, que la salle soit vide ou pleine. Certains touchaient sur le brut 35 à 40 % de la recette. C'est énorme ! Personne n'était payé ce prix-là ! Quand cela a vraiment fonctionné, j'ai proposé à Coluche un pourcentage, il n'en a pas voulu. Si on ne sait pas partager, on ne garde pas longtemps ses artistes.

Les Inconnus vous laissent un souvenir plus amer.

C'est un accident industriel. Je regrette de les avoir connus. J'y ai mis beaucoup d'énergie. Nous avons comme trace certains sketchs géniaux. Mais un peintre exceptionnel n'est pas forcément un être exceptionnel. Les artistes, c'est pareil. J'ai eu la chance d'avoir des comiques magnifiques et la malchance de tomber sur des médiocres. C'est incompréhensible d'avoir agi comme cela, on ne fait pas ça à un homme. J'ai essayé de comprendre, j'ai arrêté.

Vente de phonogrammes 1970-1995

(En millions d'exemplaires - source : SNEP)

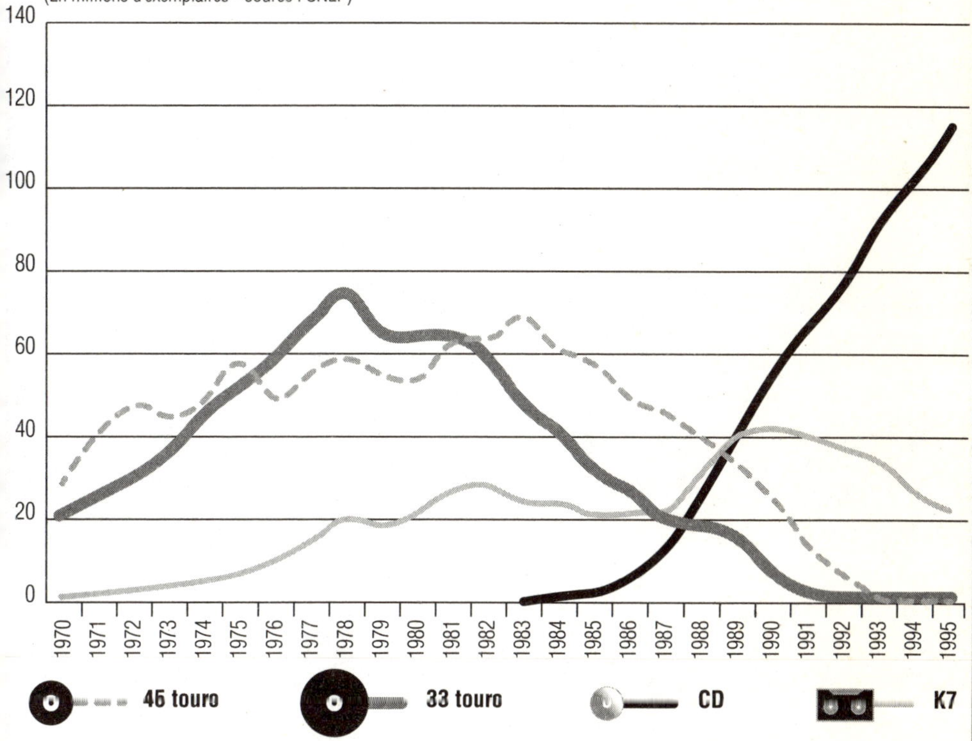

Chapitre 2

Déjà des pirates, déjà une crise

Quand une loi réussit à sauver le disque

« Je regrette de ne pas avoir instauré un prix unique du disque »

Jack Lang,
ancien ministre de la Culture

L'histoire avait tout pour être simple et binaire. L'industrie du disque aurait connu deux phases dans son existence : le faste pendant un siècle puis la crise des années 2000. Ce postulat que j'ai eu en commençant mon enquête a rapidement volé en éclats. En plongeant dans l'histoire de ce bel objet et de son marché, j'ai découvert que le disque n'a pas connu *une*, mais *des* crises. Les deux guerres mondiales mais aussi la crise de 1929 ont obligé le secteur à se réorganiser avec à la clef fusion de labels et rachats par de grands groupes. En ce temps-là, ce sont les radios qui ont le pouvoir. Les Vivendi-Universal de l'époque s'appellent CBS ou RCA. Elles rachètent Columbia et Victor et sauvent ainsi ces entreprises aujourd'hui si prestigieuses de la faillite. La crise de 1929 avait fait chuter le marché du disque de 80 %.

Un autre épisode bien plus récent a de quoi nous intéresser davantage. C'est la crise survenue au début des années 1980. Ce qui en découlera jouera un rôle déterminant dans celle, bien plus grande, qui arrivera en 2000. Le coupable ? Il se nomme cassette audio. Nous l'avons vite oubliée. Et pourtant elle fut un support que nous avons tant utilisé pour créer nos compilations et dupliquer nos disques préférés. On la jetait négligemment dans la boîte à gants de la voiture, on rembobinait nerveusement la bande avec un crayon lorsque celle-ci s'échappait, telle une anguille, du lecteur. Bref, elle était devenue un outil du quotidien si pratique, si efficace, si mobile, utilisé jusqu'à l'usure. C'est Philips qui l'introduit en 1962 sur le marché. Son usage se démocratise en une dizaine d'années. La cassette se révèle si efficace, résistant aux chocs et aux vibrations. C'est une révolution face au microsillon si fragile qui se raye à la moindre secousse. Et tant pis si le son n'est pas toujours à la hauteur, envahi par un nerveux bruit de fond légèrement réduit grâce à l'apparition du système Dolby. Dès les années 1970, nos magasins doivent composer avec trois formats qui se partagent les rayons : les 33 tours, les 45 tours ainsi que les cassettes audio, ou « musicassettes » selon le terme utilisé alors.

Mais la cassette est aussi et surtout un support d'enregistrement. De par cette caractéristique, elle a joué un rôle considérable dans la mutation de notre relation avec la musique. Rôle dans la façon avec laquelle l'auditeur que nous étions devenait pour la première fois acteur en choisissant les morceaux que l'on chérissait et que l'on copiait. Rôle dans l'écoute de cette musique qui devenait pour la première fois nomade grâce au Walkman. Et rôle dans la possibilité de solliciter l'aide du pouvoir politique. Car c'est bien la cassette, vingt ans avant le MP3, qui a provoqué le premier débat sur la copie illégale. Le giscardien Jean-Philippe Lecat fut peut-être le premier ministre de la Culture à utiliser le terme de « piratage[12] ».

La cassette a failli faire couler à pic le monde du disque. Le destin n'aurait sans doute pas été le même si le pouvoir politique n'était pas intervenu et si un nouveau support, le CD, n'avait pas créé un nouvel attrait. Retour sur une crise du disque totalement occultée et oubliée.

⏭ En FM et en stéréo

Nous sommes au début des années 1980. L'arrivée de la gauche au pouvoir commence par la réalisation d'une promesse de François Mitterrand : la libéralisation de la bande FM et l'autorisation d'émettre accordée à des milliers de radios jusqu'ici considérées comme pirates. Parmi elles, bon nombre font la part belle à la musique, un programme efficace qui permet de remplir à moindres frais une journée entière d'antenne. Les auditeurs équipés d'enregistreurs se mettent à copier à tour de bras les morceaux qu'ils entendent à la radio pour créer leurs propres compilations. Le son FM est bien meilleur qu'au temps des grandes ondes. C'est la naissance des radios musicales. Parmi elles, cer-

12. François Krug, *De la cassette audio à Hadopi, trente ans d'anti-piratage*, rue89.nouvelobs.com, 12 mai 2009.

taines deviennent rapidement prescriptrices en matières d'achat de disque et visent un public jeune. Nous n'en citerons qu'une, symbole de cette bande FM énergique et déterminée à faire jeu égal avec les historiques radios périphériques : NRJ. Créée par Jean-Paul Baudecroux et Max Guazzini, la « Nouvelle Radio des Jeunes » émet son premier programme le 15 juillet 1981 à 13 heures. Contrairement à ses concurrentes de la FM, elle propose assez rapidement une programmation musicale cohérente et coordonnée par un seul homme. Ses créateurs disposent d'appuis politiques importants. Et lorsque la Haute Autorité tente vainement d'interdire les émissions pour cause d'émetteurs trop puissants, ce sont des milliers de jeunes qui battent le pavé dans la rue le 8 décembre 1984 pour dénoncer la censure du pouvoir. À la tête du cortège, les artistes soutenus par la radio et notamment Dalida qui a personnellement contacté François Mitterrand par l'entremise de Jacques Attali pour que la radio ne soit pas interdite d'émission.

Côté support, le Walkman est créé en 1979. Ce baladeur permet d'exploiter au maximum les potentialités de la cassette, un objet à la fois miniature et résistant aux chocs. Quelle liberté incroyable pour le mélomane. Désormais, il peut faire son jogging en écoutant de la musique ! Chaque format trouve alors sa place dans les usages : le microsillon pour la maison, la cassette pour l'extérieur.

La démocratisation du nouveau support passe également par la commercialisation des lecteurs de voiture ainsi que de lecteurs-enregistreurs « double cassette ». Ces derniers permettent de dupliquer, parfois en vitesse accélérée, une cassette sur une autre. Qui n'a pas alors pratiqué le système D consistant à coller un bout de ruban adhésif sur le trou supérieur de la cassette afin de faire sauter le verrou empêchant l'enregistrement ? Rappelons également que contrairement au microsillon qui ne dépasse pas les cinquante minutes d'enregistrement, les cassettes standard permettent de stocker une heure de musique. Les « longues durée » quatre-vingt-dix minutes. Il existe même des cassettes de deux heures (une heure par face) mais leur commercialisation est limitée car peu de lecteurs ont un moteur assez puissant pour faire défiler la bande.

⏭ Disco is dead !

C'est à cette époque que Pascal Nègre fait ses premiers pas dans le métier. Période de faste pour les radios, période de crise pour les éditeurs phonographiques qu'il rejoint alors. *« La cassette a quasiment tué l'industrie. Elle permettait de copier tout ce que l'on voulait. C'était donc une énorme crise qui s'expliquait par la copie... Déjà à l'époque ! Quand vous achetiez un album, sur la pochette en papier dans laquelle était inséré le vinyle, on voyait même une tête de mort qui disait : "Attention ! Copier, pirater, tue la musique !" Et l'industrie musicale a failli en mourir. »*

Les chiffres sont éloquents. Le microsillon vient de vivre trente années de faste. Ces dernières s'achèvent en 1978 avec un record historique de 134 millions de disques vendus, 33 tours et 45 tours cumulés. C'est l'apogée de la déferlante disco qui balaye alors tout sur son passage et monopolise le sommet des classements français. « You're the one that I want », morceau extrait de la bande originale du film *Grease*, mais aussi « YMCA » des Village People, « Rivers of babylon » de Boney M, « Stayin' alive » des Bee Gees et « Alexandrie Alexandra » de Claude François – disparu au mois de mars de cette même année – entrent dans la légende. Chacun de ces titres avoisine ou dépasse le million d'exemplaires vendus. Le disco est partout, avec ses paillettes, ses cuivres, ses caisses claires et ses habits roses étincelants. Seules exceptions dans ce palmarès 1978 à l'ambiance de discothèque : le générique du dessin animé *Goldorak* apparu le 2 juillet dans la nouvelle émission jeunesse *Récré A2*, l'italien « Ti Amo » de Umberto Tozzi et « En chantant » de Michel Sardou. Tous trois dépassent également le million de ventes.

Mais la mode disco qui portait le marché du disque est aussi éphémère qu'une étoile filante. En 1979, le public se lasse et les achats de microsillon s'effondrent. « Disco is dead! » (le disco est mort) clame alors la presse américaine. À Chicago, une « Disco Demolition Night » (nuit de destruction du disco) est organisée dans un stade de base-ball le 12 juillet par un DJ nostalgique du rock. Dans une frénésie teintée d'une certaine violence, 50 000 spectateurs viennent au rendez-vous et jettent leurs vinyles sur le terrain. Point d'orgue de la soirée : une caisse remplie de disques est détruite à l'aide d'explosifs au milieu du stade, creusant un immense trou sur la pelouse. Un événement qui annonce le déclin commercial du disco.

En France, la courbe des ventes devient soudain négative, balayée d'un côté par l'essor du piratage sur cassettes audio et de l'autre par la fin d'un courant musical fédérateur mais vite ringardisé. Elle le restera tout au long des années 1980. Dans les maisons de disques, c'est le grand ménage. Chez Polygram, la direction organise un grand plan de restructuration. Cela aboutira à la réduction drastique des effectifs qui passent de 1 200 à 700 personnes. Toutes les branches sont touchées : les labels Barclay, Polydor, mais aussi les éditions et le personnel des usines de pressage de disque. La réorganisation est similaire chez le concurrent Pathé Marconi-EMI. Bref, les mêmes causes et les mêmes conséquences que la crise des années 2000, sauf que la médiatisation est moindre. Le marché des 33 tours ne retrouvera plus jamais son niveau d'antan. Le 45 tours résiste davantage mais les deux formats finiront leur course dix ans plus tard. Les labels réclament alors l'intervention de l'État pour lutter contre le piratage massif et les copies abusives sur cassette audio. Ils seront entendus.

⏭ Un prix unique du disque ?

Au ministère de la Culture, on observe de près la situation. La gauche est arrivée au pouvoir en 1981, une première pour la Ve République. Elle souhaite mettre en place une politique cohérente, assumée et innovante en matière d'industries culturelles. Jack Lang veut tout remettre à plat. Lois sur le livre, lois sur le cinéma... et loi sur le disque. Son équipe est très à l'écoute des acteurs aux abois, maisons de disques en tête. Elles ne sont pas les seules. Les disquaires indépendants se meurent aussi peu à peu. Alors qu'ils représentaient à eux seuls le tiers des ventes en 1972, ils ne sont plus que 10 000 en 1980, doublés par la grande distribution. Quant à la Fnac, elle occupe à elle seule 25 % des ventes. Alors les consultations se multiplient. Jacques Renard et Jean Cazes font partie des hommes de l'ombre qui, aux côtés de Jack Lang, réfléchissent à une politique efficace et viable. Pour le cinéma, on songe par exemple à nationaliser Pathé afin de créer un secteur public du cinéma avec des salles qui appartiennent à l'État. De la même façon qu'il existe une télévision publique, ce cinéma public ne serait pas, comme ses concurrents du privé, soumis aux impératifs de rentabilité. Malgré la période propice aux nationalisations, le projet avorte.

Pour le disque, la réflexion commence par une idée simple : pourquoi ne pas appliquer la règle du prix unique, comme celle mise en place pour le livre ? Après tout, la mesure est cohérente, elle est également défendue par le syndicat des disquaires. L'idée fait son chemin, mais face à la réticence des maisons de disques et les doutes de l'équipe Lang sur son efficacité, elle ne va pas jusqu'à son terme. Un prix unique du disque aurait-il sauvé les disquaires indépendants, comme celui du livre a entretenu un réseau de libraires résistant vaille que vaille au géant Amazon ? Nul ne le sait. Mais nous sommes dans les années 1980, le réseau des disquaires est déjà à l'agonie. Pour certains observateurs, il est trop tard pour le sauver.

Le choix est finalement autre. Il faut moderniser la réglementation concernant la propriété intellectuelle, en vigueur depuis 1957. Durant toute la campagne électorale de 1981, les maisons de disques ont demandé aux candidats de ratifier la convention de Rome, signée vingt ans plus tôt par les pays scandinaves, l'Allemagne de l'Ouest et la Grande-Bretagne. Elle instaure une rémunération pour les artistes et les producteurs en contrepartie du droit de radiodiffuser ou diffuser dans les lieux publics les disques du commerce. C'est ce que l'on appelle la « rémunération équitable ». Car le grand public ne le sait pas, mais lorsqu'une chanson est par exemple diffusée à la radio, seuls les auteurs, compositeurs et éditeurs sont rémunérés. Pas l'interprète, ni le producteur phonographique ! Joe Dassin, Claude François ou Françoise Hardy ont eu beau être massivement diffusés au *Hit-Parade* de RTL ou chez votre coiffeur, ils n'ont pas touché le moindre centime. On considère alors que la diffusion constitue une promotion conduisant à l'acte d'achat du disque, lequel leur rapportera bien plus.

Mais les temps changent. Et certaines radios libres font de la diffusion de musique vingt-quatre heures sur vingt-quatre un fonds de commerce. La notion de « droits voisins » apparaît essentielle. Pour faire simple, il s'agit de reconnaître les droits de ceux qui ne sont ni auteurs, ni compositeurs. Autrement dit, rémunérer équitablement les artistes interprètes ainsi que les producteurs lorsque leur chanson est diffusée ou reproduite... Ce sera chose faite avec la loi du 3 juillet 1985. Un dispositif voté à l'unanimité plus de vingt ans après les autres partenaires européens.

L'autre mesure phare de la loi Lang vise directement à faire face à la copie massive des chansons en cassette audio. C'est la taxe sur la copie privée. L'idée est inspirée d'un modèle appliqué en Allemagne depuis 1965. Chaque support vierge, audio ou vidéo, acheté dans le commerce est ponctionné. Il s'agit d'une redevance dont le montant est ensuite reversé aux ayants droit, afin de « réparer » le préjudice engendré par le phénomène[13], de 1,50 franc la minute pour les supports audio à 2,50 pour les vidéos.

Pour les auteurs du texte de loi, il ne s'agit pas de justifier ou de cautionner la piraterie, mais plutôt de compenser le manque à gagner causé par les copies effectuées par les particuliers chez eux. Selon un sondage SOFRES, elles sont réalisées à 70 % à partir des disques du commerce et à 30 % à partir des chansons diffusées à la radio. Chacun trouve donc son compte dans cette nouvelle loi. La ponction est presque indolore pour le consommateur. Quant à la rémunération, elle bénéficie pour 50 % aux auteurs, 25 % aux artistes-interprètes et pour 25 % aux producteurs. De 11 millions d'euros recueillis pour la musique en 1987, elle a atteint 88 millions d'euros en 2012[14]. Un joli lot de consolation !

⏭ Il faut sauver le soldat disque… mais surtout le cinéma !

Il serait toutefois naïf de penser que la mesure vise uniquement à sauver le disque. Car en cette année 1984, les acteurs de la musique ne sont pas les seuls à être inquiets. Depuis 1978, les magnétoscopes irriguent le marché français. Parallèlement à la copie audio, c'est la duplication des vidéos qui fait des ravages. La police doit faire face

13. En 2000, la redevance pour copie privée est étendue aux supports numériques tels que CD-R, DVD-R, baladeurs MP3, disques durs, décodeurs télés, clefs USB et disques durs externes en 2006, puis les Smartphones, tablettes et GPS en 2011. Seule exception – pour le moins surprenante – les disques durs internes des ordinateurs ne sont pas taxés. Leur capacité de stockage se compte pourtant en centaines de gigaoctets.

14. Ministère de la Culture et de la Communication.

à de vastes réseaux de trafic. *Sueurs froides* d'Alfred Hitchcock de nouveau projeté sur grand écran fin mars est vendu en cassette pirate avant même sa sortie en salle. Les bandes de certains films sont subtilisées – avec parfois la complicité des projectionnistes – copiées au format VHS et revendues dans des réseaux parallèles. « *Le piratage représente 50 % du marché* », s'insurge alors René Château, distributeur des cassettes vidéo du même nom. Il réclame une répression plus efficace. En réponse, le ministre de la Culture, Jack Lang se fait implacable. Il promet une action déterminée et impitoyable. « *La piraterie est un vol contre les producteurs, contre les artistes*[15] ! » clame-t-il.

C'est d'ailleurs l'un des autres points forts de la loi du 3 juillet 1985 : elle prévoit une peine d'emprisonnement de trois mois à deux ans et une amende de 6 000 francs à 120 000 francs pour les actes de contrefaçon. La décision politique est forte et efficace.

À la lecture de cet épisode, on peut aisément penser que la création d'une taxe sur la copie privée, qui a contribué à relever l'industrie du disque de sa crise, a surtout été accélérée par la pression des acteurs du cinéma. Nous verrons un peu plus tard dans notre enquête que c'est encore lorsque les internautes ont commencé à télécharger des films par milliers que le pouvoir s'est véritablement intéressé au piratage sur Internet et non lorsque les maisons de disques, seules, appelaient à l'aide. À côté du cinéma, la musique pèse si peu ! Mais nous n'en sommes pas là.

15. *Soir 3*, 15 mars 1984, FR 3.

À partir de quand devient-on un « pirate » ?

En droit pénal, il existe plusieurs incriminations contre ceux qui portent atteinte au droit d'auteur quant à l'exploitation de son œuvre. Ce droit comprend le droit de représentation (la communication de l'œuvre au public par un procédé quelconque, art. L122-2 du code de la propriété intellectuelle) et le droit de reproduction (la fixation matérielle de l'œuvre par tous procédés qui permettent de la communiquer au public d'une manière indirecte, art. L122-3 du code de la propriété intellectuelle). Ce sont les atteintes à ces droits qui constituent d'abord le délit de contrefaçon.

La copie d'une œuvre musicale est uniquement autorisée dans le cadre du cercle familial. C'est une exception au droit d'auteur. Autrement dit, vous avez parfaitement le droit d'effectuer des copies de vos CD préférés pour les écouter dans votre voiture ou les donner à votre sœur. En revanche, multiplier les copies en cassette et plus tard sur CD-R ou clef USB pour ses collègues de travail ou pour ses camarades de classe s'apparente à du piratage. En effet, ces copies sont considérées comme en dehors du cercle familial.
Enfin, mais faut-il le préciser, vendre les copies ainsi réalisées relève de la contrefaçon.

La loi Lang a donc en partie contribué à sauver le disque. C'est aussi la première fois qu'une loi est votée pour le protéger. Il n'y en aura plus jusqu'à Hadopi en 2009. Mais ce qui va surtout relancer l'appétit du public pour l'achat de musique, c'est la mise sur le marché d'un support novateur au son cristallin à couper le souffle : le CD.

⏭ Entretien avec Jack Lang, ancien ministre de la Culture

En 1985, le ministre de la Culture de François Mitterrand fait voter une loi qui sauve en partie le disque d'une lourde crise. Retour avec lui sur une époque marquée par une volonté très affirmée de valoriser et protéger les industries culturelles.

Le contexte de votre loi est particulier : c'est le moment où la cassette audio se généralise, où les radios FM diffusent énormément de musique. Comment avez-vous opéré ?

Mon travail a consisté à essayer d'imaginer avec mes collaborateurs des solutions et ensuite, les faire accepter. Tout au long de cette période – ça a duré peut-être un an ou un an et demi – tantôt le texte était trop favorable aux diffuseurs, tantôt il était trop favorable aux auteurs ou aux producteurs. Le rôle du ministre de la Culture est d'essayer de sauvegarder autant qu'il est possible l'intérêt supérieur de l'art, de la musique, de la création.

Aviez-vous conscience, à ce moment-là, que l'industrie du disque vivait une crise ?

Oui. Et d'ailleurs j'ai un regret : ne pas avoir institué un prix unique du disque. La situation des disquaires était très différente de celle des librairies. Ces derniers bénéficiaient d'un réseau assez dense. Plusieurs milliers de points de vente. Mon collaborateur me disait : « C'est trop tard ! Il y a trop peu de disquaires aujourd'hui, beaucoup ont disparu et cette mesure sera artificielle. » Donc j'ai un regret mais ce n'est pas une certitude. Peut-être que cela n'aurait rien changé.

Pourquoi avoir imaginé la notion « d'exception culturelle » ?

L'art est fragile. Les inventions des auteurs, compositeurs, cinéastes, écrivains, sont des inventions qui recèlent chacune une part d'originalité et donc doivent échapper à une sorte de standardisation qui les ferait disparaître. Cette protection doit s'exprimer à travers toute une série de mesures : un budget spécial, d'où mes revendications pour le « 1 % » pour la culture, des mesures de régulation pour le cinéma et une législation particulière sur les droits des auteurs, des producteurs et des artistes.

Avez-vous conscience qu'entre votre loi de 1985 et Hadopi, il s'est écoulé plus de vingt ans sans que le pouvoir politique ne vienne aider le monde du disque ?

Si vous voulez me faire dire que rien ne s'est produit pendant de nombreuses années, au fond, je le pense. Je ne vais pas tout ramener à moi et à François Mitterrand, ce serait vaniteux, puéril et indécent mais quand même ! Nous étions habités par une passion, par une vision, par un amour. Nous nous considérions comme des militants de la culture, de l'art, de la création. Si les dirigeants d'un pays ne sont pas portés par cette flamme, alors les choses ont tendance à se déliter.

Lors du vote de la loi Hadopi à l'Assemblée nationale, vous avez été le seul député socialiste à voter pour. En avez-vous été surpris ?

Oui, bien sûr ! J'étais très choqué par l'attitude de tous les amis politiques qui se sont dressés avec hystérie contre ce projet de régulation. La loi était imparfaite. Mais je considérais que c'était en fidélité avec mes convictions que j'ai voté Hadopi. Jamais je n'aurais pu penser qu'une opposition de gauche dresserait des barricades contre un projet de régulation, si imparfait qu'il soit ! C'était pour moi inimaginable. Je pense que leur vision était politicienne. C'était : « On va se mettre bien avec les jeunes », en se moquant des droits des artistes. Alors, ils ont inventé une histoire de licence globale qui ne tenait pas la route. Il faut à un moment faire preuve de conviction et de courage.

Voyez-vous une filiation entre votre loi sur la copie privée et Hadopi ? Car toutes deux ont les mêmes objectifs : lutter contre le pillage des œuvres et rémunérer les artistes.

Ce n'est pas tout à fait le même contexte. Lorsque j'ai fait adopter la loi de 1985, cela se reliait à toute une série d'actions : création de salles de musique, multiplication des Zénith, enseignement de la musique, ouverture de la Cité de la musique à Paris. Ce n'était pas uniquement une loi technique et juridique. C'était une philosophie. Pour Hadopi, le Gouvernement a commis cette erreur psychologique d'apparaître comme restrictif et punitif. Il eût fallu insérer la loi dans un plan d'action beaucoup plus large en faveur des créateurs, de la culture. C'est ce que nous avions fait en 1985.

Depuis 2012, Hadopi a été vidée de sa dimension punitive. Le système peut-il encore fonctionner ?

Aujourd'hui, on a un cul entre trois chaises ! Je ne comprends pas. D'un côté, les socialistes votent *contre* Hadopi. On s'est dit : « Ils vont abroger ce texte puisqu'ils le trouvent mauvais ! » Ils ne l'abrogent pas, ils coupent une partie des ailes de l'autorité. Puis le rapport Lescure est inappliqué, en partie. Est-ce que c'était une bonne idée ou non de transférer l'autorité au CSA ? Je n'en sais rien. Pour moi, une politique publique doit s'articuler autour de quelques principes. Il doit y avoir un minimum de cohérence, de vision. Hélas, les gouvernements, depuis de très nombreuses années, préfèrent le yo-yo et le louvoiement.

Chapitre 3

Et Dieu créa le CD

Ou quand le numérique entre dans les foyers

« Ils nous ont imposé la fin du vinyle »

Bernard de Bosson,
ancien P.-D.G. de Warner Elektra Atlantic France

Été 2014. J'entre dans un magasin Darty du 15e arrondissement de Paris. Surprise dans ce qui reste du rayon hi-fi : il n'y a plus aucune platine CD en vente. Les étagères font désormais la part belle aux enceintes Bluetooth et autres haut-parleurs avec dock pour y brancher directement les Smartphones. Pour lire un CD, il ne reste que quelques rares chaînes tout-en-un. Les derniers modèles prennent la poussière sur les bords du rayon audio et sont loin d'être mis en valeur. Et pourtant l'arrivée de ce support avait été vécue comme une vraie révolution il y a vingt ans. Elle avait même contribué à sortir l'industrie du disque de la grande crise provoquée par la cassette audio…

« Numérique, inusable ou presque, il ne rentre en contact avec aucun objet, c'est un rayon laser qui le sillonne, c'est le

disque de l'avenir. » C'est en ces termes que Patrick Poivre d'Arvor présente au journal de 20 heures d'Antenne 2 la révolution qui s'apprête à bouleverser le monde de la musique[16]. Nous sommes alors en 1983 et ces mêmes rayons accueillent un tout nouvel objet. Le CD est né, fruit d'une collaboration et d'un échange de brevets entre Philips et Sony. Le premier a développé la technique de lecture par rayon laser, le second s'est concentré sur la numérisation des données et la correction des erreurs de lecture. Pour la première fois, la musique est codée en une série de 1 et de 0 sur un disque optique à une seule face mesurant 12 centimètres de diamètres.

Chez Sony, on est fier de présenter le nouveau bébé maison aux qualités multiples. D'abord le son, bien sûr. Pour la première fois, le digital entre dans les foyers. Finis les crépitements du vinyle et le bruit de fond insupportable des cassettes audio. Le grand public croit alors que ce nouvel objet ne se raye pas. Le son est pur, précis, comme si l'on participait en studio à l'enregistrement aux côtés des musiciens. Quant à l'objet, c'est un petit bijou, comparé au 33 tours. Il brille de ses reflets arc-en-ciel, il est éternel comme un diamant, et chaque famille rêve d'investir dans une platine laser en vente dans les magasins français dès le 26 février 1983.

Philippe De Souza est alors Directeur de la division grand public chez Sony. C'est lui qui coordonne le lancement du CD au niveau européen. Contacté pour cette enquête trente ans après, il n'a pas oublié les difficultés qu'il a fallu surmonter pour imposer ce nouveau standard. « *J'avais surtout senti une réticence et une forme d'incompréhension de la part des mai-*

16. Journal de 20 heures, Antenne 2, 27 février 1983.

sons de disques qui étaient alors surtout dirigées par des directeurs artistiques et non des industriels. Ils n'avaient pas compris la révolution que représentait le CD. En fait, ils étaient tous traumatisés par l'échec des disques vinyles en quadriphonie[17] *au son bien plus riche que ne l'était la stéréo. Ce format était apparu une décennie avant le CD. Cela avait été un échec commercial sanglant.* » Lors des réunions, les responsables des maisons de disques concurrentes expliquent également qu'ils ont encore beaucoup trop de stocks de microsillons et qu'il faut les écouler avant d'en cesser la distribution. La tâche est donc moins facile qu'il n'y paraît. Sony doit convaincre les fabricants de convertir leurs usines de production de vinyles vers le CD. Il faut également trouver les fonds nécessaires. Pour pouvoir financer ce lancement, PolyGram est contraint de vendre ses éditions. Ce sont les éditions Chappell et Intersong dont le catalogue prestigieux s'est constitué depuis les années 1950. On y retrouve tous les artistes en édition chez PolyGram, de Barbara à Brel en passant par Brassens. Un crève-cœur ! Ce patrimoine finira à terme chez le concurrent Warner. Les fonds ainsi obtenus, le CD peut être lancé avec un objectif : devenir un objet de consommation courante pour les années 1980 et 1990.

Mais la fabrication est laborieuse, les ouvriers doivent manipuler les graveurs laser dans des combinaisons qui les recouvrent intégralement. Ils sont équipés tels des techniciens pénétrant dans le cœur atomique d'une centrale nucléaire. Quant au système de gravure, il n'est pas au point.

17. Ce système audacieux permettait d'écouter un morceau sur microsillon avec quatre hauts-parleurs au lieu de deux. C'est en quelque sorte l'ancêtre du 5.1 mais il fut un échec cuisant.

C'est bien simple, un disque compact sur trois fabriqué en usine la première année est défectueux et finit à la casse.

Le public aussi doit être convaincu. Or faire l'acquisition d'une platine spécifique et racheter des disques que l'on possède déjà coûte cher. C'est donc la communauté des mélomanes exigeants qui est ciblée dans un premier temps. On présente aux amateurs de musique classique les mérites de ce format au son pur et limpide qui permet d'entendre chaque subtilité d'un concerto. Il n'est ainsi pas étonnant d'apprendre que le premier CD commercialisé le 17 août 1982 soit un ensemble de valses de Chopin jouées par le pianiste Claudio Arrau. Le grand public n'est visé que dans un second temps. Le premier CD de musique pop pressé dans la nouvelle usine est l'album d'ABBA, *The Visitors*, dont on retient le morceau « Slipping through my fingers », ultime opus du groupe avant la séparation des deux couples qui faisaient son succès et son talent. En 1985, premier record de l'ère digitale : le groupe Dire Straits réalise l'exploit de dépasser le million de CD vendus avec l'album *Brothers in Arms* qui contient les tubes « Money For Nothing » et « Walk of Life ». En France, l'album se vend à 1 995 300 exemplaires. Dire Straits est alors le symbole même de ce nouveau son offert grâce au CD, celui d'une qualité technique qui permet de jouer sur les dynamiques entre les sons forts et les sons faibles. Une manipulation qui était plus délicate pour les ingénieurs du son du temps du vinyle, en raison des mouvements du diamant sur les sillons.

⏭ Le CD, sauveur de la crise

Les producteurs de disques découvrent *via* le CD une opportunité inespérée. Car en ce début des années 1980, le marché du disque est grandement fragilisé et l'on parle déjà de crise, amplifiée par le piratage et les copies massives sur cassette audio (*cf.* chapitre précédent). Les ventes de vinyles ont atteint un record historique en 1978 avec 75 millions de disques 30 centimètres écoulés. Mais depuis 1979, le marché est en déclin constant. 64 millions en 1980, 59 millions en 1982, 41 millions en 1984, bref la pente est descendante et constante. D'un point de vue purement industriel, il apparaît que le produit « disque microsillon » est arrivé en fin de vie. Aussi, le progrès technique que représente le CD arrive à point nommé pour relancer une industrie qui peine à retrouver le chemin de la croissance. En découvrant ce nouveau support sur le marché, le consommateur est non seulement contraint de moderniser son équipement en remplaçant l'électrophone par la platine CD, mais dans la foulée, il est obligé de racheter sur un nouveau format et au prix fort tout un catalogue d'œuvres qu'il possède déjà. L'idée est brillante mais elle n'est pas neuve. C'est exactement ce qui s'était produit à la fin des années 1950. Les premiers 33 tours pressés n'étaient rien d'autre que le catalogue des 78 tours que l'on proposait en microsillon.

Après un lent démarrage, le nouveau standard entre finalement dans les foyers. En France, 6 millions de CD sont vendus en 1986, 26 millions en 1988, 56 millions en 1990. La platine est un objet de luxe que l'on offre pour les mariages. Quant au CD, il devient le cadeau que l'on réclame à chaque anniversaire et que l'on pose au pied du sapin de Noël pour les enfants. Sa valeur affective est très importante. On le manipule avec précaution, en évitant de poser les doigts sur la surface enregistrée. Le compact-disc est perçu comme un bijou dont on prend soin. On veut le choisir, le laisser bien en apparence sur nos étagères et même parfois l'acheter sans l'écouter car l'on ne possède pas encore le lecteur !

Pourquoi la durée d'un CD est-elle de 74 minutes de musique ?

Lorsque les ingénieurs de Philips mirent au point les premiers prototypes de CD, ces derniers mesuraient 11,5 centimètres de diamètre et permettaient d'enregistrer une heure de musique, soit l'équivalent des deux faces d'un 33 tours microsillon. C'est à la demande personnelle du P.-D.G. de Sony, Norio Ohga, que la durée fut rallongée. L'objet étant destiné aux mélomanes, il fallait que les grandes œuvres classiques puissent tenir sur un seul support. En grand amateur de Beethoven, Ohga souhaitait pouvoir entendre la *Neuvième symphonie* dans son intégralité sur un disque. Aussi, les ingénieurs trouvèrent la version la plus longue jamais enregistrée, celle dirigée par Wilhelm Furtwängler et jouée pour l'ouverture du festival de Bayreuth en 1951. Elle durait très exactement 74 minutes et 33 secondes. C'est cette durée qui fut choisie comme standard du CD, obligeant le fabricant à redéfinir le diamètre de la galette à 12 centimètres.

Certains racontent que la demande provenait du chef d'orchestre Herbert Von Karajan qui fut ambassadeur du CD et dont un concert avait servi de premier CD-test. D'autres expliquent que cette symphonie était la préférée de la femme du patron de Sony. Certains pensent enfin que Sony voulait simplement obliger son partenaire mais aussi rival Philips à revoir toute sa chaîne de fabrication car l'usine PolyGram de Hanovre avait trop d'avance et représentait un danger.

Toujours est-il que nous subissons depuis trente ans cette durée qui ne rime à rien : trop longue pour des albums studio qui dépassent rarement les 60 minutes, trop courte pour contenir la totalité d'un concert qui dure au moins une heure et demie. Signalons que depuis, la capacité du CD s'est rallongée à 80 minutes. Progrès oblige, l'espace du disque jusque-là réservé à la correction des erreurs a pu être exploité pour y stocker six minutes supplémentaires de musique.

⏭ Le microsillon en résistance

Paradoxalement, et contre toute attente, le vinyle se vend toujours en France. Et même si la courbe est à la baisse, les ventes de 33 tours et de 45 tours résistent pendant plusieurs années. Entre 1986 et 1989, ce sont ainsi plus de 20 millions de 30 centimètres qui s'écoulent chaque année. Mais les grandes surfaces tournent déjà le dos au support et cessent de s'approvisionner en vinyles dès 1990. Le CD représente pour elles une opportunité de vente importante. D'un point de vue plus prosaïque, c'est aussi un support plus facilement maniable. Il ne se casse pas, se transporte plus aisément, occupe moins de place dans les rayons, dans les cartons et dans les arrière-boutiques. Sur une tête de gondole, quatre disc-compact peuvent être mis en valeur là où jusque-là un seul microsillon 33 tours occupait tout l'espace. Fnac, Virgin et la grande distribution traditionnelle contribuent donc à multiplier les points de contacts entre le public et le CD.

Le 28 février 1990, Pathé Marconi presse son dernier microsillon dans l'usine de Chatou. Un ultime 33 tours intitulé « La dernière cire 1910-1990 » avec pour pochette la célèbre photo du chien Nipper écoutant « la voix de son maître ». On y retrouve vingt grands succès qui ont fait l'histoire du label, de « La mer » de Charles Trenet à « Johnny Johnny » de Jeanne Mas en passant par « L'hymne à l'amour » d'Édith Piaf. Une page se referme.

Certains dénoncent alors une vente forcée de CD. Comme pour défier le nouveau support, Antenne 2 dédie au vinyle une émission entière à l'occasion de la fête de la musique 1991. Une soirée spéciale pour célébrer les 40 ans du 45 tours, glorifier ce format et regretter sa disparition prochaine[18]. *« Pour ses 40 ans le 45 tours fait ses adieux*, déplore le présentateur Jean-Luc Delarue dès l'ouverture de la soirée. *Il ne représente plus que 5 % des ventes alors qu'à son apogée en 1983, il représentait 51 % du marché. Je ne vous présente pas le coupable : le compact*[19]*.* » Un parterre de stars tels Dutronc, Mouloudji, les Rita Mitsouko ou Christophe viennent fêter le 17 centimètres. *« C'est dommage qu'il meure si jeune, et vive le Minitel ! »* répond avec humour et détachement Catherine Ringer dans ce grand show télévisé à coup d'archives, de chansons à moitié en play-back et d'anecdotes. La France fait office de résistante – ou de retardataire, c'est selon. Le taux d'équipement ne grimpe pas assez vite aux yeux des fabricants. En 1990, seuls 20 % des foyers français sont équipés en platine CD.

Aussi c'est par la manière forte que la disparition du vinyle s'accélère, sous l'impulsion des dirigeants de l'industrie, ceux-là mêmes qui l'ont lancée. *« Les grands patrons de l'étranger trouvaient que l'on ne vendait pas assez de CD*, se souvient Bernard de Bosson, ancien P.-D.G. de Warner Music France. *Ils nous ont donc imposé la fin de la production de vinyles. Or, on vendait encore pas mal de microsillons et cela aurait pu durer quelques années de plus.* » En février 1991, une lettre part du syndicat du disque sous l'impulsion de PolyGram et Sony à l'ensemble de la distribution. Elle annonce officiellement l'arrêt de la production de vinyle et laisse aux magasins jusqu'au 30 avril 1991 pour lui retourner leurs stocks. C'en est fini du 33 tours. Le

18. À cette occasion, un classement des « 40 meilleurs 45 tours » a été réalisé avec *Le Nouvel Observateur*. Il est à retrouver en annexe.

19. *45 ans de 45 tours*, réalisation : Dominique Colonna, Antenne 2, 21 juin 1991.

3 mai 1993 est également pressé le dernier 45 tours. *« Finies les deux minutes trente-cinq de bonheur chantées par Sylvie Vartan ! La petite rondelle de vinyle noire a été tuée par le CD*[20] *»*, annonce alors au 20 heures de TF1 Jean-Claude Narcy un brin poétique. Si les majors se frottent les mains, ce tournant vire en fiasco pour les labels indépendants. Car le gros d'un Carrère, d'un Tréma ou d'un AB Productions, c'est le marché du 45 tours. *« Du jour au lendemain, ils ont eu la gorge tranchée ! »* résume Bernard de Bosson. À la place, le consommateur a le choix entre la K2 deux titres et le CD single.

Pour les industriels, la stratégie a porté ses fruits. En 1992, le CD atteint le record de ventes historique atteint par le vinyle quinze ans plus tôt : 79,7 millions d'unités[21]. Sur le marché international, c'est également le succès avec une croissance à deux chiffres. Le volume total des ventes passe de 7,5 milliards de dollars en 1990 à 12,5 milliards en 1995. On passe du simple au double. En moins de dix ans, l'objectif de Philips et de Sony est atteint. Le vinyle est mort, vive le CD. Pour le moment…

⏭ TVA, quotas et pub télé : une décennie de faste

Les années 1990 sont donc une période faste pour l'industrie du disque. Le lancement du CD qui décolle doucement prend un coup d'accélérateur grâce à trois coups de pouce considérables.

20. Journal de 20 heures, réalisation : Annick Morel, TF1, 17 avril 1993.
21. SNEP.

Le premier concerne la TVA. On l'a vite oublié mais pendant longtemps, le disque était taxé comme un produit de luxe ou comme la pornographie au taux élevé de 33,6 %. C'est dire combien le pouvoir politique ne considère pas la musique enregistrée comme un bien culturel qu'il faut encourager. En 1987, la TVA est rabaissée au taux normal, soit 18,6 %. Ce n'est pas encore équivalent au livre qui bénéficie du taux réduit à 5,5 %, mais cela contribue à rendre le prix du CD attractif.

Le second coup de pouce est l'autorisation donnée cette même année 1987 à la publicité pour le disque à la télévision. Un changement de taille qui permet aux artistes d'être davantage présents sur les écrans. C'est l'ère des grandes compilations promues à coup de spots massifs. C'est aussi l'arrivée des tubes de l'été dont les chaînes sont parfois coproductrices. Elles diffusent donc des spots pour des produits qui leur rapportent aussi de l'argent. Chaque disque bénéficiant de cette exposition voit ses chiffres de vente bondir.

Enfin, le troisième coup de pouce est la loi sur les quotas de chanson française réclamée par les défenseurs de la culture et honnie par les programmateurs radio. Votée le 1er février 1994, elle impose aux radios un taux de 40 % de programmation d'œuvres créées ou interprétées par des francophones, dont une moitié de nouveaux talents durant les heures d'écoute significative. Une mise en avant de la chanson française comme l'on en avait jamais eue, à l'heure où les ondes sont envahies par les tubes anglo-saxons. Avec les années, ces quotas seront modifiés et seront adaptés aux spécificités des radios.

Ces différents phénomènes conjugués offrent une forte présence du disque sur les ondes et les écrans. Les bacs de la Fnac sont pleins de compilations en tous genres. À la radio, la chanson française rivalise avec les stars américaines sur les ondes de NRJ, radio prescriptrice numéro un, grâce aux quotas. À la télévision, les années 1990 sont l'âge d'or des variétés avec quatre émissions par semaine sur TF1, première chaîne d'Europe, qui font la promotion des artistes. *Star 90* le lundi présenté par Michel Drucker, *Sacrée soirée* avec Jean-Pierre Foucault le mercredi, *Avis de recherche* puis *Tous à la Une* de Patrick Sabatier le vendredi et *Sébastien, c'est fou !* qui allie chanson et déguisements avec Patrick Sébastien le samedi. Les chanteurs n'ont plus qu'à faire la tournée des plateaux à chaque nouvelle sortie d'album. Le public est là, l'audience aussi.

Nul n'imagine alors que le pire est à venir, tant l'industrie se porte à merveille.

⏭ Le CD commence à abuser

A-t-on voulu abuser de la poule aux œufs d'or ? Les années 1990 sont portées par la réédition des albums issus de l'ère du microsillon au format CD mais aussi par les compilations à outrance. Beaucoup des intervenants interrogés évoquent la profusion de best of en tout genre et, disons-le, une certaine propension à envahir les rayons de ces produits peu chers à la production (les titres sont déjà enregistrés) et qui nécessitent simplement une forte promotion *via* les campagnes télévisées. Le mélomane est dans un premier temps ravi de reconstituer sa collection faite de vinyles parfois usés ou rayés. Le nouveau support est bien plus petit et offre bien plus de chansons. Une galette permet à elle seule de stocker une vingtaine de chansons de trois minutes quand il fallait acheter un lourd et imposant coffret de vinyles pour disposer du même nombre de morceaux. Mais les compilations ne coûtent quasiment rien aux producteurs. Et pourtant elles sont vendues à des prix très variables. La politique en la matière est peu lisible. Une même chanson peut être vendue dans deux compilations dont les prix diffèrent sans que l'on ne sache pourquoi. De là naît déjà un certain malaise sur la véritable valeur d'un enregistrement sonore.

Par ailleurs, des formats courts sont tentés. Le CD deux titres ainsi que la cassette audio deux titres. La cassette deux titres est un échec cuisant, quand aux CD deux titres, ils n'auront jamais l'aura qu'a connue le 45 tours trente ans plus tôt.

Enfin notons l'essor de la grande distribution qui consacre un large espace à la musique dans chacun de ses supermarchés. Le CD n'est plus un objet noble. Il prend sa place dans le caddie de la ménagère entre les packs d'eau minérale et les yaourts. C'est devenu un produit de consommation courante. Si les vendeurs indépendants peinent à survivre et que la grande distribution prend une place de choix, c'est aussi à la demande des majors. Un favoritisme justifié par des raisons purement mercantiles. C'est un guichet unique qui achète de grandes quantités de disques, contrairement au détaillant. Cette galette que l'on manipulait avec tant d'amour et de précaution est désacralisée, dévalorisée.

Exactement ce que les princes du marketing avaient souhaité. Ils portent aussi une responsabilité lourde dans la détérioration de notre rapport avec le disque.

Chapitre 4

Top 50, compil' et Lambada

Ou quand le marketing pourrit le disque

« Dès le premier jour, on s'est dit : on n'y arrivera jamais avec cette merde ! »

Alain de Greef

Mieux connaître le public, savoir ses goûts, devancer ses envies, organiser la promotion et les dates de sorties d'album pour mieux les vendre, telles sont devenues avec les années les obsessions des professionnels de la musique. Il s'agit aussi de mieux exploiter les moyens de promotion qu'ils ont à disposition, radio en tête. Depuis qu'il existe, ce média joue un rôle prescripteur en matière d'achat de disques. Passer dans *Salut les copains* est essentiel pour exister dans les années 1960, figurer au *Top 50* l'est tout autant dans les années 1980. Ne pas être diffusé sur NRJ en 2000 est un handicap. Et aujourd'hui encore, malgré le poids des réseaux sociaux, la radio reste essentielle. En 2013, l'institut IFOP a questionné les Français. À la question « *Quel média suscite le plus l'intention d'achat d'une nouveauté mu-*

sicale ? » les réponses demeurent pour 69 % l'écoute de la radio. Elle reste donc le prescripteur numéro un. Toujours selon ce sondage, pour 17 % le visionnage de vidéos en streaming (YouTube/Dailymotion), et pour 14 % l'écoute de la musique *via* les services de streaming (Deezer/Spotify).

Alors le marketing à outrance apparu au milieu des années 1980 a-t-il été un terreau fertile qui a contribué à préparer la grande crise du disque des années 2000 ?

Lorsqu'on regarde la genèse de cette industrie, on constate qu'avant d'être des financiers, les premiers dirigeants étaient des passionnés de musique et parfois des musiciens eux-mêmes. Ils avaient une vraie culture musicale, savaient être sensibles à ce que les artistes leur disaient. Eddie Barclay ou Jacques Canetti sont les noms qui reviennent à la bouche des nostalgiques. Mais peu à peu, les profils ont changé, au grand dam des artistes. *« Au milieu des années 1980, il y a eu un tournant*, m'explique Alain Chamfort. *Les gens de marketing ont été de plus en plus approchés par les maisons de disques, au détriment de ceux qui avaient une culture musicale et qui avaient une sensibilité proche des artistes. Les nouveaux responsables étaient des gens qui avaient des notions principalement de commerce. Ils menaient des études de marché sur le profil de notre public. Les résultats étaient pitoyables, c'était même un peu grotesque. On commençait à sentir qu'on était un peu traités comme des produits.* » Et de fait, le directeur artistique est peu à peu remplacé par celui du marketing, voire par un « chef de produit », dénomination on ne peut plus explicite.

Et cette mise en avant du bon ou du mauvais produit prend forme en 1984 avec l'apparition du premier véritable classement des ventes : le *Top 50*.

⏭ Dur, dur d'être au Top 50

Le lundi 5 novembre 1984 à 18 h 45, l'animateur Marc Toesca prend l'antenne sur Canal+ pour dévoiler la naissance d'un classement amené à changer le destin de la musique. *« Chaque semaine, deux sociétés de sondage, Nielsen et Ipsos, établissent après enquête le classement des cinquante 45 tours les plus vendus en France »*, explique-t-il. C'est la création du *Top 50*, un jour après le lancement de Canal+. Il est le fruit de deux années de travail initiées par Philippe Gildas, entouré notamment de Pierre Lescure, Alain de Greef directeur d'antenne de Canal+ et Albert Emsalem, adjoint de Gildas et responsable de la musique sur Europe 1. Ce top 50 est avant tout la réponse à un besoin : « *J'avais une rafale de managers de vedettes, tels ceux de Mireille Mathieu ou de Johnny Hallyday, qui venaient régulièrement me voir en se plaignant que le disque de leur artiste passait peu sur Europe 1 alors qu'ils étaient en tête des ventes,* me raconte Philippe Gildas. *Or, ils ne pouvaient décemment pas tous être numéro un ! Il me fallait donc un instrument pour savoir qui était réellement le meilleur vendeur de disque.* » Dès 1982, Gildas s'attelle donc à trouver un institut capable de mesurer les disques vendus en magasins, comme il le ferait avec des petits pois. Ipsos, partenaire d'Europe 1 pour les sondages d'opinion en politique est d'abord contacté, mais finalement, ce sont les instituts spécialisés dans la distribution qui sont chargés des premiers tests grandeur nature. Nielsen est déjà bien implanté dans les hypermarchés et les supermarchés, c'est cet organisme qui coordonne donc le relevé des ventes, Ipsos s'occupe pour sa part des disquaires.

Je retrouve Claude Charbit, qui fut le P.-D.G. de l'institut Nielsen France de 1982 à 1992. *« On a expliqué à Gildas que l'on ne pouvait pas mesurer l'ensemble des disques de tous les rayons des magasins. Il fallait être raisonnable et se limiter à 70 titres que l'on suivrait chaque semaine. 50 d'entre eux seraient classés dans le top. »* Contrairement à ce que l'on croit, le *Top 50* n'a donc jamais mesuré les disques les plus vendus dans l'absolu. C'est un relevé des ventes effectué chaque semaine sur une liste de titres sélectionnés à l'avance.

« Pour choisir les 70 titres étudiés dans le top, les représentants des maisons de disques se retrouvaient chaque mercredi matin pour une réunion au siège de Nielsen. Chacun mettait sur la table la nouveauté qu'il souhaitait voir entrer et s'inclinait face au titre qu'il pouvait faire sortir lorsque ce dernier était déjà en pied de classement », m'explique Claude Charbit. C'est donc un jeu de stratégie. Ainsi, lorsqu'un titre fait une *« entrée fracassante dans le top »*, comme aiment alors à dire les présentateurs télé et radio, c'est parce qu'il est en réalité depuis plusieurs semaines en magasins, mais que son étude n'est réclamée qu'au moment où les ventes deviennent substantielles.

Europe 1 commence donc son *Top 50*, tous les jours de 16 heures à 16 h 30, présenté par Yann Hegann. Côté télé, Antenne 2 est d'abord approchée mais Pierre Desgraupes ne souhaite pas associer le service public à une opération commerciale et une émission dont il doute du potentiel d'audience. Plusieurs anciens d'Antenne 2 ayant rejoint la jeune Canal+, notamment Pierre Lescure, c'est avec cette chaîne que le partenariat est conclu. Antenne 2 restera pourtant dans la boucle en diffusant une version hebdomadaire à partir de mai 1985 présentée par Groucho et Chico. Dès sa première semaine, ce nouveau baromètre officiel remet en cause le milieu du disque. *« Au départ, on a senti une réticence des producteurs de phonogrammes,* admet Philippe Gildas. *La surprise a été totale quand on a rendu public le résultat de ces mois d'enquête. Ça a rappelé à un peu plus de modestie toutes les maisons de disques qui étaient obligées d'admettre que nos résultats étaient incontestables. »*

« Besoin de rien, envie de toi » interprété par Peter et Sloane est numéro un du top la première semaine. Europe 1, pourtant diffuseur du *Top 50*, ne programmait que peu la chanson. Il faut dire que le titre est le premier 45 tours d'un duo jusque-là inconnu. Peter, de son vrai nom Jean-Pierre Savelli, est connu surtout des enfants pour avoir interprété plusieurs génériques de dessins animés phares, tels que *Goldorak* ou *Il était une fois... l'espace*. Nul n'aurait imaginé que sa chanson avait tant conquis le public.

Plus de doute, les hit-parades et les choix des programmateurs de variétés prennent un coup sévère. Le *Top 50* révèle que Mireille Mathieu, bien que populaire, est loin d'être la vendeuse de disque numéro un en France. *A contrario*, les jeunes membres du groupe Rita Mitsouko qui, même à Europe 1, sont relégués à la programmation de nuit, obtiennent une place enviable dans le top.

⏭ « On n'y arrivera jamais avec cette merde ! »

Mais les premiers à être surpris du résultat sont les créateurs du *Top 50* eux-mêmes. Ayez conscience que l'émission est mise à l'antenne par l'équipe des *Enfants du Rock*, des hommes qui ont un goût prononcé pour la pop anglo-saxonne, pour les blousons en cuir londoniens et qui honnissent plus que tout le t-shirt à fleurs de Lagaf' et le rap infantile de Jordy. Certains en tombent de leur chaise. C'est le cas d'Alain de Greef, alors directeur d'antenne de Canal+. *« Dès qu'il y a eu le premier classement, la première semaine de Canal+, je me suis dit : "On n'y arrivera jamais avec cette merde !" Je savais que la France avait un goût de chiottes mais, à ce point-là... Dalida, Charles Aznavour, Henri Salvador ont trinqué sévèrement. On s'est retrouvé avec des "Peter et Sloane" et autres "Viens boire un petit coup à la maison". Quant aux programmateurs de radio, ils étaient assez loin de ce qu'a donné le Top 50.* » De Greef et les autres rêvaient de partager avec le public leur goût pour le rock anglais et américain, ils se rendent compte que les Français s'y intéressent peu. Le présentateur mythique de l'émission Marc Toesca se fait plus nuancé : *« Effectivement, il y avait de la daube*, reconnaît-il. *Mais à côté de "t'as le look coco", il y avait Bowie, Prince, Madonna, Stevie Wonder. Il y avait une vraie mixité dans les genres. "Un autre monde" de Téléphone passait entre Laroche Valmont et "Allo, allo, monsieur l'ordinateur" de Dorothée.* » Un souvenir plutôt idyllique, lorsque l'on se souvient de la réalité du classement. Certes, The Cure fait son apparition certaines semaines dans le top, mais le Français lui préfère de loin « La fête au village » des Musclés. Quant aux grands artistes tels Charles Aznavour et Henri Salvador, ils n'entreront jamais dans le *Top 50.*

C'est cette même mauvaise surprise qu'ont les dirigeants de Canal+, lorsque quatre ans plus tard, ils demandent à RTL de les aider à savoir quelle est « la chanson du siècle » pour les Français. À RTL, on se souvient encore de leur mine déconfite lorsque la SOFRES leur rapporte le résultat. Là encore, il est à l'opposé de leurs goûts. Et pourtant c'est le choix du public, le seul qui compte. Le très pudique et émouvant « Prendre un enfant par la main » d'Yves Duteil, texte autobiographique consacré à l'adoption de sa fille, est sacré chanson du siècle. Suivent « Ne me quitte pas » de Jacques Brel, « Les roses blanches » titre antique de Berthe Sylva, « Les corons » de Pierre Bachelet et « La montagne » de Jean Ferrat[22]. Yves Duteil portera longtemps cette récompense comme un trophée mais aussi comme un poids dont il est difficile de se détacher. Et Canal+ qui vient pourtant de constater l'attachement du public pour l'artiste ne l'invitera quasiment jamais dans ses émissions. Étrange paradoxe !

Au-delà du classement en tant que tel, le *Top 50* se révèle être une source intarissable d'information. C'est la découverte du profil du public. On sait désormais qui achète le 45 tours. Très souvent, le client principal n'est pas un jeune mais une grand-mère qui souhaite offrir des cadeaux à ses petits enfants. Or, elle ne connaît pas leurs goûts et le *Top 50* est pour elle un outil formidable pour l'aider dans son choix. Aussi, les supermarchés s'adaptent et modifient l'organisation des rayonnages. Très vite, les 45 tours sont disposés dans l'ordre du top, sous forme d'un classement, du numéro 1 au numéro 50. Une situation qui crée un effet d'entraînement, le numéro 1 se retrouvant plusieurs semaines en tête de gondole et des achats, le moins vendeur disparaissant définitivement de la vitrine ! « À peine les palettes des

22. Classement « Chanson du siècle » issu d'un sondage réalisé en janvier 1988 par la SOFRES pour Canal+, la SACEM et RTL. Les curieux retrouveront la liste intégrale en fin d'ouvrage.

"démons de minuit" arrivaient-elles dans les supermarchés que les clients prenaient directement les disques sur les palettes », se souvient Marc Toesca. Quant aux producteurs de disques, observant les résultats du top, ils tentent de cloner ce qui marche, imaginant avoir trouvé la recette du tube. Nous n'énumérerons pas ici la liste des numéros un du top que l'on a honte d'avoir nous-même écoutés et achetés. Ils nous ont procuré du bonheur en ce temps-là. Au fond n'est-ce pas cela qui compte ?

Pourquoi dit-on « faire un tube » ?

Dans les années 1950, Boris Vian fut, parmi ses multiples casquettes, directeur artistique chez Philips. C'est lui qui aurait adopté ce mot pour désigner un titre à succès dont les paroles sonnent aussi creux qu'un tube. Pourquoi un tube ? Tout simplement parce que les premiers enregistrements sonores du XIXe siècle réalisés par Thomas Edison n'étaient pas gravés sur des disques plats en cire mais sur des cylindres rotatifs en forme de tubes.

Vian en donne d'ailleurs la recette dans la chanson « Le tube » interprété par Henri Salvador en 1958 : *« V'la les accessoires/Pour faire un succès/Une rue, un trottoir/Une môme bien roulée/Un gars, chandail noir/Et cheveux collés/Rengaine/Qui traîne/Ni triste ni gaie/Voilà les accessoires/Messieurs dames, entrez ! »*

⏭ Les clips, des zombies de Michael Jackson aux seins de Mylène Farmer

Pour passer dans le *Top 50*, la plupart des artistes sont contraints d'enregistrer des clips de leurs chansons. Le genre connaît son heure de gloire dans les années 1980. Les plus anciens se souviennent du scopitone de Claude François chantant « Belles, belles, belles » les pieds dans la neige. Mais la démarche à l'époque est rare et les diffusions sporadiques. On estime les vrais débuts du clip à l'année 1975, lorsque le groupe Queen ébahit le public avec « Bohemian Rhapsody ». À sa sortie, le succès de la chanson est tel que le groupe est incapable de faire la tournée de tous les plateaux télévisés pour l'interpréter. Il décide donc de tourner une seule vidéo de sa prestation et évite ainsi de faire à chaque fois le déplacement. Le groupe Abba use à ce moment-là de la même stratégie. Chacun y trouve son compte : les chaînes de télévision disposent d'un produit clef en main gratuit, quant au producteur qui finance le tournage, il peut exactement maîtriser l'image de son artiste et éviter les aléas du direct et autres play-back ratés.

Mais c'est en 1981 que le clip est érigé en art et que sa présence sur les antennes se généralise *via* les chaînes et les émissions dédiées. Une chaîne lui donne ses lettres de noblesses. Apparue le 1er août 1981, MTV prouve que le clip est un programme capable de remplir une grille vingt-quatre heures sur vingt-quatre et surtout de séduire un large public. Le premier morceau diffusé n'est pas choisi au hasard : « Video Killed The Radio Stars » du groupe Buggles (en français « la vidéo a tué les stars de la radio »). Tout un programme. On n'écoute plus la musique, désormais on la regarde. Outre-Atlantique, MTV impose une révolution esthétique et surtout une révolution des mœurs. Les artistes noirs étaient jusque-là *non grata* sur les antennes. En 1983, le clip « Billie Jean » de Michael Jackson marque l'histoire. Pour la première fois, le clip d'un artiste noir passe en boucle à la télé américaine. Suivront « Thriller » ou encore « Bad ». De la même manière que le jazz et le blues noir américain ont propulsé le disque un demi-siècle avant, c'est la pop noire américaine qui déclenchera l'ère de la musique en image.

La diffusion de ses clips représente en soi un événement. Le 16 avril 1983, Michel Drucker diffuse « Beat it » en prime time dans *Champs-Élysées*. L'animateur présente alors la séquence comme un *« mariage idéal entre la musique moderne et le cinéma », « une cassette de promotion dans laquelle les Américains savent mettre les moyens et le talent ».* C'est encore le 17 décembre 1983, que Michel Drucker annonce fièrement en ouverture de *Champs-Élysées* qu'il va diffuser intégralement dans le courant de l'émission le clip de « Thriller ». Dix-sept minutes de démons et de zombies diffusées dans le cadre de l'émission de variété la plus consensuelle de la télévision. Un film d'épouvante et d'humour digne du festival d'Avoriaz. Il fallait le faire ! 12 millions d'albums de Mickael Jackson sont vendus cette année-là.

En France, une artiste donne également au clip ses lettres de noblesse. Elle s'appelle Mylène Farmer. Avec son producteur Laurent Boutonnat, cette jeune inconnue comprend l'impact du phénomène. Chacun d'entre eux est donc imaginé comme un véritable film de cinéma. Dans « Libertine », elle apparaît nue et fait scandale. Mais c'est aussi le début d'une longue carrière. « Libertine » reste six mois dans le *Top 50*.

Les années clip sont un espoir pour ceux qui font la musique et qui souhaitent augmenter son exposition sur le petit écran. En France, le pendant de MTV s'appelle TV6. Lancée en 1986 en même temps que La Cinq, la chaîne est supprimée un an plus tard avant de renaître avec d'autres actionnaires et un autre projet sous le nom de M6. Dans son cahier des charges, le clip est une composante essentielle de l'antenne. Il est d'abord un atout. Mais il deviendra avec les années un boulet en matière d'audience. Il est d'ailleurs intéressant de noter que MTV comme M6 ont peu à peu relégué le clip aux heures de diffusion les plus marginales. À la fin des années 1990, le concert live est remis à l'honneur. Ce sont les concerts *Unplugged MTV* dont les versions CD sont devenues des incontournables de nos discothèques, de la prestation de Nirvana à celle d'Eric Clapton. M6 fait une tentative similaire avec les *Concerts privés*. Jean-Louis Aubert ou encore France Gall se prêtent au jeu. C'est d'ailleurs à ce jour l'ultime prestation scénique de la chanteuse, au grand dam de tous ses fans. Au début des années 2000, la musique est remplacée sur MTV comme sur M6 par une profusion d'émissions de téléréalité plus abêtissantes les unes que les autres. Après une décennie de bons et loyaux services, la musique en images ne fait plus recette.

⏭ Fric, pub, musiques : petits arrangements entre amis

Les artistes ont donc à partir des années *Top 50* le sentiment d'être des yaourts que l'on met en tête de gondole ou que l'on supprime en fonction des goûts changeants du public. Un marketing agressif de distribution est mis en place autour des albums. Tout droit venu de l'agence de publicité Saatchi & Saatchi, le nouveau P.-D.G. de CBS – devenu Sony Music en 1988 – Henri de Bodinat multiplie les sorties de compilations au format CD et enchaîne les succès commerciaux, appuyé par de vastes campagnes publicitaires. Le best of est érigé en *business model.* Dès le jour de la sortie, des palettes entières sont placées dans les rayons de la grande distribution, des CD mis en tête de gondole, des best of de titres parfois très anciens présentés comme un « événement ». On parle alors de « coups » aussi rapides que des raids boursiers. Le public est ainsi incité à prendre le disque et le mettre dans son caddie de supermarché... quitte à ensuite regretter cet acte d'achat impulsif.

Quant aux médias radios et télés, ils se rendent compte qu'ils peuvent tirer profit du produit « disque » dont ils assurent la promotion. Des directeurs marketing voient le jour dans les labels et mettent au point des stratégies quasi scientifiques pour assurer la promotion et la vente des disques. On découvre ainsi qu'un artiste peut interpréter dix fois d'affilée sa chanson à la télévision, celle-ci ne se vendra pas pour autant. Il faut d'abord la faire connaître pendant un à deux mois en radio afin que l'auditeur ait la mélodie à l'oreille. Les radios de leur côté mettent en place des procédés marketing précis pour ne pas se tromper sur leur audience : auditoriums réunissant 300 personnes, appels téléphoniques durant lesquels des individus sont sondés pour savoir si une chanson peut entrer ou non dans la « play-list » d'une radio, la liste des 50 chansons les plus jouées. En huit secondes d'écoute, le sort d'une chanson est scellé. Ces mêmes études ont en effet révélé que le taux de résistance du public n'est pas plus long et qu'au-delà de ces huit secondes, l'auditeur zappe s'il n'aime pas. Un système importé des États-Unis par NRJ au milieu des années 1980.

Les radios ne sont alors plus clientes, elles sont décisionnaires : une chanson peut être réarrangée, réorchestrée, coupée, accélérée, rythmée, saucissonnée, à sa demande. Ce sont les « radio edit », ces morceaux calibrés sur une durée de 3 minutes 30 avec une introduction courte, un refrain qui intervient au bout de trente secondes à peine. Tout cela à la simple demande d'une radio prescriptrice. C'est l'ère du formatage. Les producteurs de la comédie musicale *Notre-Dame de Paris* se souviennent ainsi que, lors de sa première diffusion sur NRJ, « Belle » a été amputée d'un couplet entier. La raison ? L'interprète Daniel Lavoie est jugé trop vieux pour la cible. Il faudra une menace de la maison de disques pour que la radio fasse marche arrière et diffuse intégralement le morceau devenu dans l'intervalle un tube immense. Et l'art dans tout cela ?

Ces mêmes médias tout-puissants se mettent également à demander un intéressement sur les ventes. Dans les années 1970, cela s'appelle la coédition : les éditeurs renoncent à 50 % de leurs droits pour les partager avec des filiales des grandes radios. Radio Music France pour RTL, Top N° 1 pour Europe 1 ou les éditions Train Bleu pour RMC sont des intitulés dont les anciens osent à peine évoquer l'existence lorsque je les interroge, tant ils sont synonymes de maladies honteuses. La coédition a créé un système malsain. Les radios diffusent des chansons qui leur rapportent de l'argent. Ceux qui refusent de jouer le jeu et qui ne sont pas en position de force peuvent être bannis des antennes. Cela ne concerne pas toute la programmation, fort heureusement et selon les périodes, le procédé est plus ou moins en vigueur. Au début des années 1980, la coédition est sporadique sur RTL tant la programmatrice Monique Le Marcis défend son indépendance, elle serait au contraire devenue la politique maison chez Europe 1. *« Lors d'un déjeuner, je leur ai dit que ces méthodes étaient scandaleuses, ils avaient forcé la main à l'un de mes artistes pour qu'il accepte une coédition. Très en colère, je les ai abandonnés en cours de repas »*, se souvient Bernard de Bosson, ancien patron de Warner Music France. Des chanteurs comme Francis Cabrel qui ne cèdent pas à la demande de coédition sont ainsi ignorés d'Europe 1 ou relégués aux heures d'écoute les plus confidentielles.

À l'ère de la FM, la coédition est remplacée par la co-exploitation : le label propose à la radio partenaire des points sur les ventes en échange d'une campagne publicitaire à l'antenne à un tarif préférentiel. La technique est alors fréquente, tant les compilations et les tubes de l'été inondent le marché. Souvenez-vous de ces albums vantés par des publicités commençant par « NRJ présente… ». En juillet 2000, une étude réalisée par l'institut IPSOS[23] révèle ainsi que *« sur les 50 titres les plus diffusés en radio, 46 ont fait l'objet de campagnes publicitaires. Les deux tiers des investissements sont effectués sur trois réseaux jeunes dont 37 % seulement sur NRJ »*.

Des chiffres et un propos qui tranchent avec le discours des anciens de la grande station musicale. Ceux que j'ai rencontrés m'expliquent au contraire que jamais ô grand jamais la programmation n'a été influencée par des choix mercantiles car cela aurait mis en danger l'antenne, seule chose qui compte. Un titre, m'explique-t-on, pouvait dispa-

23.*Investissements publicitaires et diffusions en radio* (Ipsos music/U.P.F.I.), livre blanc de l'UPFI, p.17.

raître de l'antenne s'ils n'y croyaient pas, même lorsqu'un deal avait été signé avec une maison de disques.

La télévision a de son côté le droit de faire de la publicité pour le disque à partir de 1988. Une aubaine pour les labels en quête de visibilité. Et des accords du même type fleurissent : une chaîne de télévision offre des écrans publicitaires pour la sortie d'un album à tarif réduit si en échange elle touche des points sur les ventes de ce dernier. Le système est gagnant-gagnant : les maisons de disques ont accès à des écrans publicitaires qu'elles n'auraient pas eu les moyens de se payer. Quant aux chaînes, elles leur offrent des écrans aux heures peu sollicitées par les autres annonceurs.

Souvenez-vous par exemple de la « Lambada », le tube de l'été 1989 sur TF1. Le clip est diffusé en boucle à l'antenne, parrainé par Orangina. C'est une géante opération de marketing, fruit d'une collaboration entre Une Musique, filiale de la première chaîne et Sony Music. Il s'agit justement d'une coexploitation : TF1 touche un pourcentage sur les ventes du disque en échange d'une campagne publicitaire pour ce refrain dansant sur son antenne. Le succès dépasse alors toutes les espérances. Un million et demi d'exemplaires de la « Lambada » sont vendus ! Le titre reste classé pendant 27 semaines au Top 50 dont 12 semaines numéro un. Le tube de l'été devient alors un rendez-vous annuel à la logique avant tout marchande.

Chaque chaîne veut réaliser le même exploit en copiant le procédé lorsque les beaux jours reviennent, de la « Macarena » ou « Pata Pata » sur M6 à « Tic Tic Tac » sur France 2 en passant par la « Soca Dance » sur TF1. Chacun y trouve son compte : les chaînes remplissent les espaces publicitaires de la période estivale, traditionnellement creuse. Quant à l'industrie du disque, elle réalise des records de ventes.

Tous pourris, me direz-vous ? *« Cette publicité télé a contribué à tuer le disque car elle a écrasé la diversité »*, m'explique Yves Bigot qui fut dans les années 1990 responsable chez PolyGram. *« Mais ce système était efficace : les radios qui avaient ces pratiques étaient leaders, les chaînes de télévision faisaient de l'audience et les maisons de disques vendaient beaucoup. Tout le monde était content sauf ceux qui n'y étaient pas. Ce n'est pas tout à fait de la corruption. Ou alors si c'est de la corruption, tout le monde était corrompu. »* De fait, un petit nombre d'artistes issus de grandes majors peuvent accéder à la publicité télévisée. De quoi interdire toute diversité car des albums peu exposés sur les écrans ont peu de chance d'être ensuite sélectionnés pour entrer dans les bacs des supermarchés qui ne prennent que le top 20. *« Je me souviens que les gens du livre sont venus me voir en me disant : "On envisage de faire pareil pour le livre". Je leur ai répondu : "Si vous voulez tuer votre industrie, faites ça !" »* me confie Yves Bigot.

N'en jetez plus ! Ou si. Évoquons enfin le mariage ultime : un média devient coproducteur d'un album. Le diffuseur assume alors ouvertement le fait de faire la promotion d'un disque pour lequel il a pris des décisions artistiques et dont il recueillera les bénéfices. Il existe un précédent historique. En 1963, Lucien Morisse directeur des programmes d'Europe 1 crée le label DiscAZ, lui permettant ainsi de diffuser sur l'antenne de la radio périphérique les artistes qu'il a lui-même produits : Guy Mardel, Pierre Barouh ou Michel

Polnareff. L'aventure s'arrêtera au milieu des années 1970. AZ est racheté par Musidisc puis par Universal qui réactivera l'étiquette AZ. Dans les années 1990, le procédé devient courant et assumé avec la création de filiales des chaînes de télévision : *Une Musique* pour TF1 ou *M6 Interaction*, permettant à ces diffuseurs de devenir des acteurs à part entière du secteur musical et de percevoir un pourcentage sur les ventes de disques. Ce sont les Poetic Lovers, Eve Angeli et plus tard les albums des Lofteurs ou de Popstar, que M6 produit et diffuse sans complexe.

À la fin des années 1990, le grand public est donc inondé de campagnes publicitaires radio et télé pour le disque. Ce sont les années « fric », l'argent est partout. Mickael Jackson et Madonna sont des phénomènes mondiaux. Les contrats signés avec ces stars atteignent des proportions inédites à l'image de Mariah Carey dont le premier album sorti en 1990 se vend à 15 millions d'exemplaires. *« Un jour, le nouveau patron de la maison de disques CBS cherche à entrer en contact avec Mariah Carey,* me raconte Didier Barbelivien. *Ils ont mis trois jours à la trouver. Elle était en fait aux Bahamas ! Lorsqu'il a eu le contrat sous les yeux, il a dit à son directeur financier : "Je comprends qu'elle se fasse bronzer les fesses au lieu d'être en studio pour enregistrer, la chérie. Avec 80 millions de dollars, elle a raison !" Il l'a fait rappeler et il lui a dit : "Combien je vous donne pour arrêter ce contrat ?" »*

La production est foisonnante, riche en compilations en tout genre, mais chacun a déjà reconstitué sa discothèque au format CD. La croissance se tasse. Après l'éphémère mode des boys band, paroxysme des années marketing, la France sort son épingle du jeu en exportant la « french touch », un courant musical issu de la house music qui fait appel à des samples issus de la funk et du disco. Le mouvement est amené à faire le tour du monde. Ses porte-parole s'appellent Étienne de Crecy, Laurent Garnier, Modjo, Cassius, Benjamin Diamond et surtout Daft Punk. L'année 1998 est ainsi marquée par le titre « Music Sounds Better With You » de Stardust, vendu en un mois à plus de 2 millions d'exemplaires dans le monde.

En 1997, le magazine new-yorkais *Rolling Stone* s'interroge : *« Le secteur de la musique a-t-il mangé son pain blanc ? L'arrivée du disque compact avait dopé les ventes. Le hip-hop et quelques nouveaux genres avaient suivi. Mais depuis deux ans, l'euphorie retombe. Suite au matraquage des radios et de MTV, la production musicale s'est homogénéisée à outrance. Nous avons épuisé nos réserves d'or*[24]. » Il ne croit pas si bien dire.

24. Eric Boehlert, « Le marché du disque est rayé », *Rolling Stone* cité par *Courrier International*, 6 mars 1997.

⏭ Entretien avec Max Guazzini, ancien président du directoire du groupe NRJ

Entre 1982 et 2004, Max Guazzini dirigea les programmes de NRJ. C'est sous sa direction que cette radio devint avec les années le plus gros prescripteur de musique de la bande FM. Une entrée dans sa « play-list » peut changer la vie d'un disque.

Comment est née NRJ ?

L'aventure NRJ a commencé dans un studio d'étudiant de 25 mètres carrés au 55, rue du Télégraphe à Paris. La mère de Jean-Paul Baudecroux l'avait trouvé car c'était l'un des endroits les plus hauts de Paris. Dans la salle de bains, à la place de la baignoire, il y avait un émetteur. Lors de l'ouverture de la bande FM en 1981, tout le monde se faisait pistonner avec des lettres de recommandation pour obtenir des fréquences. J'étais avocat, bien implanté au Parti socialiste. Je connaissais notamment Bertrand Delanoë, Jacques Attali et les membres du cabinet de Georges Fillioud. Certaines radios populaires comme carbone 14 n'ont pas été autorisées.

Comment s'est organisée la programmation musicale sur NRJ ?

Au début, chacun choisissait sa musique. Puis au printemps 1984, j'ai restreint la programmation. Les animateurs ne pouvaient alors choisir que les « gold », les titres anciens. Nous étions très influencés par les États-Unis, nous avions même un consultant américain, Ted Ferguson. Il nous aidait à nous professionnaliser. « Si vous n'avez rien à dire, ne le dites pas à l'antenne », était alors la règle.

Quels étaient les critères pour vous aider à affiner la programmation ?

On regardait beaucoup les ventes de disques. Chaque semaine, on interrogeait une quarantaine de disquaires pour savoir si les musiques que l'on passait avaient du succès. On avait ainsi quinze jours d'avance sur le *Top 50*. « Partenaire particulier », les Gipsy Kings, ou « The Final Countdown » du groupe Europe ont connu le succès parce que nous les avions diffusés alors que les maisons de disques n'y croyaient pas forcément. À partir des années 1990, nous nous sommes mis à sonder directement les auditeurs par téléphone sur leurs goûts. À l'époque nous avions une centaine de titres en play-list contre quarante aujourd'hui.

Pourquoi avoir organisé la grande marche du 8 décembre 1984 avec Dalida pour défendre les radios libres ?

Le pouvoir socialiste avait prévu d'ouvrir la bande FM à des radios associatives. Il n'avait pas prévu l'essor des radios musicales. C'était une erreur d'interprétation. Il a voulu reprendre en main les radios en inventant que l'on brouillait les fréquences des aéroports. À la Haute Autorité, Stéphane Hessel dénonçait nos émetteurs. C'était n'importe quoi. Quand on a compris que l'on allait être saisi, j'ai lancé un appel à l'antenne et ai contacté Dalida. Elle a alors appelé Jacques Attali à Dublin qui a contacté Laurent Fabius. François Mitterrand a fait arrêter la saisie de notre matériel.

Mais Michèle Cotta de la Haute Autorité nous a suspendus pour 30 jours. On a répondu que l'on n'arrêterait pas l'antenne et nous avons lancé la manifestation. Quand ils ont vu tout ce monde dans la rue, ils ont eu peur. Le pouvoir avait voulu nous mettre au pas, mais c'était trop tard. Cela faisait trois ans que les gens écoutaient les radios FM.

Peut-on dire que NRJ est la radio qui a contribué au succès de Madonna en France ?

C'est vrai que dès le début, on était un peu radio Madonna en matraquant ses chansons à l'antenne. On avait même patronné le grand concert au parc de Sceaux devant 130 000 personnes. C'était l'époque de la petite culotte.

Pourtant vous l'avez à un moment interdite d'antenne...

Chaque année, nous la demandions pour les *NRJ Music Awards* et chaque année elle ne pouvait pas. Une année, elle était soi-disant en tournée à Los Angeles. En réalité, elle était à Paris à regarder les collections de Versace et à déjeuner avec Jean-Paul Gauthier. J'ai alors appelé la maison de disques et leur ai dit « ce n'est pas la peine de nous envoyer le prochain album. Envoyez-le aux maisons de couture, cela passera pendant les défilés ! » Pendant six mois, j'ai retiré tous ses anciens titres de l'antenne. Finalement, j'ai reçu une caisse de vin et elle a monté l'année suivante les marches des *NRJ Music Awards*. Elle a aussi donné un showcase pour 100 auditeurs que l'on a fait venir en limousine. C'était ça, la force et la puissance de NRJ. Pas la mienne. Quant aux bouteilles de vin, ce sont les joueurs du Stade français qui les ont bues après une victoire.

N'avez-vous pas contribué à l'appauvrissement musical en diminuant le nombre de titres diffusés à l'antenne ?

La multidiffusion est due à un manque de production adaptée. Du fait du pillage par Internet, les maisons de disques ont produit moins d'artistes et de titres capables de plaire aux radios. C'est terrible, et ce, alors que la France est l'un des rares pays où les disques d'artistes locaux se vendent mieux que ceux des artistes en langue étrangère. Même dans les émissions de télécrochets maintenant, ils chantent des titres en anglais.

Mais diffuser plus de dix fois par jour le même morceau, n'est-ce pas exagéré ?

Il n'y a que cinq titres qui passent à ce rythme-là. Mais sachant que la durée d'écoute est de 1 h 30, on sait que toutes les heures et demie, on n'a plus les mêmes auditeurs et l'on peut repasser le titre qu'ils ont envie d'entendre. Cela s'est imposé progressivement. On avait 120 titres à une époque. Mais toutes les radios se sont mises à faire comme les Top 40 américains. C'est comme à l'époque des juke-box. C'étaient tout le temps les mêmes titres qui étaient demandés et qui passaient.

Subissiez-vous une grande pression de la part des maisons de disques ?

Oui, mais je savais résister à la pression, même celle de mes amis. Parfois, ils m'en voulaient. Je pense qu'il y avait un respect, j'étais honnête, je ne faisais pas dans les magouilles. J'étais lucide sur le fait que les rapports étaient faux. Quand les maisons de disques nous invitaient à déjeuner, elles venaient des fois nous chercher en Rolls blanche pour aller de l'avenue d'Iéna dans le 17e arrondissement. Elles avaient gagné beaucoup d'argent à l'époque. NRJ y a beaucoup contribué en diffusant de la musique populaire.

Aviez-vous des « arrangements » avec les maisons de disques ?

Lorsque j'étais chanteur, mon disque avait été en coédition face A avec Europe 1, face B avec RMC. À NRJ, je me suis opposé à ces pratiques et j'ai toujours refusé tout arrangement car je trouvais que cela abîmait l'antenne. Après, NRJ a créé son propre label, NRJ Music. Je n'ai jamais voulu m'en occuper parce que je pense que ce n'est pas le rôle d'un diffuseur d'être producteur. Je pense que c'est malsain. Après mon départ je ne sais pas ce qui s'est passé, je ne suis plus à NRJ depuis dix ans.

Seconde partie

C'EST LA CRISE ! *L'ÈRE DU VIRTUEL*

« On va planter ton CD,

L'attacher et l'torturer ton CD

On va lui éplucher la peau et râper des citrons sur ton CD

(...)

J'le télécharge illégalement et j'fais sauter mon disque dur »

« La mort du disque », OrelSan et Gringe

Les grandes dates du disque (2) – c'est la crise !

1997 : Mise en vente des graveurs de CD grand public.

1999 : Lancement de Napster et début de la crise mondiale du disque.

2001 : Mise sur le marché du premier iPod.

2002 : Chute des ventes de disques physiques. Crise du disque en France.

2003 : Arrivée du « copy control ».

2004 : Ouverture en France de la plateforme iTunes.

2005 : Naissance de YouTube.

2006 : Promulgation de la loi DADVSI relative au droit d'auteur et aux droits voisins dans la société de l'information.

2006 : Création de Spotify.

2007 : Création de Deezer.

2007 : Rapport Olivennes sur le développement et la protection des œuvres culturelles sur les nouveaux réseaux.

2009 : Décret instaurant la création d'Hadopi, Haute Autorité pour la diffusion des œuvres et la protection sur Internet.

2012 : La justice américaine fait fermer le site de téléchargement illégal Megaupload.

2013 : Remise du rapport Lescure sur l'avenir de l'exception culturelle française dans le contexte numérique.

2014 : Les revenus issus du streaming dépassent ceux du téléchargement légal.

Les maisons de disques auraient-elles pu mieux gérer la crise des années 2000 ? Ont-elles magistralement raté le virage du numérique ? Ces questions essentielles sont au cœur même de notre enquête. Et pourtant la réponse n'est pas évidente et pour tout dire, elle ne se résume pas à un raisonnement binaire. Il serait trop facile de jeter la pierre aux maisons de disques et à elles seules comme il est courant de l'entendre. La plupart des intervenants rencontrés dans le cadre de cet ouvrage admettent que nombre d'erreurs ont été commises. Mais était-ce possible de réagir autrement et d'avoir un esprit visionnaire tant le contexte était flou et la crise soudaine après plusieurs décennies de succès ? Pouvait-on deviner qu'un ovni appelé MP3 allait provoquer un tsunami et surtout que ses effets seraient durables au point de remettre à plat les codes de toute une industrie ? Pour tenter d'y voir plus clair, remontons un à un le fil des événements.

Chapitre 1

La révolution MP3

Piratage massif et panique des maisons de disques

« La réaction primaire des maisons de disques a été de percevoir Internet comme une menace qu'il fallait éradiquer »

Hervé Rony, ancien secrétaire général du SNEP

Ils ont entre 14 et 16 ans. Ce sont les ados, cœurs de cible pour bon nombre de marques et d'industries, à commencer par celle du disque. Mais pour la nouvelle génération des années 2000, la concurrence est rude. Justin Timberlake et Britney Spears doivent partager l'argent de poche de ces jeunes avec Zara, H&M et New Balance, les marques de prêt-à-porter du moment. À l'occasion d'une conférence organisée par le ministère de la Culture, je réalise une enquête auprès d'une trentaine d'adolescents. Je me rends pour cela dans un lycée cossu du 6e arrondissement de Paris. Là-bas m'attendent des élèves habillés de la tête aux pieds en vêtements de marques. Certains ont les oreillettes blanches typiques de l'iPod qui pendent sur leur blouson. On ne peut pas dire que leurs parents manquent de moyens. Et pourtant, lorsque je les interroge sur leurs attentes et leurs habitudes en matière de musique, les réponses ont de quoi surprendre : « *Il n'y a pas autant de chansons sur les sites payants que ce qu'on peut trouver sur Kazaa* », me disent les uns. « *Sachant que sur Kazaa c'est gratuit pourquoi irais-je payer ailleurs, même si ce n'est pas cher ?* » me répondent les autres sans complexe. « *On a une opportunité pour ne pas dépenser de l'argent et profiter de sous d'une autre manière, on le fait !* » me résume alors une lycéenne. D'autres arguments reviennent, frisant parfois la mauvaise foi : 99 centimes pour le téléchargement d'une chanson au format MP3, c'est cher. Mais leurs paires de baskets New Balance achetées 100 euros ne sont-elles pas chères, elles ?

En sortant de cette rencontre, je réalise une chose très importante : l'achat de musique immatérielle n'est pas considéré par les adolescents comme un achat utile. Elle a perdu sa valeur pécuniaire et, plus grave, sa valeur affective. Or, ce sont les jeunes qui, depuis toujours, ont porté le marché de l'industrie phonographique. Ils l'ont fait en achetant les 45 tours d'Elvis Presley dans les années 1950, en s'offrant le CD deux titres de « Partir un jour » des 2be3 en 1996. Mais le centre d'intérêt et de dépenses de la nouvelle génération a changé. Son pouvoir d'achat se porte sur d'autres objets de consommation. Elle est prête à payer des centaines d'euros pour le contenant – l'iPod –, plusieurs euros pour une sonnerie de téléphone portable de trente secondes, mais ne veut plus payer pour le contenu original. Les conséquences de ce nouvel état d'esprit ne se font pas attendre.

⏭ Les ravages des graveurs de CD

Le 29 juillet 1999, le journal de 13 heures de France 2 diffuse une image choc : une immense montagne de disques confisqués par les autorités russes. 500 000 CD pirates déversés par d'énormes bennes dans une décharge à Moscou. Ils représentent une valeur d'un million de dollars. *« 95 % des CD vendus dans la capitale russe sont issus du piratage »*, explique alors le présentateur Rachid Arhab. Comment en est-on arrivé là ?

Tout comme le succès des années microsillon, la crise des années 2000 est le fruit de plusieurs événements sociologiques et progrès technologiques qui voient le jour simultanément : l'apparition des graveurs de CD, la généralisation des connexions Internet dans les foyers et de la compression de la musique grâce au procédé MP3.

Cela commence par la standardisation d'un support numérique, le CD, vendu par cartons entiers au consommateur dans les années 1990. Cet aspect n'est pas à négliger. Car cet objet, à la différence de ses grands frères – vinyle et cassette – contient des données numériques. Il est donc lisible par les ordinateurs, lesquels disposent tous de lecteurs de CD-Rom à partir du milieu des années 1990. C'est donc l'industrie du disque elle-même qui fournit aux pirates le futur instrument de sa perte.

Autre paradoxe, ce sont les groupes possédant une branche dans la filière musicale qui mettent sur le marché les graveurs de CD et les supports pour réaliser les copies. Philips, le premier, propose des graveurs fin 1997 à moins de 3 000 francs. Le CD vierge coûte 20 francs, soit 100 francs de moins qu'un CD acheté en magasin[25]. Une économie considérable pour celui qui souhaite agrandir sa collection de disques à moindres frais et sans détérioration du son.

Quelques mois à peine après avoir mis ce produit sur le marché, Philips revend l'intégralité de ses activités musicales – les célèbres disques PolyGram – au canadien Seagram pour 11 milliards de dollars. *« La vie est remplie de hasards, c'est sûrement une coïncidence »*, explique avec une fausse naïveté le nouveau président Pascal Nègre[26]. C'est la naissance d'Universal Music Group, fruit de la fusion avec MCA, dont l'ensemble sera ensuite racheté par Vivendi en 2000. En fait c'est tout sauf un hasard. Arrivé depuis octobre 1996 à la tête de Philips, Cor Boonstra souhaite se concentrer sur son cœur de métier, le « produit brun », l'électronique grand public et la micro-informatique[27]. L'édition phonographique n'est plus sa priorité, elle fait partie des branches dont il se débarrasse.

Après un demi-siècle de succès, Philips se retire donc de justesse avant que le marché du disque ne s'effondre et vend au prix fort son catalogue. Ses têtes pensantes n'ont sans doute pas oublié la crise du disque de la fin des années 1970. Cette dernière avait été provoquée par la cassette audio qu'ils avaient eux-mêmes inventée. Le géant hollandais peut désormais inonder le marché mondial de ses graveurs de CD sans état d'âme, il n'a plus aucun intérêt dans cette filière.

---

25. Jean-Luc Macia et Philippe Venturini, « Le disque a-t-il encore un avenir ? », *La Croix*, 22 janvier 2000.

26. Abdi Nidam, « CD : la folie copie », *Libération*, 22 janvier 2000.

27. Mauritz Snyders, « Le groupe néerlandais accentue son recentrage », *Les Échos*, 15 mai 1998.

Au même moment, Sony se met également à vendre graveurs et disques vierges. Étonnante mise en danger quand on sait qu'à la différence de Philips, Sony est producteur de disques depuis 1988, *via* sa branche Sony Music, après avoir racheté les mythiques Columbia et Epic – ex-CBS –, les labels de Michael Jackson, Mariah Carey, Céline Dion ou Pascal Obispo. A-t-elle fait ses comptes ? Peut-être Sony imagine-t-elle qu'elle récupérera dans ses activités micro-informatiques ce qu'elle perdra dans sa branche musicale ? Entre les deux filiales de la maison nippone, on raconte que le dialogue est inexistant. C'est un tort. *« Je pense que les patrons mondiaux vivaient très bien et ne pensaient pas que cela allait être aussi violent, certainement par arrogance ou par méconnaissance de ce qui allait arriver*, analyse le président de Warner Music France, Thierry Chassagne. *Et quand ils s'en sont aperçus, c'était déjà trop tard. »*

Le résultat est en tout cas cataclysmique. Les copies illégales de CD envahissent le monde et la fabrication de « faux » se démocratise. En France, les copies pirates représentent en 1999 10 % des albums et 15 % des singles vendus, soit entre 15 et 20 millions de CD illicite[28]. Tous les domaines sont frappés, mais plus particulièrement le rap et le CD single, un format qui s'adresse particulièrement aux jeunes. Les artistes découvrent hébétés le phénomène lors des séances de dédicaces. Des adolescents de treize ans fans du groupe « 113 » réclament sans aucune gêne des autographes de leurs idoles en leur tendant des pâles copies de leur album sur CD-R. La jeunesse a initié toutes les révolutions, elle donne une fois encore le « la ».

28. Abdi Nidam, « CD : la folie copie », *Libération*, 22 janvier 2000.

Avec un graveur de CD, un ordinateur et quelques centaines de CD vierges, n'importe qui peut donc s'improviser faussaire. Dans les cours d'école, dans les entreprises, il suffit qu'un collègue ou qu'un camarade de classe achète un disque pour qu'il soit ensuite dupliqué sans fin et à destination du plus grand nombre. Contrairement à la cassette audio dont la copie est d'un point de vue sonore de piètre qualité, marquée par un bruit de fond à la limite de l'insupportable, le CD gravé est parfaitement identique à l'original grâce à la technologie numérique. Il n'y a pour ainsi dire aucune déperdition de la qualité du son, quel que soit le nombre de copies effectuées. Quant à la pochette, elle peut aussi être reproduite grâce au développement des photocopieuses couleur qui se démocratisent en entreprise et dans les boutiques spécialisées.

Mais au-delà des jeunes, la contrefaçon devient un business juteux au niveau planétaire. En tout, 500 millions de « faux » CD sont réalisés en 2000 dans le monde[29]. En 2002, 40 % des CD vendus sont des copies pirates, crie l'IFPI (Fédération international de l'industrie phonographique). Ils représentent 34 % du marché en 2004 soit plus de 1,2 milliard de disques. Sur le plan géographique, le phénomène est surtout flagrant dans les pays émergents. C'est bien simple, il se vend davantage de disques pirates que de CD légaux dans 31 pays[30]. En Europe, l'Italie, l'Espagne, l'Allemagne, la Belgique le Danemark, la Suède et la Grèce battent des records d'enregistrements pirates sur CD vierge. D'ailleurs la contrefaçon ne se cache plus.

---

29. Christophe Dore, François d'Aubert, « Les CD copiés envahissent l'Europe », *Le Figaro*, 27 janvier 2003.

30. « Les ventes de CD pirates représentent un tiers des ventes mondiales », *La Tribune*, 23 mai 2005.

Sur les trottoirs espagnols, l'album de Las Ketchup, un formidable tube de l'été imprononçable, ou les compilations d'Elvis Presley se vendent à même le trottoir le jour de leur sortie pour 5 euros à quelques mètres seulement de la Fnac. On estime en 2002 que la vente illégale de CD en Espagne occupe alors 30 % du marché, soit 200 millions d'euros perdus chaque année. En janvier 2003, la police espagnole démantèle même le plus vaste réseau de piratage de CD d'Europe. 240 000 disques saisis d'une valeur de 2 millions d'euros[31].

⏭ Napster, vous avez dit Napster ?

Avec les pirates du CD, des filières peuvent être démasquées par les autorités et les réseaux traités comme de la contrefaçon pure et simple. Mais avec l'arrivée des sites de téléchargement, le phénomène prend une ampleur considérable. Il devient pour ainsi dire incontrôlable. C'est pour cela que Napster a fait tant de mal. Ce portail est ouvert en juin 1999 par Shawn Fanning, un étudiant de 19 ans à l'université de Boston accompagné de son camarade Sean Parker. Le logiciel repose sur le principe du partage de musique *via* Internet. Chaque utilisateur peut voir la liste des chansons que les autres internautes possèdent. Il peut télécharger leurs musiques et réciproquement. C'est ce que l'on appelle le « peer-to-peer » (pair à pair), un système de connexion décentralisé permettant à des ordinateurs d'échanger des fichiers entre eux. Sans vraiment le réaliser, ces deux étudiants deviennent le symbole d'un pillage mondial où les notions de droits d'au-

31. Christophe Dore, François d'Aubert, « Les CD copiés envahissent l'Europe », *Le Figaro*, 27 janvier 2003.

teur et de propriété intellectuelle volent en éclat. Avec Napster, c'est une banque immense de chansons qui se retrouve à disposition de chacun sans le moindre frais. Bien installé derrière son ordinateur, l'adolescent comme l'adulte peut, d'un simple clic, obtenir ses morceaux préférés. Plus besoin de courir à la Fnac, ou ailleurs, pour les acheter. Conséquence prévisible : ce sont à la fois les marchés du single et de l'album qui prennent la tangente négative à l'échelle internationale, exception faite de la France.

Napster n'est pas le seul logiciel à proposer un tel service. On pourrait citer Kazaa, e-Mule ou Gnutella. Mais compte tenu de son succès planétaire, Napster devient le symbole même du pillage organisé. Au meilleur de sa forme, le service comptabilise près de 1,6 million d'utilisateurs simultanés qui s'échangent illégalement jusqu'à 3 milliards de fichiers MP3 par mois. Ce n'est qu'au terme d'un procès très médiatisé que Napster est contraint à l'arrêt pour violation massive du droit d'auteur. Une victoire très provisoire. À la fermeture du site en juillet 2001, une étude conclut que ces 3 milliards de téléchargements mensuels se sont de toute façon répartis, sans diminution significative, entre les nombreux clones du défunt logiciel[32].

⏭ On ne savait pas ?

Fin janvier 1999, l'industrie du disque réunie au MIDEM (Marché international du disque et de l'édition musicale) à Cannes tire la sonnette d'alarme. Ses représentants désignent alors leurs en-

32. Nicolas Julliard, « Payer la musique sur Internet, l'offensive est lancée », *Le Temps*, 19 janvier 2002.

nemis : le graveur de CD et l'internaute pirate. Le lendemain, les grandes chaînes de télévision françaises relayent le message. Au journal de 13 heures comme dans celui de 20 heures, sur TF1 mais aussi France 2, les sujets abondent pour révéler au grand jour le phénomène et les inquiétudes des professionnels de la musique. C'est le début d'une longue série de reportages télévisés qui émailleront le début des années 2000. Dans leur construction, ils sont très souvent identiques et à la limite du caricatural, présentant un face-à-face binaire, jeune contre industriel. On y voit d'abord des adolescents en train d'écouter un morceau téléchargé illégalement sur leur ordinateur, ils posent un CD vierge dans le lecteur et y gravent les musiques gratuitement acquises. Parfois les visages sont floutés ou masqués, afin de dramatiser la mise en scène et d'éviter au jeune pirate des poursuites. La voix *off* explique alors que le téléchargement ne prend pas plus d'un quart d'heure par morceau et que l'achat de CD vierge ne coûte quasiment rien. Les jeunes interrogés nient ensuite leur statut de « pirate » et justifient leur comportement par le prix du disque systématiquement jugé trop cher. Ils ont pour ainsi dire peu de scrupules et renvoient la balle aux méchants géants de l'industrie du disque. Puis un représentant du secteur – en général Pascal Nègre d'Universal, ou Hervé Rony du Syndicat national de l'édition phonographique – est questionné sur ce phénomène et répond que « copier la musique, c'est aussi la tuer ! », expression devenue slogan d'une industrie aux abois. Ce sont donc deux conceptions de la musique qui s'affrontent. Revendication libertaire face à la défense d'un business. Mais la construction et le montage de ces sujets tend à porter l'empathie du téléspectateur vers le jeune plutôt que vers l'industriel, synonyme d'argent, de profit et non de création artistique. Mais une chose est sûre : dès janvier 1999, nul ne peut dire qu'il ne sait pas que le téléchargement illégal a commencé à affaiblir les producteurs de musique.

Qu'est-ce que le MP3 ?

Ce mot est entré dans le langage depuis la fin des années 1990. C'est pourtant un terme technique assez barbare désignant le format audio MPEG-1/2 Audio Layer 3 mis sur pied entre 1992 et 1995 dans le cadre d'un projet financé à ses débuts par l'Union européenne.
Il s'agit d'un procédé de compression audio permettant de réduire la quantité de données nécessaires pour restituer un son. Son principe repose sur les caractéristiques de l'oreille humaine : à la différence de nombreux animaux, l'homme ne perçoit pas certaines fréquences sonores, notamment les sons très graves et très aigus. La compression du son consiste donc en la suppression de ces fréquences jugées inutiles. Le morceau occupe alors moins de place sur un disque dur, autour de trois mégaoctets pour une chanson de trois minutes alors qu'il en occupait une cinquantaine dans un format non compressé. Et trois mégaoctets, cela passe facilement dans un e-mail. Quant à l'auditeur, il perçoit difficilement la dégradation de la qualité sonore. Lorsqu'on écoute un « mauvais MP3 », c'est que la compression a été trop grande et que trop de fréquences sonores ont été supprimées.
D'autres formats de compression concurrents du MP3 ont aussi été développés : le système ATRAC de Sony utilisés dans les Minidisc – un support formidable mais trop vite oublié –, le WMA développé par Microsoft ou encore le AAC, format toujours en vigueur sur les fichiers achetés *via* iTunes.

⏭ L'illusion d'une exception française

Difficile de crier avec les loups et de prendre les mesures nécessaires face à une crise lorsque celle-ci ne se voit pas. C'est pourtant ce qui arrive en 1999 et qui explique peut-être le retard de certains artistes à s'indigner contre le piratage et l'absence de prise de mesure des maisons de disques, notamment en matière de gestion interne. Nous évoquions jusqu'ici la crise mondiale du disque qui se ressent déjà. Mais la France fait office d'exception dans le paysage musical. C'est même un cas unique. En 1999 et 2000, elle connaît des résultats mitigés. Puis, elle affiche une croissance insolente de 10 % en 2001 à plus de 1,2 milliard d'euros, jusqu'à un pic de 126 millions de disques vendus en 2002 dont 39 millions de singles. Les albums se vendent à merveille alors que chez les voisins, les chiffres sont déjà dans le rouge. Entre 2001 et 2002, les livraisons de CD ont plongé de 7 % sur le marché international. Des pays phares comme l'Allemagne et le Japon affichent une chute de 10 %.

Que se passe-t-il alors ? En fait, la France est portée par l'engouement énorme autour du phénomène des comédies musicales. Ainsi, après le succès de « Belle » de *Notre-Dame de Paris* en 1999, l'année 2000 est marquée par celui de « L'envie d'aimer » (*Les Dix Commandements*), de « Aimer » et « Les rois du monde » (*Roméo et Juliette*). Ces trois chansons représentent à elles seules près de 10 % des singles vendus au cours de l'année 2000, soit plus de 3 millions d'exemplaires. Un succès colossal auquel il faut ajouter les entrées en salle, les diffusions massives de ces tubes en radio, la sortie d'une version CD *live* puis de DVD. Bref, Moïse, Aaron, Capulet et Montaigu dopent le marché.

Arrivent également les émissions de téléréalité et autres télécrochets qui envahissent les écrans de TF1 et M6, et permettent une belle présence de la musique sur les antennes. L'album choral *Star Academy chante les années*

1980 ainsi que le premier opus solo de Jenifer – gagnante de la première édition – arrivent ainsi parmi les meilleures ventes de l'année 2002. Ils se partagent le podium du top album annuel avec les monstres de la chanson que sont Patrick Bruel avec *Entre-deux*, un hommage aux chansons des années 1930, Jean-Jacques Goldman et *Chansons pour les pieds*, ultime opus avant sa retraite marseillaise, ainsi que Renaud et son *Boucan d'enfer* porté par le tube « Manhattan Kaboul ». Le patrimoine français est puissant, fédérateur, réclamé par le public. Les professionnels pensent alors que ce dernier respecte trop les artistes qu'il aime pour les piller.

Tous ces éléments réunis font croire aux professionnels du disque que notre pays sera relativement épargné par la crise, à l'image du nuage de Tchernobyl qui se serait arrêté à nos frontières. Parmi les illusions figure l'idée que l'acquisition de fichiers pirates est compliquée, lente. Il faut être malin et bidouilleur pour trouver les plateformes d'échange. Le consommateur lambda ne sait pas forcément s'y prendre et devra donc encore acheter des disques. Par ailleurs, sur le plan purement musical, le MP3 est un format terriblement pauvre au son médiocre. Les gens qui aiment le disque et qui regardent le CD comme la quintessence de la qualité n'imaginent pas un instant que le public puisse abandonner un tel progrès aussi facilement. À quoi bon passer des heures entières en studio d'enregistrement pour mixer avec tant de précision un morceau s'il est écouté avec un son détérioré ? Ces mêmes professionnels oublient pourtant que ce choix-là a toujours primé. Lorsqu'ils étaient jeunes, eux aussi préféraient le son monophonique et médiocre du mange-disque pour 45 tours ainsi que le souffle de la cassette audio à la qualité offerte par la platine microsillon de leurs parents branchée dans le salon.

Enfin le CD est un objet que l'on a en main, que l'on achète, que l'on possède. Là encore, c'est une grave erreur d'appréciation des professionnels : ils n'ont pas compris que le public n'a visiblement aucune tendresse, ni affection pour le support CD. Basculer vers l'immatériel et les fichiers stockés sur un ordinateur ne semble pas le déranger outre mesure. Ce qu'il souhaite, c'est écouter de la musique, quel qu'en soit le support. Mais ça, peu de professionnels de la musique le comprennent encore.

La peur du pirate, une vieille rengaine !

« Les pirates de cette industrie ne volent pas simplement des idées, ils volent aussi des disques entiers. Dans aucune autre industrie, il est aussi difficile de récolter les fruits reçus[1]. » On pourrait croire la phrase issue de la bouche de l'actuel patron de la SACEM. En fait ce propos date de… 1900. Preuve que l'histoire de l'industrie du disque est en fait intimement liée à la lutte perpétuelle contre des pirates. En réalité, le danger revient de façon récurrente à chaque fois qu'un progrès technologique fragilise le métier. Vers 1850, l'invention du piano mécanique suscite la colère des éditeurs de partition et des compositeurs. Colère ensuite à la découverte d'un appareil permettant de dupliquer les premiers cylindres sur lesquels la musique était enregistrée. Dans les années 1920, la diffusion gratuite de musique à la radio est accusée de pénaliser les ventes de disques. La crise de 1929 ajoutée au développement de la radio mettent à sac l'industrie du disque de l'époque. Dans les années 1980, le pirate est celui qui copie sur cassette audio les titres qu'il entend à la radio.

1. Nicolas Curien, François Moreau, L'Industrie du disque, La Découverte, 2006.

⏭ Une menace à éradiquer

C'est sans doute pour cette raison, mais aussi pour éviter que la crise ne pénètre la France, que la première réaction des producteurs de phonogrammes est assez brutale. Dès l'année 1999, une quarantaine d'actions en justice sont intentées contre des pirates. Fin juillet, le propriétaire d'une boutique proposant des graveurs de CD en libre-service est ainsi condamné par la justice à 500 000 francs d'amende et un an de prison avec sursis pour contrefaçon. Dans la presse et sur les affiches, le Syndicat national de l'édition phonographique prévient : copier un album et le revendre à une tierce personne est illégal et passible d'une amende de 1 million de francs et de deux ans d'emprisonnement. *« La réaction primaire des maisons de disques a été de percevoir Internet comme une menace qu'il fallait éradiquer*, se souvient Hervé Rony, secrétaire général du SNEP au début des années 2000. *On a vécu plusieurs années avec l'idée qu'il n'y avait pas de compromis. Donc on éradiquait la piraterie, on poursuivait les méchants. Peu à peu, on est rentré dans une logique où il fallait lutter aussi contre l'internaute lui-même. »*

Le 14 décembre, un lycéen de 19 ans est condamné à 10 000 francs d'amende et un mois d'emprisonnement avec sursis. Chez les artistes, on sent comme un malaise. *« Ça va le suivre toute sa vie. Il a fait quoi ? Vendre dix CD copiés de notre album ? C'est pas nous qui allons condamner ça »*, s'offusque Kool Shen du groupe NTM[33] alors que le SNEP se féli-

33. Stephanie Binet, « Le rap à la pointe du graveur », *Libération*, 22 janvier 2000.

cite de la décision de justice. Un verdict en guise d'exemple, mais qui ne résout pas le problème. Car il est techniquement impossible de poursuivre tous les fraudeurs un par un. Leur nombre ne cesse d'augmenter.

La Société civile des producteurs phonographiques, organisme qui défend les supports « légaux », est bien seule dans ses actions en justice. Les démarches sont individuelles et ne sont pas appuyées par une concertation avec les pouvoirs publics qui auraient pu profiter de ces condamnations pour mener une politique pédagogique. Très vite, les tribunaux sont confrontés au flou juridique qui entoure le Web. À chaque fois qu'un cas fait office de jurisprudence, les internautes trouvent une parade technique permettant de contourner l'interdiction et rendre toute action caduque. Ainsi, lorsque le piratage *via* un serveur central est condamné dans le procès Napster, de nouvelles plateformes décentralisées se mettent en place (Bittorent). Lorsque le téléchargement en soi est clairement condamné, des sites d'écoute en ligne (streaming) voient le jour, de sorte que l'internaute n'a plus la trace sur son disque dur d'un quelconque piratage ou achat illégal. À chaque épisode, la technologie devance le droit. Car en soi, le peer-to-peer n'a rien d'illégal. Ce qui l'est, ce sont les fichiers pirates que l'on s'y échange.

⏭ Des artistes déconnectés

Penchons-nous également sur la réaction ambivalente des artistes. Si Zazie mouille la chemise devant des millions de téléspectateurs aux Victoires de la musique édition 1999, relayant le slogan « copier la musique, c'est la tuer », la plupart de ses confrères hésitent à aborder le sujet en interview. Certains se gardent bien de dénoncer le piratage et l'on sent fréquemment un malaise. C'est d'ailleurs à se demander s'ils ne l'encouragent pas implicitement.

Invité la même année au 13 heures de France 2, le chanteur Kent tient un discours pour le moins inattendu. *« Je ne vais pas défendre une industrie qui gagne beaucoup d'argent sur mon dos ! Ce sont des fortunes perdues pour les maisons de disques, pas pour les artistes. Quand un disque coûte 140 francs (N.B. : 21 euros), l'artiste n'en touche que 8 %. Que se passe-t-il pour les pourcentages restants ? La crise du disque, cela ne m'empêche pas de créer*[34] *! »* On imagine aisément la mine déconfite que devait avoir l'attachée de presse du chanteur au sortir de cette interview. Interrogé par *Le Figaro*, Doc Gynéco va dans le même sens *« À trop jouer avec le feu, on se brûle. L'industrie du disque n'a pas su utiliser le CD. Les majors ont déployé tout leur arsenal de guerre pour contrer le piratage. Le prix à payer, c'est qu'elles se sont fait détester de ceux qui aiment la musique*[35]. » Kent et Doc Gynéco disent tout haut ce que bon nombre d'artistes pensent tout bas. Certains s'estiment spoliés par leurs maisons de disques. Alors qu'ils vendent des albums par millions, les sommes perçues grâce à leurs royalties leur paraissent

34. Journal de 13 heures, réalisation : Jean-Marc Stabler, France 2, 29 juillet 1999.

35. Sonia Devillers, « Doc Gynéco, l'industrie du disque n'a pas su utiliser le CD », *Le Figaro*, 16 août 2003.

bien médiocres, comparées au pourcentage à deux zéros qui revient à leur label.

Entre créateurs d'un côté et managers de la génération marketing de l'autre, il s'est passé comme une rupture. La constitution par Jean-Marie Messier de l'empire Vivendi-Universal a cristallisé ce choc des cultures. Un choc qui éclate au grand jour lors de la cérémonie des Victoires de la musique 2002. Ce soir-là, le groupe Noir Désir est doublement récompensé, à la fois au titre de l'album rock mais aussi du clip de l'année pour « Le vent nous portera ». Mais en guise de remerciement, le chanteur du groupe, Bertrand Cantat, lit une lettre acide adressée à son P.-D.G. : *« Camarade Jean-Marie (...) Nous n'avons pas demandé à faire partie de ce grand tout que tu diriges, que tu manipules, que tu récupères (...) Nous ne sommes pas dupes de ton manège et si l'on est tous embarqués sur une même planète, nous ne sommes décidément pas du même monde*[36] *! »* Vingt minutes plus tard, c'est au tour du groupe Astonvilla, vainqueur de la récompense révélation rock, de régler ses comptes avec l'ancien patron de BMG, une maison de disques concurrente qui n'avait pas cru en son talent : « Il y a un danger à *parachuter des gens qui n'y connaissent rien à ce métier. Mais sous prétexte qu'ils ont obtenu de bons résultats à la tête d'une firme de chaussettes ou de couches-culottes, ils sont considérés comme aptes à diriger une maison de disques*, s'indigne le chanteur du groupe devant un Zénith plein comme un œuf. *Contrairement à du yaourt, un artiste n'est pas une*

36. *Les 17e Victoires de la musique*, réalisation : Jerôme Revon, 9 mars 2002. France 2.

matière inerte. Mais pour le savoir, il faut connaître ce métier et ne pas rester enfermé dans son bureau à consulter les hit-parades dans Musique Info Hebdo. » Daniela Lumbroso et Jean-Luc Delarue tentent alors d'enchaîner avec d'autres remerciements, histoire de faire oublier ce passage tendu. Mais c'est le second ce soir-là. La cérémonie des Victoires censée fêter la musique a viré en affrontement par micros interposés entre interprètes d'un côté et maisons de disques de l'autre. L'entente n'est pas au rendez-vous comme avant. On ne compte plus les procès engagés pour obtenir réparation, pour mettre fin à des contrats jugés abusifs ou pour récupérer les droits sur des bandes. À en croire certains, le business a pris le pas sur la création.

Mais cette prise de distance vis-à-vis de leur industrie cache aussi une autre réalité. Les revenus des auteurs, compositeurs et interprètes ne proviennent pas uniquement des ventes de disques. Les sources sont multiples, que ce soit *via* la diffusion de leurs œuvres en radio, les clips télés et bien sûr les concerts. Aussi, c'est une partie seulement de leur assiette qui s'effrite. Peut-être ne se rendent-ils pas compte alors que ce pourcentage est pourtant essentiel pour leur subsistance. Le problème est qu'en temps de crise, il eût peut-être fallu se serrer davantage les coudes. À leur décharge, il est sans doute difficile de prendre à parti le public en dénonçant ces pratiques illégales. C'est se le mettre à dos, risquer de le perdre et vider à jamais les salles.

Pourtant, même s'ils souhaitent en apparence garder une image branchée, les artistes sont les derniers à suivre le mouvement pris par le public et à s'ouvrir aux nouvelles pratiques. Certains n'hésitent pas à traîner des pieds lorsqu'il s'agit de négocier l'autorisation de mettre en ligne leurs titres sur les sites légaux de téléchargement et de streaming. Les avocats négocient parfois des années durant. Il faudra ainsi attendre 2010 pour que le catalogue des Beatles fasse son entrée sur iTunes après un long conflit autour de la marque Apple. De même, ce n'est qu'en 2012, à l'occasion des vingt ans de la mort de Michel Berger, que ses chansons ainsi que celles de France Gall font leur apparition sur la grande plateforme de téléchargement légal. Quant à Jean-Jacques Goldman, compositeur en or de la chanson française, pas le moindre de ses nombreux succès n'est disponible à l'écoute sur Deezer ou sur Spotify à l'heure où nous écrivons ces lignes. Il en est de même pour Francis Cabrel dont on ne peut entendre que des prestations pour des albums chorals, tels que *Les Enfoirés*, mais pas un seul de ses opus en solo n'est accessible. On le voit bien, dans la discrétion la plus complète, les artistes rechignent à suivre leur public dans son nouveau mode de consommation de la musique.

Notons une exception notable et surtout avant-gardiste : le chanteur Prince a très tôt compris l'intérêt du numérique. En 2000, alors qu'il est libéré de tout engagement avec la Warner, il ouvre un portail sur lequel ses fans, moyennant paiement, peuvent écouter ses chansons. Mais Prince est en avance sur son temps. Et majors, comme indépendants, se refusent à voir en Internet autre chose qu'une plateforme pour faire la promotion et vendre du disque physique. Chez Universal, Pascal Nègre se souvient ainsi que chaque artiste réclamait sa home page dédiée. Mais on n'y trouvait que des biographies, le calendrier des dates de concerts et toutes formes d'incitations pour pousser le consommateur à se rendre encore au magasin acheter des CD. Pas le moindre téléchargement, légal ou gratuit, n'est proposé. La technique de protection des fichiers n'est pas au point et l'enthousiasme non plus.

⏭ Les CD protégés… ou la tentative ratée !

Les patrons parisiens des maisons de disques sont coincés entre l'offensive des pirates et des décisions stratégiques prises en haut lieu, au siège des majors américaines et japonaises. Pour contrer la contrefaçon, ces derniers imaginent des procédés. Des mesures techniques antipirates sont mises au point à partir de 2001 pour protéger les œuvres, à l'image de Key2audio chez Sony, ou plus tard du « copy control », ces CD que nous avions tant de mal à faire fonctionner, et pour cause. L'objectif est de limiter le nombre de duplications sans interdire la copie privée qui demeure, elle, légale dans le droit français. Un véritable casse-tête qui aboutit à un procédé absurde. Le consommateur achète un CD qu'il peut copier sur cassette audio. Mais la duplication sur CD vierge est, elle, rendue impossible. L'ordinateur identifie le disque verrouillé par le procédé « copy control ». Rapidement, ce système particulièrement impopulaire montre ses limites. Certaines platines laser ne peuvent pas lire ces CD protégés achetés pourtant en toute légalité. C'est le cas des lecteurs des ordinateurs ou des autoradios. Les techniques DRM (Digital Rights Management) font un flop.

⏭ On rachète tout !

L'autre tentative des grands groupes consiste à racheter les principaux sites pourvoyeurs de MP3. L'idée n'est pas vraiment de les accompagner dans leur développement, mais plutôt de les posséder pour mieux les étouffer. Marc Lumbroso est à cette époque patron de EMI France : *« Je me souviens de Jean-Marie Messier rachetant des parts d'une boîte qui s'appelait MP3.com. Le nom appartenait à quelqu'un. Il l'avait achetée des centaines de millions de dollars*[37] ! *Et puis deux ans après, c'était fini, en désuétude, cela avait fermé ! Mais il y avait une espèce de panique autour du MP3. Et toutes les majors investissaient dans des choses qu'elles ne comprenaient pas. »* Aujourd'hui MP3.com existe toujours. Le site est riche en actualité musicale, mais pour ce qui est de la vente de morceau, il renvoie vers les sites de téléchargement iTunes et Amazon.

⏭ Les premières offres légales

C'est donc du bout des lèvres que les majors mettent en ligne leur catalogue sur la toile. Et disons-le franchement : elles ne font rien pour faciliter l'acte d'achat en

37. 372 millions de dollars précisément.

ligne. Les normes et les plateformes diffèrent, chaque maison de disques ayant la sienne. Or, le client n'a jamais eu jusqu'ici à se soucier du label de son artiste préféré et savoir que Johnny Hallyday est un artiste Universal ou un chanteur Warner n'intéresse finalement que peu de monde. Ce qui compte pour l'acheteur, c'est de trouver les chansons qu'il aime. Ouvert début décembre 2001, le système de souscription Musicnet fédère les majors AOL Time Warner, EMI et BMG. Pour 10 dollars par mois, l'internaute télécharge une centaine de titres.

Quelques jours plus tard, Universal et Sony inaugurent Pressplay, un système d'abonnement analogue. Mais nous sommes encore à l'ère des majors paranos qui verrouillent tant qu'elles peuvent. Ainsi, Musicnet n'autorise aucune gravure sur CD et interdit toute synchronisation avec un baladeur MP3. Inimaginable aujourd'hui ! De son côté, Pressplay autorise la gravure de vingt morceaux par mois, moyennant 24 dollars supplémentaires. C'est une offre légale bien compliquée à comprendre et à manipuler. L'internaute, s'il souhaite accéder au plus large des catalogues, est amené à payer et télécharger deux plateformes concurrentes tout en restant cloué devant son ordinateur, chaque site ne propose que la moitié des artistes qui occupent le gros du marché. Et quand l'abonnement au service s'achève, les chansons disparaissent. On le comprend, les maisons de disques ne facilitent pas la tâche. Les protections à outrance (que l'on appelle les DRM) ont pour seul effet d'avoir des fichiers incompatibles les uns avec les autres qui ne peuvent être transférés alors que les fichiers illégaux circulent universellement. C'était un avantage énorme pour le téléchargement illégal. Mais cette offre légale, jusqu'ici inédite, a au moins le mérite d'exister. Alors obtient-elle l'adhésion des internautes ? Pas vraiment si l'on en croit les chiffres. La première semaine de 2002, MusicPlay est téléchargé 18 000 fois sur download.com. Au même moment, 500 000 internautes installent Kazaa et un million Morpheus, les logiciels gratuits[38].

Au fond, les maisons de disques n'y croient pas vraiment. Ce qu'elles souhaitent à ce moment-là, majors comme indépendants, c'est anéantir le piratage pour poursuivre la vente de CD. Rares sont celles qui songent vraiment à se convertir intégralement au MP3 légal qu'elles considèrent – à tort – comme une pratique de quelques *geeks*. Pas un mouvement sociétal.

Parallèlement, le développement des lecteurs MP3 contribue à l'anéantissement du CD. En 1998, Diamond Multimédia lance le RIO, un baladeur capable de distiller de la musique au format MP3[39]. Finis les sauts de musique lors des secousses de l'appareil. Une révolution qui sonne le glas de la cassette et du CD. En 2004, 1 250 000 lecteurs audio portables sont vendus en France, donc un million à mémoire flash et 250 000 à disque dur, notamment l'iPod d'Apple sur le marché depuis 2001. La dématérialisation de la musique n'est plus à discuter, elle est devenue réalité.

38. Nicolas Julliard, « Payer la musique sur Internet, l'offensive est lancée », *Le Temps*, 19 janvier 2002.

39. Olivier Bruzek, « Non, le CD n'est pas mort », *Le Point*, 17 novembre 2000.

Minidisc, SACD... les formats concurrents à la peine

Il serait bien réducteur de penser que les producteurs de phonogrammes n'ont pas souhaité faire évoluer la technologie pour offrir une alternative au CD qui puisse renouveler l'industrie et susciter la curiosité du public. Car, parallèlement à l'essor sur la toile du MP3 considéré comme musicalement pauvre, des formats de qualité ont été proposés au public, sans succès. La DCC était une cassette audio apparue dans les années 1990. Identique en apparence aux anciennes cassettes, elle offrait un son numérique. La DAT était un autre support à bande numérique, mais vu son prix élevé, elle s'est limitée à une utilisation dans les studios professionnels.

Souvenons-nous du Minidisc imaginé par Sony et trop vite oublié. Il s'agissait de mini-disquettes capables d'enregistrer en numérique, sans aucune altération du son de 90 à 180 minutes de son. Leur avantage tenait aussi dans leur taille et leur robustesse qui aurait permis à ce support, si le MP3 n'était pas arrivé en même temps, de supplanter le Walkman et le Discman. Sony avait d'ailleurs commencé à commercialiser les albums de ses artistes dans ce format, comme il l'avait fait trente ans avant avec la cassette audio.

Quelle fut également la déception des majors face à l'échec du SACD. Lancé en 1999, ce Super Audio Compact Disque ressemblant à un CD traditionnel offrait un son époustouflant ! Il permettait de reconstituer un son réparti en plusieurs haut-parleurs, à l'image du 5.1 au cinéma. Un progrès de taille face à la pauvre stéréo du CD limité à deux canaux. Enfin rappelons l'existence éphémère du DVD audio. Arrivé en 2000, il avait une capacité audio sept fois supérieure à celle du CD et offrait là encore un son riche, permettant d'entendre les instruments d'un concert répartis sur six à sept haut-parleurs.

Tous ces supports auraient pu rencontrer l'adhésion du grand public. Mais il fallait de nouveau faire l'acquisition d'un équipement onéreux, quinze ans après le remplacement de l'électrophone par le lecteur CD. L'utilisateur, seul décisionnaire du destin de la musique, a préféré la gratuité du MP3, à la qualité de ces formats alternatifs qui avaient forcément un prix élevé. Minidisc, SACD et DVD audio, mais aussi DCC ou DAT, des formats de stockage qui n'ont jamais réussi à entrer, ni dans nos foyers, ni dans l'histoire de la musique enregistrée.

⏭ LE CD coûtait-il trop cher ?

Pour justifier le pillage massif de morceaux sur Internet, la rengaine des internautes est toujours la même : ils critiquent des CD vendus trop cher et des majors qui maintiendraient des marges extravagantes. L'*UFC-Que choisir* a d'ailleurs massivement suivi cette position, rappelant qu'en 1987, à la suite de l'abaissement de la TVA d'alors de 33,6 à 19,6 %, les achats de disques avaient progressé de plus de 35 % cette année-là et de 91 % en deux ans. Idem au premier semestre 2002, lorsque la Fnac réalise des opérations tests en baissant le prix des CD de 20 à 40 %. La réaction des consommateurs est immédiate : les ventes de ces CD à prix cassés ont progressé de 578 à 920 %, explique *Que Choisir*[40]. Au ministère de la Culture, on estimerait également qu'une diminution du prix de 15 % entraînerait une augmentation des ventes de plus de 40 % en trois ans. Alors pourquoi la baisse ne suit-elle pas ?

Il faut en effet reconnaître qu'avec les années et la modernisation des procédés techniques, les coûts de production ont chuté. Dans les studios d'enregistrement, les imposants enregistreurs à bandes multipistes ont été remplacés par des ordinateurs. Par le passé, l'enregistrement coûtait 10 000 euros pour un single et s'échelonnait entre 100 000 et 150 000 euros pour un album. Avec les techniques d'enregistrements sur ordinateur peu onéreuses et l'orchestration sur synthétiseur qui remplace

40. « Voilà pourquoi votre CD est muet », *Que Choisir*, n°405, juin 2003.

un orchestre entier, un album complet peut être réalisé pour moins de 20 000 euros. Quant à la gravure du CD, elle est passée du stade de procédé technique novateur dont il faut amortir le brevet onéreux à celui de la reproduction à grande échelle, où le prix de la copie à l'unité a chuté. Les répercussions de ces baisses de coûts ne se sont pas vraiment fait sentir pour le public. Mais parallèlement, les frais en marketing ont bondi. Ainsi, les coûts de promotion sont passés de 85 millions d'euros en 1995 à 163 millions en 2002.

Par ailleurs, il flotte aussi comme un sentiment général étrange : celui d'une vente forcée d'albums au détriment du single. La commercialisation de ce dernier se fait de plus en plus discrète dans les rayons. Sur douze chansons, l'une d'entre elles est mise en radio, les onze autres sont des morceaux mineurs qui servent de « remplissage », estiment beaucoup. *« Mais c'est tellement débile !* s'indigne Pascal Nègre lorsque le sujet est abordé avec lui dans son bureau au siège d'Universal. *Vous imaginez qu'un artiste va en studio, puis enregistre des chansons, et dit "Bon alors j'en enregistre deux bien puis le reste je vais enregistrer que des merdes ???" »* On ne peut pourtant s'empêcher de soulever ce sujet lorsqu'on constate la hâte avec laquelle certains candidats du *Loft*, de la *Star Academy*, de *Popstar* ou de la *Nouvelle Star*, enregistrent leur album quelques semaines seulement après leur passage dans lesdites émissions. Le résultat obtenu ne peut décemment pas être le fruit d'une démarche artistique poussée.

N'accusons pas tout de suite les maisons de disques d'avoir exagéré sur les prix. Ce serait leur faire un procès expéditif. D'abord parce que même avec un prix moins élevé, il n'est pas dit que le CD ne soit pas de toute façon devenu un support du passé. Que l'album coûte 5, 10 ou 15 euros, il reste de toutes les manières plus cher qu'un téléchargement sur LimeWire qui demeure totalement gratuit, outre le prix de la connexion Internet.

Par ailleurs, le disque, comme le livre ou le cinéma, est une industrie de prototype. Chaque nouvelle œuvre publiée est un pari qui peut rapidement se solder par un échec commercial. Pour un artiste qui rapporte suffisamment d'argent à un label, neuf autres ne le font pas. Maintenir un certain prix de vente permet donc, grâce à la marge réalisée par un album de financer d'autres enregistrements qui ne rapportent rien sur un court terme, mais qui permettent de développer un cheptel de jeunes artistes qui émergeront bien plus tard. Songeons que le premier album de Serge Gainsbourg à avoir fonctionné est *Aux armes et caetera* sorti en 1979. Gainsbourg est âgé de 51 ans lorsqu'il obtient enfin la consécration du public et vend ce disque à scandale à plus de 600 000 exemplaires. De même, les albums de Michel Berger n'ont eu de succès commercial qu'à partir de *Beauséjour*, l'album de 1980 contenant « La groupie du pianiste » et vendu à 100 000 exemplaires. L'un comme l'autre ont pendant longtemps fait vivre leurs maisons de disques en écrivant pour d'autres.

Enfin, rappelons que les maisons de disques n'ont cessé de réclamer à cor et à cri un abaissement du taux de TVA, élément qui aurait contribué à diminuer le prix du CD et à le faire passer sous la barre symbolique des 100 francs. Il n'est pas un rendez-vous, ni rapport annuel du MIDEM sans que la question de la TVA ne soit évoquée. Pourquoi n'est-elle pas, comme le livre, au taux réduit de 5,5 % ? Depuis 1987, le disque est taxé au taux normal. Il était même longtemps considéré comme un produit de luxe avant cette date, taxé à 33 % comme le caviar ! Or rien n'y fait, chaque demande se solde par un refus. Et pourtant le consommateur y aurait trouvé son compte. En 2000, l'affaire passe même la porte du Sénat. Dans une question écrite[41], le sénateur UMP des Deux-Sèvres, André Dulait, interroge la secrétaire d'État au budget sur les difficultés économiques de l'industrie du disque en recul sensible en 1999. « *Elle est victime de la concurrence déloyale d'Internet rendue possible par l'apparition de graveurs de CD et, d'autre part, par un taux de TVA élevé qui encourage la copie privée et le piratage* », écrit-il. Il lui demande si le Gouvernement souhaite soutenir le disque reconnu comme un bien culturel au même titre que le livre ou le film. Si c'est le cas, il doit aligner cette industrie culturelle sur le taux de TVA le plus bas du monde.

La réponse en mai de la même année peut s'interpréter comme une fin de non-recevoir. De fait, la ministre renvoie la balle à Bruxelles. « *La baisse du taux de la taxe sur la valeur ajoutée applicable aux disques entraînerait un coût budgétaire important* », explique la ministre. En outre, cette mesure irait à l'encontre du droit communautaire. En effet, les disques ne figurent pas sur la liste des biens aux-

41. Question écrite n° 22363 de M. André Dulait (Deux-Sèvres – UMP) publiée dans le Journal officiel Sénat du 03 février 2000 . Réponse du ministère du Budget publiée dans le Journal officiel Sénat du 18 mai 2000.

quels les États membres peuvent appliquer un taux réduit de TVA. La France avait officiellement saisi la Commission européenne pour demander la modification de cette liste afin d'y inclure les CD et même les CD-Rom, demande refusée à plusieurs reprises par la Commission. Bref, allez voir à Bruxelles si j'y suis.

Que paye-t-on réellement dans le prix H.T. d'un CD ?

(Source : SNEP)

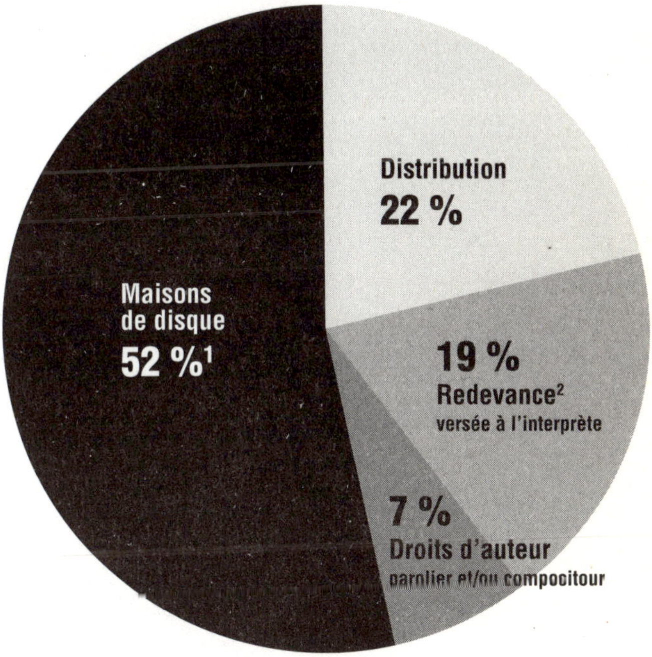

(1) Dont :
- **Frais d'enregistrement : 3 %**
- **Fabrication du disque : 11 %**
- **Promotion : 16 %**
- **Frais généraux : 13 %**
- **Marge d'exploitation : 9 %**

(2) Ce taux est en réalité très variable et dépend du contrat de l'artiste, s'il est jeune ou confirmé.

Chapitre 2

Ma petite entreprise connaît la crise

Ou les ravages du haut débit

« Les fournisseurs d'accès à Internet misaient à mort sur le piratage de la musique pour vendre leurs abonnements »

Thierry Chassagne,
président de Warner Music France

Au début des années 2000, il flotte comme un sentiment d'insouciance dans les maisons de disques. Si la guerre aux pirates fait rage dans les états-majors, l'ambiance dans les bureaux semble au contraire bon enfant. Au siège d'Universal Music, rue des Fossés-Saint-Jacques à Paris, tout près du Panthéon, les reflets des disques d'or et de platine brillent dans tous les couloirs. Jeune journaliste radio, je me rends alors régulièrement dans cet impressionnant labyrinthe haussmannien afin de m'enquérir des nouveautés musicales, enregistrer des interviews d'artistes ou rapporter des CD qui seront diffusés dans mon émission. Le cérémonial est toujours le même. Les labels du groupe étant répartis par étages, je m'arrête à chacun d'entre eux. L'attachée de presse me reçoit, nous discutons de l'actualité du moment, j'ouvre grand mon sac et elle y déverse les nouveautés. Albums, singles et même clips en VHS ou en DVD, c'est une véritable montagne de CD qui grandit un peu plus à chaque fois que je monte d'un étage. Mon sac manque de craquer, mais quel bonheur ! J'ai l'impression d'être un enfant à qui l'on vient d'offrir son cadeau de Noël. Parfois, je suis également invité à une fête organisée par le groupe. Chaque sortie d'album ou chaque lancement d'un nouvel artiste s'accompagne en effet d'un concert privé (un showcase) dans une salle parisienne prestigieuse où l'alcool coule à flots. Sophie chez Mercury, Nathalie chez Polydor, Maud chez ULM, ces attachées de presse aimables et sympathiques se doutent-elles alors qu'une partie de leurs collègues finiront sur le carreau ? Que ces CD distribués sans compter aux journalistes sont les derniers d'une décennie de faste ? Je ne pense pas. À voir l'ambiance dans ces bureaux, tout porte alors à croire que l'illusion règne encore et que personne n'imagine la fin de la période de prospérité malgré le piratage qui fait rage chez nos voisins. Le réveil n'en sera que plus difficile.

⏭ La cybercrise débarque en France

« Le CD est bientôt DCD », c'est avec cette une choc et ce jeu de mot volontairement provocant que le quotidien *Libération* réveille le monde de la musique en ce samedi matin 6 septembre 2003. Le journal ne prend pas de pincettes. Prix du CD, TVA, téléchargements, les griefs du quotidien sont nombreux à l'encontre *« d'une industrie qui n'a pas su s'adapter. La TVA et le piratage ne sont pas les seuls responsables de*

Libération

Le CD bientôt DCD

Le prix, la TVA, le téléchargement sur l'Internet... font chuter les ventes d'une industrie qui n'a pas su s'adapter. Le commentaire de David Bowie. Page 2

© MARC CHAUMEIL

la crise profonde qui touche tout le secteur. » Une nouvelle fois, *Libération* – et la presse écrite en général – fait la leçon à l'industrie du disque[42]. Il est d'ailleurs intéressant de noter que le quotidien *Libération* vivra exactement la même crise dix années plus tard lorsque l'internaute consommera gratuitement de l'information en ligne, et que la rédaction refusera un plan pour faire évoluer son métier à l'ère du numérique. *« J'ai l'impression aujourd'hui que si je regarde la situation économique des maisons de disques et celle de* Libé, *je ne sais pas qui est le plus décédé des deux »*, raille en souriant

42. « Le CD bientôt DCD », *Libération*, 6 septembre 2003.

Pascal Nègre. Preuve qu'il est plus facile de faire la leçon que de s'imposer une métamorphose.

La une de *Libération*, même si elle cède facilement à un certain excès, n'a pas tout à fait tort. Elle révèle au grand jour la catastrophe qui vient de se dérouler les neuf derniers mois. Michael Goldman, futur créateur de Mymajorcompany, est alors stagiaire à la direction artistique de BMG : *« C'était une période un peu paradoxale. Dans les labels, les jeunes stagiaires comme moi passions nos journées à télécharger sur Kazaa. C'était même devenu un outil de travail pour rechercher d'anciens titres. Mais l'industrie du disque ne le vivait pas vraiment comme un danger. On avait l'impression que c'était un truc de niche et que le marché était très solide. »* Et pourtant le nuage tchernobylien du piratage a traversé notre frontière. Après une année 2002 étonnamment florissante et un record de 126 millions de disques vendus, les ventes en France régressent violemment de 5,7 %, dès le quatrième trimestre entraînant l'Hexagone dans la crise du disque mondiale. C'est le début des années noires. Le chiffre d'affaires de l'industrie phonographique plonge de 6 % en 2003 et 2004, de 3 % en 2005, de 12,4 % en 2006, de 19,2 % en 2007 et jusqu'à 19,9 % en 2008. Et les conséquences qui s'annoncent sont lourdes : plans sociaux, restructurations, rachats de labels et artistes sur le carreau. La France est en cela un cas atypique. Jusqu'en 2002, le marché hexagonal avait résisté alors que les voisins européens avaient vu leurs ventes de disques dégringoler dès 1999 quand l'industrie française résistait encore. *« Il y a eu un décalage dans le temps qui nous a fait croire à un moment donné qu'on s'en sortirait mieux. Et en fait non, on n'était pas plus malins que les autres.* » se souvient Hervé Rony, ancien secrétaire général du SNEP, le Syndicat national des éditeurs phonographiques.

Pour comprendre pourquoi le marché chute brutalement à la fin 2002, il ne faut pas aller chercher loin. En septembre 2002, les publicités pour les forfaits haut débit de Wanadoo envahissent les couloirs de métro. En novembre 2002, Free lance son offre ADSL dégroupée à un prix plus attractif que ses concurrents. Le forfait ADSL Alice arrive en septembre 2003. Le progrès technique est monumental, le confort pour l'utilisateur de l'Internet est énorme et la conséquence pour le monde du disque catastrophique. ADSL et fibre optique s'apprêtent à donner le coup de grâce à l'industrie du disque.

Aux origines de l'Internet, le piratage était un phénomène de jeunes, de *geeks*. Et surtout, la plupart des utilisateurs possédaient une connexion à bas débit. L'ordinateur tournait au ralenti et le téléchargement d'un album prenait plusieurs heures. Une illusion qui permettait de penser que le phénomène du téléchargement illégal allait lasser une partie des internautes. Mais avec le haut débit, les derniers verrous ont sauté. Désormais, jeunes comme vieux, s'en donnent à cœur joie pour télécharger des morceaux que l'on peut entendre au bout de quelques secondes seulement. Un comportement qui met à mal un autre *a priori* des professionnels du disque *« On a pensé à un moment donné que les pirates téléchargeaient surtout la variété internationale,* rappelle Hervé Rony. *On se disait que plus on aurait de répertoire national fort, moins les gens, par une espèce d'attitude de respect, pirateraient les artistes locaux français. Cette théorie n'a pas tenu et avec le haut débit, les gens se sont mis à télécharger aussi bien Whitney Houston que Cabrel ou Goldman. Tout y est passé.* » Nouvelle erreur d'analyse… et nouveau drame.

⏭ La musique ? un dommage collatéral

Les offres haut débit, fossoyeurs du disque ? Le timing semble correspondre en tout point. Car le plus douloureux pour l'industrie musicale n'est pas ce progrès technique en tant que tel, mais la façon dont il est présenté au grand public. Dans ses campagnes publicitaires, Wanadoo vante son nouveau forfait qui offre à l'internaute la possibilité de télécharger 1 000 musiques en vingt-quatre heures pour 45 euros par mois. Télécharger certes… Mais télécharger quoi ? Car en 2002, les offres légales n'en sont qu'à leurs balbutiements. Pour les professionnels du secteur, cette campagne publicitaire est perçue comme une véritable incitation au téléchargement illégal. *« C'est le début de la période Jospin,* se souvient Pascal Nègre. *On est alors en pleine cohabitation. L'économie numérique est prometteuse en matière d'emploi. Elle devient le cheval de bataille du Gouvernement. La musique ? Un dommage collatéral. On est bien peu de chose à côté de la bataille de l'accès pour tous à Internet. »*

Face au phénomène, le Syndicat national des éditeurs phonographiques va même jusqu'à écrire une lettre à Thierry Breton, alors P.-D.G. de France Telecom, principal fournisseur d'accès à Internet (FAI) avec l'offre Wanadoo. Il veut lui faire comprendre que cette campagne risque de causer un tort énorme à l'industrie phonographique. Aucune suite à cette volonté de dialogue n'a été donnée. Le message est clair : la propriété littéraire, artistique et les droits d'auteurs seront les victimes collatérales du développement de l'Internet en France, l'une des priorités clairement affichées du pouvoir politique. Et tant pis s'il y a des morts. « MP3 » est le second mot recherché sur le moteur de recherche Google après « sex ». C'est un contenu idéal pour justifier l'équipement des Français en haut débit.

Or l'idée de télécharger de façon illimitée tout ce que l'on aime a forcément chez le consommateur quelque chose de séduisant. Chez France Telecom, Thierry Breton lance le plan « Internet haut débit pour tous » en juillet 2003 avec un objectif : le haut débit à disposition de 90 % des Français d'ici 2005. Aussi, le petit marché de la musique enregistrée ne pèse pas bien lourd face à de tels enjeux et tant pis si le bonheur des uns fait le malheur des autres.

Contactés dans le cadre de cette enquête, les dirigeants des fournisseurs d'accès à Internet de l'époque sont peu prolixes. Le patron de Free, Xavier Niel, habituellement très bavard dans les médias, ne souhaite pas réagir. Thierry Breton, alors patron de France Telecom, affirme n'avoir aucun souvenir de tels épisodes. Quant à l'ancien P.-D.G. de Wanadoo, Olivier Sichel, il se souvient en effet de rencontres avec les professionnels du disque. Mais son approche du problème est bien différente lorsque je sollicite ses souvenirs *« Notre préoccupation, c'était d'équiper la population au haut débit,* reconnaît-il. *La musique était un petit sujet. Leurs demandes étaient incongrues. Ils voulaient que l'on soit une espèce de police, que l'on filtre, que l'on mette des espions partout chez nos clients pour ensuite les dénoncer. C'était techniquement impossible de filtrer les échanges peer-to-peer et d'ailleurs, ce n'était pas notre rôle.* » Et ce dernier d'enfoncer le clou par une analogie : *« Est-ce le rôle de la poste d'ouvrir les enveloppes pour vérifier si le contenu d'un courrier est raciste ou antisémite ? »* Olivier Sichel préfère au contraire rappeler que des accords ont été conclus à l'époque, notamment un service payant mis en place dès mai 2002 avec OD2, fondé par Peter Gabriel et offrant aux 5 millions de clients de Wanadoo en France et au Royaume-Uni un service de musique payant issu des catalogues BMG et Warner. Ce service était pourtant embryonnaire et n'offrait qu'un catalogue limité, bien loin des offres peer-to-peer illégales au contenu infini. La posture ne manque pas d'agacer Thierry Chassagne, président de Warner Music France. *« On est dans une hypocrisie totale ! Quand il y a des sites pédophiles et qu'ils veulent les bloquer, ils les bloquent. Quand un site est terroriste, ils commencent à le tracer. Quand on avait des sites pirates, bien sûr qu'on pouvait les bloquer. C'est juste qu'ils n'avaient pas envie. »*

Faisant fi des appels à l'aide des producteurs phonographiques, les campagnes sont massives. Les fournisseurs d'accès proposent les uns après les autres des forfaits alliant abonnement aux chaînes payantes, service téléphonique et forfait Internet à des prix attractifs. Le succès est énorme. En quatre ans, le nombre d'abonnés à l'Internet haut débit triple, passant de 6 millions de foyers en 2004 à 17,7 millions en 2008[43], principalement *via* l'ADSL. Autant

43. ARCEP. Observatoire du haut débit en ligne.

d'utilisateurs qui se jettent sur les plateformes de peer-to-peer. *« Les courbes se croisaient. Plus les abonnements à haut débit montaient, plus notre chiffre d'affaires baissait »*, déplore Thierry Chassagne. Le haut débit a gagné la bataille, a ramassé des millions d'abonnés ravis de cette prouesse technologique. Mais le progrès a un prix et fait un mort : le disque. À la fois à cause du piratage, mais aussi parce que les foyers ont déplacé leurs dépenses consacrées au cinéma et au disque vers l'abonnement Internet et le téléphone mobile.

Le pirate achète-t-il moins de disques ?

C'est une rengaine que l'on a beaucoup entendue pendant la crise : ceux qui piratent le plus de musique sont aussi les plus gros consommateurs de CD légaux dans le commerce. Une étude en ce sens est publiée par Forrester Research en 2002. Elle est reprise par de nombreux médias et économistes. Selon elle, l'internaute est aussi un grand client. La chute des ventes de disques tiendrait avant tout au ralentissement économique et à l'ascension fulgurante du DVD qui vident les porte-monnaie des consommateurs. La solution : que les maisons de disques facilitent le téléchargement de leurs titres musicaux.

« Ce sont des études totalement bidons et un mensonge éhonté », m'a répliqué le patron de la SACEM Jean-Noël Tronc. *Comme le disait Mark Twain, il y a trois types de mensonges : « Il y a les mensonges, il y a les très grands mensonges et il y a les statistiques. »* De fait, la RIAA qui regroupe les majors et 1 500 labels dans le monde a commandé de son côté une étude à D. Hart Research, un autre institut. Verdict : parmi ceux qui ont augmenté leurs téléchargements au premier semestre, 41 % ont également signalé qu'ils achetaient moins de disque que six mois plus tôt contre seulement 16 % qui affirment acheter plus de musique[1]. Alors qui croire ?

1. Marion Bougeard, « Polémique sur l'impact des échanges de fichiers musicaux sur la vente de CD », La Tribune, 28 août 2002.

⏭ Des chanteurs à la rue, des labels perdus

Conséquence de la chute des ventes, les maisons de disques prennent des mesures économiques drastiques et les artistes les moins rentables sont remerciés. Début 2003, le nouveau clip d'Alain Chamfort « Les beaux yeux de Laure » est diffusé sur les chaînes musicales. Et il a de quoi surprendre. On y découvre le chanteur en long manteau dans la rue devant un décor d'échafaudage, tenant des pancartes à la main et les jetant une à une à terre. Au début, c'est le texte de la chanson que l'on peut y lire, façon karaoké. Mais très vite, le propos inscrit sur les feuilles de papier n'a plus rien à voir avec les paroles que l'on entend. Il devient personnel, mélangeant triste réalité et ironie faussement légère. *« J'ai été viré de ma maison de disques,* peut-on y lire. *Si vous avez des concerts, des mariages, des communions, des ouvertures d'hypermarché, ça m'intéresse. J'en profite pour passer un message personnel : je cherche une maison de disques. Je suis gentil, propre et bien élevé. J'ai écrit Manureva.* »

Si Chamfort la raconte avec élégance, l'histoire n'en est pas moins malheureuse. Un an plus tôt, Chamfort signe chez Delabel un contrat pour produire son album *Le Plaisir*. Rapidement après la sortie de l'opus, le chanteur est remercié. Ventes insuffisantes lui dit-on. Il décide alors de prendre avec ironie sa situation en tournant, à ses frais, le clip « Les beaux yeux de Laure ». Le déroulé est inspiré d'une ancienne chanson de Bob Dylan, « Subterranean Homesick Blues », enregistrée en 1965. L'effet est immédiat. Les chaînes de télé, si réticentes jusque-là à passer du Chamfort, se mettent à diffuser le clip. Mais la situation a de quoi choquer. Le dandy de la chanson française sur le trottoir ? Le poulain de Claude François, l'interprète de Gainsbourg, lui aussi à la rue ? Une idée impensable ! Sans le savoir, Chamfort a fait œuvre de pédagogie. Le grand public vient de comprendre que la crise du disque est grave et qu'elle touche aussi les vedettes bien installées que l'on pensait jusque-là fortunées et intouchables. Comble du paradoxe, il obtient en 2005 la Victoire de la musique du meilleur vidéoclip pour cette chanson.

L'histoire médiatisée d'Alain Chamfort est malheureusement celle de nombreux interprètes qui subissent alors le même sort. 2003 est une année noire. 114 artistes, tous labels confondus, voient leur contrat rendu, un record dans l'histoire récente du disque. Et les chanteurs ne sont pas les seuls à être remerciés. La période est au serrage de ceinture. Warner et EMI multiplient les plans sociaux, BMG et Sony sont en instance de fusion. Jamais, depuis la crise de 1929, le secteur n'a été autant bouleversé.

Fait totalement inédit, les salariés des majors descendent dans la rue. Le 4 juin 2004, près de 300 salariés d'EMI, Warner, Sony, BMG et Universal se donnent rendez-vous place du Palais-Royal, non loin du ministère de la Culture. *« Non aux licenciements ! »* crient ce jour-là les salariés. Chez EMI, une opération « locaux vides » est même organisée par le personnel[44]. Ils ont raison d'être inquiets. En trois ans, les effectifs des maisons de disques ont chuté de 22 % passant de 3 300 personnes employées en 2001 – majors et indépendants cumulés – à 2 600 personnes en 2004[45]. Cellules ar-

44. Alexandra Apikia, « 300 salariés du disque manifestent contre des plans de licenciement », *Le Monde*, 04 juin 2004.

45. SNEP.

tistes, services commerciaux ou financiers, tous les corps de métier sont affectés. Le rassemblement est inhabituel pour un secteur difficile à mobiliser. Il faut dire qu'il ne suscite pas la moindre empathie du public, du pouvoir et encore moins des grands médias. Pour le politique, il est moins urgent de sauver 300 emplois d'attachés de presse et de directeurs artistiques que de secourir les ouvriers d'une usine de métallurgie aux abois. Médiatiquement et politiquement, les retours sur investissement sont incomparables.

Dans les hautes sphères, c'est un grand chantier pour tenter de rationaliser les coûts face à la chute du chiffre d'affaires. Le 20 juillet 2004, Bruxelles donne son feu vert à la naissance du numéro un mondial du secteur. BMG et Sony s'unissent pour affronter la crise. Mais c'est un mariage de raison et non de passion. Céline Dion, Christina Aguilera, Jennifer Lopez, Shakira ou Beyoncé sont désormais les sœurs concurrentes d'une seule et même maison de disques[46]. Sony-BMG occupe désormais à lui seul 25 % du marché devant Universal (23 %), EMI (13 %), Warner (12,7 %). Les indépendants occupent le dernier quart restant.

Ces derniers souffrent également. À la différence des majors, ils ne sont pas adossés à de grands groupes internationaux. Ils défendent des catalogues créés de A à Z et n'ont pas, comme les multinationales de patrimoine déjà constitué. Or une grande partie des ventes est assurée par les compilations de Jacques Brel, des Beatles ou d'Édith Piaf qui nécessitent peu d'investissements. C'est ce que l'on appelle le « back catalogue » composé de millions de références. Les

46. Emmanuel Schwartzenberg, « BMG et Sony Music s'unissent pour affronter la crise », *Le Figaro*, 21 juillet 2004.

bénéfices réalisés permettent aux majors d'investir dans des jeunes talents, quitte à ne pas obtenir un retour sur investissement immédiat. Les indépendants n'ont pas cet atout et doivent faire leur preuve à chaque sortie d'album. Toute nouvelle signature est donc une prise de risque.

Cette période a aussi des répercussions dramatiques sur la mise en avant et l'investissement pour développer les jeunes talents. Faute de moyens mais aussi par recherche de bénéfices à court terme, les labels n'en signent quasiment plus. En 2004, 103 nouveaux artistes sont signés sur l'ensemble des labels, c'est un quart de moins qu'en 2003 et 40 % de moins qu'en 2002[47]. Or investir dans un jeune artiste, c'est préparer l'avenir du disque et de la musique. Les conséquences de telles décisions sont donc lourdes et leurs effets ne se feront sentir que plus tard, bien plus tard. Mais nous n'en sommes pas là.

⏭ Un doigt d'honneur pour sensibiliser

Face à une certaine inertie des pouvoirs publics, les professionnels du disque prennent une décision choc. Ils se chargent de porter eux-mêmes le message antipirates sur la place publique. Un discours percutant et disons-le, peu diplomate. La campagne est lancée le 4 mai 2004. L'affiche montre un doigt d'honneur dressé en blanc sur fond noir accompagné du texte suivant : « La musique gratuite a un prix. L'échange de musique sur Internet, c'est du vol et c'est jusqu'à 300 000 euros d'amende et trois ans d'emprisonnement (article 335-4 du code de la propriété intellectuelle). »

47. SNEP.

La campagne publiée dans la presse nationale, du *Monde* au *Figaro* en passant par *Le Journal du dimanche*, *L'Équipe*, les quotidiens gratuits *Métro* et *20 Minutes*. Elle se fait également à la télé et *via* des brochures destinées à être distribuées dans les établissements scolaires.

Mais l'accueil est glacial et les critiques sont vives. Yves Bigot était alors responsable chez PolyGram avant de prendre la direction des variétés de France 2. Il ne comprend toujours pas cette stratégie. *« Est-ce que l'on a déjà vu Peugeot ou Citroën menacer des automobilistes parce qu'ils ont grillé un feu rouge ou qu'ils ont fait un excès de vitesse ? On ne menace pas ses clients de les mettre en prison. Aucune industrie n'a jamais fait ça. Il faut être totalement dingue ! »* Au lieu de soutenir la démarche des producteurs, l'ADAMI qui représente les artistes interprètes s'empresse de dénoncer *« une campagne indécente et irresponsable »*. Le majeur de l'affiche est alors remplacé par un index dressé. Mais le message, lui, ne passe pas dans l'opinion publique.

Aujourd'hui les auteurs avouent qu'ils n'auraient pas fait cette campagne s'ils avaient eu le choix et s'ils n'avaient pas ressenti un certain sentiment de solitude et d'injustice. *« Je ne suis pas sûr aujourd'hui que cette campagne a eu un impact positif,* reconnaît Hervé Rony. *Les gens se sont sentis injuriés. Leur dire qu'ils risquaient trois ans de prison et 300 000 euros d'amende, c'était violent. Mais cela a eu le mérite, j'en suis convaincu, d'avoir porté le sujet sur la table. En fait c'est un gigantesque coup de gueule ! »*

De fait, peu adhèrent et comprennent le point de vue des maisons de disques. Mais le débat est lancé et occupe le terrain médiatique. Comme en réponse à ce qui est perçu comme une vague de répression, *Le Nouvel Observateur* lance en février 2005 une pétition intitulée « nous sommes tous pirates » et veut ouvrir le débat : *« À l'heure où des dizaines d'internautes vont bientôt passer en jugement pour avoir téléchargé des fichiers musicaux sur des logiciels P2P, nous dénonçons cette politique répressive et disproportionnée, dont sont victimes quelques boucs émissaires. Comme 5 millions de Français, au moins, nous avons, nous aussi téléchargé un jour de la musique en ligne et sommes donc des délinquants en puissance. Nous demandons l'arrêt de ces poursuites absurdes. »* Parmi les signataires figurent les artistes Manu Chao, Mickey 3D, Bénabar, Yann Tiersen, Matthieu Chedid, Jean-Louis Aubert, Bob Sinclar, Khaled ou encore Tryo, mais aussi les politiques Ségolène Royal, Dominique Voynet ou José Bové.

Puis le journal attaque et demande aux majors des explications : *« Pourquoi avoir sacrifié ou presque le marché du single (bien avant l'explosion du P2P), obligeant ainsi les consommateurs à acheter 15 morceaux ou rien ? Comment justifier des baisses de prix, pendant un temps seulement, qui font qu'un consommateur paie 20 euros le lundi un album qui en vaudra seulement 8, une semaine après ? »* *L'Obs* appelle à trouver ensemble des réponses équitables et préconise la licence globale, c'est-à-dire le droit pour l'internaute d'écouter tout ce qu'il souhaite et autant qu'il le veut en échange d'une somme forfaitaire redistribuée parmi les ayants droit. Licence globale, une expression dont la simple évocation hérisse le poil des patrons de majors. Ces dernières poursuivent leur campagne dans un climat d'indifférence, voire de défiance. Le disque pleure, mais personne ne l'entend.

⏭ Pourquoi le message ne passe-t-il pas ?

D'abord à cause du ton agressif. Ensuite parce que dans l'inconscient collectif, les maisons de disques ont une image déplorable. Universal, acquis par Vivendi en 2000, a encore sur le dos les années fastueuses de Jean-Marie Messier. Pour le citoyen moyen, le producteur a mauvaise presse. Il est milliardaire, un cigare cloué au bec, il est entouré de jolies filles et passe ses soirées en boîte de nuit. Les clichés ont la vie longue même si le Palace est fermé depuis bien longtemps, que Gainsbourg nous a quittés et qu'Eddie Barclay n'a plus d'âge. Entre ses « nuits blanches » majestueuses sur la côte de Saint-Tropez où s'invitent le Tout-Paris et ses huit mariages surmédiatisés, l'ancien pionnier du microsillon n'aide pas à faire comprendre au public que le métier est en crise. Sur M6, Valéry Zeitoun le patron d'AZ – un nouveau label Universal – au caractère bien trempé fait le show chaque semaine dans l'émission *Popstar*. Ce fan de Sinatra, producteur pour la France d'Amy Winehouse, est le dernier mohican de cette génération qui croie encore le rêve américain possible. Même Pascal Nègre apparaît hebdomadairement sous les paillettes et les projecteurs de TF1 comme jury, sévère mais juste, de la *Star Academy*. Dans les grands quotidiens, des journalistes bien informés dévoilent chaque année le palmarès des chanteurs qui touchent le plus de royalties. La cagnotte se chiffre en millions d'euros. Certes, cette petite dizaine d'artistes fortunés représente une infime minorité qui cache la forêt des intermittents précaires. Mais ces révélations suffisent à décrédibiliser le message d'inquiétude de l'ensemble d'une profession. Qui pourrait alors les plaindre ? Enfin, les années 2000 sont celles où le statut de « star » disparaît peu à peu. Les émissions de télécrochet donnent au public l'illusion que chacun peut, en quelques semaines, devenir une vedette. Les idoles d'un jour se multiplient. À chaque saison son lot de gagnants de *Star Academy* ou de la *Nouvelle Star*. Comment alors s'attacher à des artistes quand ils deviennent aussi jetables que les albums bâclés qu'ils proposent quelques semaines seulement après leur sortie du château de Dammarie-les-Lys ?

Les maisons de disques sont accusées d'être les responsables de ce qui leur arrive. Mais le débat est lancé. Il aboutira à la création de la loi Hadopi quatre ans plus tard. Entre-temps les chiffres sont lourds. Entre 2002, début de la crise en France et 2008 lorsque la loi Hadopi est mise sur pied, le marché du disque physique sera passé de 1 302 millions d'euros à 530 millions, soit une chute de 60 % en six ans et une perte cumulée de 772 millions d'euros.

À noter également que la crise a fait un mort : en cette année 2003, la cassette audio disparaît définitivement des bacs dans l'indifférence la plus générale. Mais qui s'en soucie ?

⏭ Entretien avec Alain Chamfort, auteur, compositeur, interprète

Après avoir été le poulain de Claude François, Alain Chamfort a marqué les années 1980 par plusieurs tubes, notamment « Manureva » écrit avec Serge Gainsbourg. Au début des années 2000, sa maison de disques le congédie, faute de ventes suffisantes. Il tourne alors le clip plein d'ironie « Les beaux yeux de Laure ».

Comment a commencé la carrière d'Alain Chamfort chanteur ?

J'avais écrit des chansons pour Claude François. Il m'a proposé de les chanter moi-même. Cela a marché très vite. Mais je m'en suis relativement vite lassé car je sentais un décalage entre ce que je chantais et mes goûts véritables.

Est-il vrai que Claude François sabotait vos concerts, jusqu'à en débrancher votre micro ?

Oui, une fois il avait fait ça. Il voyait tout le monde comme un concurrent et même les artistes comme moi qu'il produisait. Une fois il avait fait intervenir quelqu'un, en faisant croire qu'il y avait une bombe planquée dans la salle, en plein milieu de mon tour de chant. Quand il était dans des moments comme ça, on ne pouvait pas l'arrêter ! Il avait tellement peur de ne pas être le meilleur.

Dans les années 1980, vous prenez votre envol en chantant notamment « Manureva » ou « Bambou » écrits par Gainsbourg. Quelles étaient alors les relations entre un artiste et sa maison de disques ?

Moi, ce dont je me souviens principalement, c'est qu'il y a eu un tournant quant au personnel même auquel on avait affaire dans les maisons de disques dans le milieu des années 1980. Les gens qui avaient fait des études de marketing ont été de plus en plus approchés. On commençait à sentir qu'on était un peu traité comme des produits. Il y avait des études de marché sur : « Quel était notre public ? » On commentait des choses qui étaient improbables, qui donnaient des résultats pitoyables parce qu'ils confiaient ça à des agences de sondages, c'était un peu grotesque.

Dans les périodes suivantes, ils se sont mis à signer les boys bands. C'était aussi des signaux que le marketing prenait le pas sur tout le reste. Parallèlement, les contrats qui étaient signés pour les jeunes artistes commençaient à être très différents. Les taux de royalties étaient nettement en dessous. Pour moi, ça a été un premier signe.

En avez-vous souffert déjà à ce moment-là ?

À titre personnel, je n'ai pas souffert des prémices de la crise qui se mettait en place. Je pouvais aller enregistrer à Los Angeles, j'allais faire des photos de pochettes à Tokyo. Les conditions étaient complètement dingues !

Comment a été vécue l'arrivée d'Internet ?

Les maisons de disques sont restées très très peu concernées. Elles étaient en plein boum, les disques se vendaient très bien. Elles ont vu arriver Internet sans la moindre crainte et sans la moindre capacité à essayer de comprendre comment elles pouvaient aussi l'utiliser. C'est aussi une des raisons pour laquelle on se retrouve aujourd'hui dans cette situation.

En 2003, après une série de concerts, vous trouvez un nouveau label.

J'étais de nouveau dans une major, chez Delabel appartenant à EMI. Mais quelques semaines après m'avoir signé, les patrons quittent le groupe et un type est parachuté pour organiser un plan social de la boîte. Il s'appelle Éric Tong Cuong, il a le mauvais rôle, il est là pour organiser les charrettes. Il a alors licencié au moins une soixantaine de personnes dans le groupe et a dû rendre quinze à vingt contrats à un certain nombre d'artistes, dont moi.

J'imagine le choc que cela a dû être pour vous...

Oui. Et en même temps, je savais que l'époque était comme ça. Ce fameux Tong Cuong a été éjecté de la même manière une fois qu'il a eu accompli son travail.

Au fond, vous êtes devenu, malgré vous, un symbole de cette crise qui met sur le trottoir ses plus grandes vedettes ?

Exactement ! Mais je n'étais pas le seul. Et en même temps, les artistes, ça ne fait pas pleurer. J'ai la capacité à relativiser un peu les choses, à avoir un peu de recul et d'autodérision. C'est là que nous avons réalisé un clip pour en faire un objet artistique. Cela a donné « Les beaux yeux de Laure » avec un clip qui m'a beaucoup plu. Mais je ne savais pas l'impact que cela allait avoir ! À l'arrivée, il a eu la récompense du meilleur clip aux Victoires de la musique.

Ensuite vous avez gagné un procès contre votre maison de disques.

Oui. C'était un procès aux prud'hommes. C'était considéré comme un contrat de travail. J'ai été très bien défendu et j'ai même une jurisprudence qui porte mon nom.

Puis vous innovez en sortant un disque chez vente.privée.com. C'est un circuit de distribution surprenant.

Oui, c'est l'auteur Pierre-Dominique Burgaud qui m'a proposé de faire un album sur la vie d'Yves Saint-Laurent.

On a écrit des chansons, on est allé voir Pierre Bergé qui a donné son autorisation. Mais dans les maisons de disques, personne n'en voulait, du plus gros au plus petit. On a donc décidé de produire nous-mêmes l'album, en indépendant, de la fabrication du disque à la pochette. C'est là que l'on a approché Granjon, le patron de vente-privée.com. On en a vendu près de 60 000 !

Les maisons de disques ont-elles d'après vous une part de responsabilité dans la crise ?

Elles ont quand même été très responsables de la situation dans laquelle elles se trouvent. Elles ont fait des opérations de marketing outrancières en s'associant à des marques, en nouant des partenariats avec des télévisions, en vendant des disques à des prix totalement différents, en bradant des compilations à 3 euros. Tout le principe de compilations, les best of, bref, toute cette façon de dévaloriser finalement le disque.

Le disque a-t-il perdu sa valeur ?

Le produit disque a été dévalorisé. Aller voir un film, cela reste un acte assez digne. Acheter un disque, on le fait presque en cachette ! Ce n'est plus quelque chose de très valorisant. Moi, je me rappelle combien les gens étaient fiers d'avoir un album de Véronique Sanson. On le mettait dans son salon, c'était un peu comme les livres ! C'était un signe d'appartenance, c'était avoir du goût. Aujourd'hui, ça a disparu. Même si on continue d'aimer certains artistes, il y a beaucoup moins d'attachement. Il y a une accélération des carrières...

Les adolescentes d'aujourd'hui ne sont-elles pas autant attachées à Tal et à Shy'm qu'on l'était envers Françoise Hardy dans les années 1960 ?

Non, parce que les gens qui ont aimé Françoise Hardy ont continué de l'aimer et de l'accompagner pendant quarante ans. On fait le pari que Tal et Shy'm, dans un an et demi, elles sont remplacées par d'autres. C'est terrible mais c'est comme ça. Il y a une accélération de tout. Les gens n'ont plus le temps. D'ailleurs, Tal est déjà remplacée par Indila !

Et vous, de quoi vivez-vous aujourd'hui ? Du disque ou du numérique ?

C'est un ensemble. Quand on vend sur iTunes ou en streaming, les sommes sont dérisoires. Mais c'est compensé par les tournées, par éventuellement des publicités, de la synchronisation de films. Par exemple, sur la publicité Gema, on m'a acheté des droits pour la chanson « Bambou ». Je ne suis pas super-riche mais c'est important de vivre de ce qu'on aime.

« Les beaux yeux de Laure »,
clip d'Alain Chamfort, réalisation : Bruno Decharme.

Chapitre 3

Si j'étais président…

Ou l'arrivée bien tardive d'Hadopi

« Les mêmes qui sont prêts à se faire crucifier pour sauver 300 emplois à Florange ne sont pas capables d'avoir une stratégie pour l'industrie culturelle »

Denis Olivennes

Mais que faisait le pouvoir politique lorsque l'industrie du disque appelait à l'aide ? Remontons un instant la chronologie des événements : le site de téléchargement illégal Napster est créé en 1999 ; les artistes lancent un appel aux pouvoirs publics à la cérémonie des Victoires de la musique la même année lorsque le marché mondial entame sa chute ; la crise touche la France en 2003 et la loi Hadopi est promulguée en… 2009 ! Il aura donc fallu attendre une décennie entière pour qu'une législation efficace et adaptée au cas du piratage musical sur Internet soit mise en place. Combien d'argent perdu ? Combien de titres dilapidés ? Combien d'artistes et de salariés du disque sur le carreau ? N'a-t-on pas sciemment laissé cette industrie sombrer ?

L'ancien secrétaire général du SNEP Hervé Rony en garde un souvenir amer *« Je me souviens des ministres de la Culture, bien avant le haut débit, que nous avions alertés. Mais, il ne s'est rien passé. C'est à ce moment-là que les pouvoirs publics auraient dû se saisir du sujet à l'image des campagnes pour la santé publique. »* De façon générale, le pouvoir politique, de gauche comme de droite, ne s'intéresse pas outre mesure au cas du disque. Il faut dire aussi que cette industrie est davantage perçue comme un marché au fonctionnement capitaliste composé d'entreprises privées dont certaines sont des filiales de grandes majors internationales qu'il n'y a pas lieu de plaindre. D'ailleurs les bénéfices ont été tels dans les années 1990 que nul n'imagine voir ces groupes licencier et fusionner à tour de bras pour cause de restriction budgétaire. C'est pourtant ce qui arrivera.

Peut-être le pouvoir hésite-t-il à agir par lâcheté. L'internaute qu'il faudra réprimer est souvent jeune. Pour le politique, il représente l'électeur de demain, celui qu'il ne faut à aucun prix se mettre à dos, surtout pour satisfaire une demande aussi impopulaire que celle des maisons de disques.

Peut-être le pouvoir méprise-t-il purement et simplement la musique. D'ailleurs il est surprenant de voir combien le cinéma est valorisé, respecté, glorifié en tant que septième art. Chaque année, les responsables politiques se pressent pour monter les marches du prestigieux Festival de Cannes sous les crépitements des photographes ou pour se rendre à la cérémonie des Césars. La musique, quant à elle, est considérée depuis l'Antiquité comme étant le quatrième art. Mais les Victoires de la musique ne suscitent pas le même attrait. Sans doute nos élites la voient-elles comme un art moins noble. Bref, un art mineur, comme l'avait douloureusement qualifié Serge Gainsbourg[48] de son vivant : *« La chanson est un art mineur car elle ne nécessite pas d'initiation »*, s'était-il exclamé un jour dans l'émission *Apostrophes*, entre deux bouffées de cigarettes. *« Tu as besoin d'initiation pour l'architecture, la peinture, la musique classique, la poésie »*, avait-il alors tancé un Guy Béart qui tentait vainement de s'interposer. Gainsbourg y dénigrait au passage son propre travail de compositeur. Lucidité sur son métier ou réalisme sur la façon dont le monde du disque est perçu ? Quoi qu'il en soit, cette industrie n'est une priorité pour personne tant son poids économique est dérisoire à côté des géants des télécoms.

Peut-être surtout le pouvoir ne prend-il pas conscience de l'ampleur de cette crise. Car de toutes industries culturelles, seul le disque souffre. Entre 2003 et 2004, lorsque les premiers effets se font sentir, les ventes en volume chutent de 10 % sur les phonogrammes. Mais au même moment, elles augmentent de 2,5 % dans le secteur du livre, de 11,5 % dans le cinéma et de 32 % dans la vidéo. Le monde de la culture n'est donc *a priori* pas à plaindre dans sa globalité. La mise en place d'une législation adaptée est donc lente et laborieuse et susciter l'intérêt du pouvoir politique l'est tout autant. Mais réduire la réaction du politique à la création d'Hadopi serait également réducteur. Plusieurs étapes ont participé au processus de prise en compte du problème. Cela commence par une démarche visant à responsabiliser les fournisseurs d'accès à Internet. Car c'est par leurs tuyaux que ces MP3 pirates

48. *Apostrophes*, réalisation : Jean-Luc Leridon, Antenne 2, 26 décembre 1986.

circulent. Or, ils font la sourde oreille. L'industrie du disque, jusque-là très seule dans son combat, réussit à sensibiliser le Gouvernement, non pas *via* le ministre de la Culture, mais par celui de l'Économie et des Finances, Nicolas Sarkozy. N'en déplaise à ses détracteurs, il est le premier à s'impliquer fortement et durablement afin de traiter la question.

⏭ Sarkozy à la manœuvre

En juillet 2004, les représentants de l'Association des fournisseurs d'accès à Internet sont convoqués par Nicolas Sarkozy au ministère de l'Économie et des Finances ainsi que les représentants des deux syndicats du disque : le SNEP qui représente surtout les majors et l'UPFI, qui parle au nom des indépendants. Les participants médusés découvrent alors la méthode Sarkozy. Elle est énergique et musclée. Ils pensaient venir pour une réunion le temps d'une matinée, ils y resteront la journée entière, de 9 heures du matin jusqu'à 22 heures, sous la houlette d'Emmanuelle Mignon. Un accord doit être signé coûte que coûte, et cela prendra le temps qu'il faut, leur explique-t-on. Un buffet est servi pour le déjeuner, un autre pour le dîner. À 21 heures passées, Claude Guéant refait son apparition au sein du conclave. Le texte est prêt, il sera officiellement signé le 28 juillet 2004.

Pourquoi un tel virage ? Quelques semaines plus tôt, les éditeurs phonographiques avaient rencontré Nicolas Sarkozy, alors ministre des Finances de Jacques Chirac. Sarkozy avait montré un intérêt certain pour le problème qui affectait le disque. Il mettait surtout en exergue le manque flagrant de coopération des fournisseurs d'accès à Internet face aux fichiers illégaux qui circulaient *via* leurs tuyaux. Pour le ministre, ce n'était pas la première fois que ces derniers manquaient singulièrement d'esprit coopératif. Nicolas Sarkozy va donc se servir du disque pour leur faire la peau. *« En fait, il ne les portait pas dans son cœur,* croit comprendre Hervé Rony. *Lorsqu'il était ministre de l'Intérieur, il leur avait demandé de lutter contre les contenus pédophiles et ces derniers traînaient des pieds, mettant en avant les problèmes de filtrage. C'était surréaliste ! »*

Cette charte marque un tournant. Pour la première fois, les fournisseurs d'accès à Internet sont responsabilisés. Ils s'engagent à respecter la propriété intellectuelle, à lutter contre la piraterie numérique et à participer au retrait des contenus illicites qui leur sont signalés. Autrement dit, ils ne peuvent plus faire croire qu'ils ne sont que des « tuyaux » sans responsabilité sur ce qui y circule. Autre point sensible, ils s'engagent à ne plus proposer de campagne publicitaire faisant la promotion du téléchargement de musique à outrance. Rappelons qu'à ce moment-là, l'offre légale n'en est qu'à ses balbutiements et l'incitation au téléchargement revient à un appel au piratage. La charte oblige également les FAI à avertir les internautes de ne pas télécharger illégalement. C'est la première fois en Europe et dans le monde que producteurs et fournisseurs d'accès sont réunis autour d'un texte.

⏭ Une première loi sur le droit d'auteur et Internet

Peu à peu, le pouvoir réfléchit à une législation claire capable d'englober tous les cas de piratage. À l'hiver 2005, le ministre de la Culture, Renaud Donnedieu de Vabres, planche sur l'adaptation d'une directive européenne sur le droit d'auteur à l'ère de l'Internet, la loi au nom barbare DADVSI[49]. Pour le ministre, la tâche s'annonce ardue. *« J'en garde un souvenir difficile*, me confie-t-il. *C'était une course contre la montre entre la nécessité d'une offre légale et le rappel des principes du droit d'auteur. On ne pouvait apparaître que castrateurs. C'est ce qui a permis tous les fantasmes, les anathèmes et toutes les démagogies. »* Le débat grandit autour d'une notion clivante : la licence globale. Son principe ? Proposer à l'internaute de payer une somme forfaitaire – autour de 4 euros – en échange de quoi il dispose d'un droit d'accès illimité à l'ensemble des contenus de musique ou de cinéma disponibles, qu'ils soient pirates ou non. L'idée est défendue par des organismes représentant les interprètes tels que l'ADAMI ou la SPEDIDAM, par certains députés socialistes comme Patrick Bloche, Didier Mathus ou Christian Paul et même à droite par l'UMP Alain Suguenot, député-maire de Beaune, très mobilisé sur la question.

Les conséquences d'une telle option seraient grandes : si la licence globale était décidée, l'internaute pourrait télécharger ce qu'il souhaite et autant qu'il le veut. De leur côté, les maisons de disques et les artistes n'auraient alors plus aucun droit de regard sur la circulation de leurs œuvres sur la toile. Ils ne pourraient s'opposer à aucune diffusion de leur chanson sur les plateformes et sites, qu'ils soient légaux ou non. Ils devraient se contenter d'une somme forfaitaire à partager entre les ayants droit par des organismes de ges-

49. Loi n°2006-961 relative au droit d'auteur et aux droits voisins dans la société de l'information.

tion collective. C'est déjà la méthode employée depuis les lois Lang de 1985 autorisant les radios et les émissions de flux à la télévision à diffuser toutes les chansons qu'elles souhaitent, sans autorisation préalable, en échange d'une somme forfaitaire.

Mais dans le cas du Net, les professionnels du disque y voient une hérésie. Car la circulation des contenus y est bien plus importante et le calcul de l'assiette à répartir quasi impossible à réaliser. Comment savoir quelle somme accorder à quel ayant droit puisque, par principe, tout circule de façon anarchique ? *« L'idée d'une licence globale n'est pas absurde sur le principe, mais elle reste totalement irréalisable,* résume Denis Olivennes, à l'époque patron de la Fnac[50]. *Comment rétribuer les ayants droit à partir des milliards d'échanges qui se font chaque mois sur les sites de peer-to-peer ? Comment distinguer ceux qui téléchargent de ceux qui ne le font pas, trier entre les usages des internautes ? Tout cela est un cauchemar de la raison et n'est absolument pas concevable dans des conditions d'équité et de justice. C'est dans l'état actuel des choses impossible. »*

L'affaire prend une tournure à laquelle les maisons de disques ne s'attendaient pas : plutôt que de les défendre, la gauche et une partie de la droite prennent fait et causes pour les internautes et la liberté sur Internet qu'il ne faut en aucun cas censurer. Le jour du vote, les députés favorables à la licence globale sont majoritaires à l'Assemblée nationale. Nous sommes dans la nuit du 21 décembre 2005. À la stupeur générale, le dispositif est approuvé. Les représentants du disque

50. Christophe Alix, « Les verrous numériques sont une incitation au piratage », *Libération*, 15 février 2007.

sont indignés. C'est un coup de pistolet au milieu du concert. *« Il y a quelque chose qui s'est rompu à ce moment là entre les artistes et la gauche*, analyse Renaud Donnedieu de Vabres. *Ils ont senti qu'elle manquait de courage »*. Ce vote de la gauche est vécu par eux comme une trahison. Des délégations font immédiatement les allers-retours dans les grands partis pour leur faire comprendre les conséquences d'un tel vote. On y trouve des représentants du SNEP (le syndicat des majors), de l'UPFI (celui des labels indépendants) mais aussi de grands artistes comme Jean-Jacques Goldman, Mathieu Chédid ou Bénabar. Une fois encore, c'est Nicolas Sarkozy qui est le premier à les recevoir au siège de l'UMP. *« Mais quand est-ce qu'on va voir Hollande ? »* demande Jean-Jacques Goldman. Une quinzaine de jours plus tard, le patron du PS les reçoit, accompagné d'Anne Hidalgo. La délégation lui demande alors sa position sur le téléchargement. Elle s'étonne que la gauche ait voté contre le milieu de la musique et lui tire une balle dans le dos au nom de la liberté sur Internet. *« Oh vous savez ces questions-là, cela ne me fera pas gagner ou perdre un électeur*, explique Hollande qui hésite à prendre position. *Je ne suis pas pour la licence globale »*, répond-il alors à la délégation, désavouant au passage le vote des députés de son propre parti.

Suite au soulèvement des ayants droit, les amendements sont expulsés le 6 mars 2006 dans la continuité des débats. Finalement, le 30 juin 2006, la loi DADVSI est votée. Le texte crée une nouvelle incrimination contre les acteurs qui fournissent des logiciels manifestement destinés au peer-to-peer. Ces derniers risquent jusqu'à 300 000 euros d'amende ainsi que trois ans de prison. Un dispositif qui met ainsi fin à l'hypocrisie de certaines plateformes qui ont fait du pirate leur principal client. Outre ce volet, le droit à la copie privée est officiellement limité par les DRM, ces mesures techniques défendues par les majors qui empêchent les duplications de CD. Enfin, et c'est un soulagement, le principe de licence globale n'est pas retenu. Il est de toute façon incompatible avec des traités internationaux, mais il révèle au grand jour la fracture entre la gauche et les artistes du disque.

⏭ Mission Olivennes : mettre tout le monde d'accord

Le clivage est donc fort entre d'un côté les tenants de la liberté sur Internet qui dénoncent une limitation de l'accès à la culture, et de l'autre ceux qui estiment que le droit de propriété – et donc de la propriété intellectuelle – prime avant tout.

Le 16 mai 2007, Nicolas Sarkozy devient officiellement président de la République. Il ne l'a pas caché pendant sa campagne, étant lui-même avocat : la protection des œuvres et du monde artistique est un dossier qui lui tient à cœur. Il demande alors à sa ministre de la Culture fraîchement nommée, Christine Albanel, un plan pour promouvoir et protéger les industries culturelles. Traduisez : mieux lutter contre les pirates, mais aussi favoriser le développement d'offres légales. Albanel contacte alors le patron de la Fnac, Denis Olivennes afin qu'il crée une mission pour que s'entendent les différents acteurs. Ce dernier vient d'écrire *La gratuité, c'est le vol* (Grasset, 2007), un ouvrage dans lequel il dénonce une alliance libérale-libertaire autour d'Internet.

Les fournisseurs d'accès à Internet et les défenseurs du disque se regardent en chiens de faïence, la mission s'annonce ardue. Quant à Olivennes, il ne veut pas être considéré comme partisan. Il prend soin de contacter François Hollande afin d'obtenir son aval autour d'un sujet général qui dépasse les partis et pour que son projet ne soit pas estampillé du sceau Sarkozy. « Pas de problème ! » lui répond Hollande. C'est le début d'une série de rencontres. Syndicats de producteurs de musique, de cinéma, fournisseurs d'accès Internet et sociétés d'auteurs sont consultés. Les discussions sont rapides car il y a urgence. La situation des FAI a changé depuis 2003. En 2007, leur marché est mûr. Un Français sur deux est équipé en connexion haut débit. Le piratage les a aidés à lancer leurs offres (on l'a vu au chapitre précédent), désormais il représente un handicap, les bandes passantes sont saturées par les téléchargements de gros fichiers. Ils sont donc prêts à faire des efforts.

Autre changement de taille, le disque n'est plus seul à subir les conséquences de la dématérialisation. Le cinéma est aussi frappé par le piratage depuis l'arrivée du haut débit. Des films entiers s'échangent sur la toile dans des formats compressés avec une rapidité déconcertante. Et comme lors de la crise de 1984, ce lobby puissant sait se faire entendre, bien plus que le disque.

Après deux mois de discussions, le 23 novembre 2007, quarante-deux acteurs de l'Internet, de la musique, du cinéma et de la télévision sont réunis autour de Denis Olivennes, Nicolas Sarkozy et Christine Albanel pour signer les « accords de l'Élysée ». Un document de deux pages à peine, résumant l'ensemble des problématiques avec une concision exemplaire et qualifié par le chef de l'État de « moment décisif ». Les propositions remises font l'objet d'un consensus, même si l'on a bizarrement « oublié » de convoquer à la signature des protagonistes opposés au texte. « *Tous les contenus culturels sur Internet y étaient : musique, livre et cinéma. Une seule erreur a été faite à ce moment-là*, analyse avec du recul Pascal Nègre. *C'est que l'on n'y a pas mis la presse. Ils auraient dû. Au lieu d'avoir cette espèce de levée de boucliers, toute la presse aurait été avec nous.* » Nicolas Sarkozy s'engage alors à ce que les accords soient traduits dans une loi « création et Internet » le plus rapidement possible.

Trois mesures simples en faveur des créateurs et des consommateurs sont alors retenues : les maisons de disques s'engagent à rendre l'offre légale plus riche et plus facilement accessible. Cela passe par la suppression des mesures de protection – les fameuses DRM – afin de rendre le téléchargement légal plus attractif. Une chanson achetée légalement pourra être lue sur plusieurs supports. Les professionnels de l'audiovisuel s'engagent à raccourcir la chronologie des médias qui impose un délai entre la sortie d'un film en salle et sa disponibilité en VOD. Un changement logique quand on sait que dans l'intervalle, les internautes ont déjà pu se procurer le film sur des sites pirates. L'accord aboutit donc à des délais plus courts, à savoir six mois après la sortie en salle. Enfin, le point le plus commenté est la réponse aux pirates. Jusque-là, la seule possibilité était de saisir le juge pénal en se fondant sur le délit de contrefaçon. Mais la peine encourue (jusqu'à trois ans de prison et 300 000 euros d'amende) est disproportionnée. Une autre idée est mise sur la table : la création d'une autorité administrative indépendante, chargée de prévenir les pirates avant de les sanctionner, celle qui deviendra la fameuse Hadopi. L'idée vient d'outre-Atlantique.

« J'avais remarqué que chez les câblo-opérateurs aux États-Unis qui avaient mis ce système en œuvre, 70 % des pirates arrêtent après la première lettre d'avertissement, 50 % de ceux qui restent arrêtent après le deuxième avertissement. Et sur les 15 % restants, 80 % arrêtent quand ils sont convoqués. Il reste 2 % à sanctionner. » m'explique Denis Olivennes. Le principe séduit les deux parties, à la fois les FAI qui ne voulaient pas jouer eux-mêmes le rôle de gendarmes – mais qui devront couper le signal s'il y a sanction – et surtout les ayants droit qui trouvent enfin un cadre légal adapté au cas des pirates.

Mais à l'extérieur du Palais, des voix s'élèvent pour s'indigner. L'association *UFC-Que choisir* dénonce ce soir-là une surenchère répressive et une police de l'Internet. Hadopi naît dans un climat de défiance.

⏭ Hadopi : le chemin de croix

Il ne reste plus qu'à mettre en place le cadre juridique à ces accords. Les travaux autour d'Hadopi se fondent sur les propositions de Denis Olivennes en suivant le chemin classique : le projet de loi est d'abord préparé par le Gouvernement, présenté en Conseil des ministres après être passé en Conseil d'État puis doit être discuté au Parlement.

Le 18 juin 2008, le projet de loi « création et Internet » est présenté en conseil des ministres par Christine Albanel. Au même moment, comme pour lui apporter leur soutien, 52 artistes signent l'appel « ne pillez pas nos œuvres » contre le téléchargement illégal. Au pied de la page figurent notamment Étienne Daho, Francis Cabrel, Raphaël ou Jean-Jacques Goldman.

C'est le début d'un long chemin de croix. D'abord, il y a la réticence de la CNIL face au principe qui consiste révéler l'adresse IP des internautes pirates. Ensuite, il y a l'opposition farouche des socialistes. Lors de l'arrivée du texte au Parlement, le rapporteur Franck Riester travaille sur le dossier avec la commission, puis fait des allers-retours avec l'hémicycle.

Le texte prévoit ce qu'on appelle la riposte graduée : d'abord un e-mail, puis une lettre recommandée, puis une sanction ultime, à savoir soit la suspension de l'accès à Internet pour une période donnée, soit une amende. Pour les uns, le texte est dissuasif et destiné à sensibiliser les internautes qui téléchargent illégalement, pour les autres il est répressif. *« Très vite on s'est aperçu que les internautes étaient très attentifs au sujet et qu'une partie de la blogosphère était mobilisée contre le texte,* se souvient Franck Riester. *Ils présentaient Hadopi comme un texte répressif, une intention de surveiller le Net. »* Avant même d'exister, Hadopi est déjà impopulaire. Christine Albanel multiplie les interventions et interviews sur les plateaux de télévision. Elle tente d'expliquer à qui veut l'entendre qu'elle n'organise ni un flicage d'Internet, ni une répression de la jeunesse à l'heure de l'Internet.

Le 9 avril 2009, le texte est adopté par le Sénat Mais par surprise, il est rejeté par l'Assemble nationale par 21 votes contre et 15 votes favorables. Jean-François Copé y dénonce un « coup » des socialistes réapparus par surprise dans l'hémicycle quelques instants avant le vote. Plusieurs artistes ouvertement de gauche sortent alors du bois et adressent une lettre ouverte à Martine Aubry pour soutenir le texte et dénoncer l'attitude du PS sur la loi Hadopi. *« Vous étiez la résistance à la déréglementation, à la loi de la jungle et du plus fort qui assassine la diversité culturelle (...) En faisait échec au vote de cette loi, vous nous avez adressé un message de rupture (...) vous avez perdu notre soutien* », écrivent Maxime Le Forestier et Juliette Gréco.

La gauche se défend et met en avant son idée pour aider les artistes : la création d'une contribution créative. Deux euros prélevés sur chaque abonnement à Internet, de quoi estime-t-elle rapporter quelque 400 millions d'euros à la création. Ses fers de lance comme le député PS Patrick Bloche participent avec 200 personnes à une manifestation devant l'Assemblée nationale pour dénoncer une loi qui, selon eux, menace les libertés individuelles et vise à fliquer le Net. Devant le ministère de la Culture, d'autres militants associatifs brandissent des artichauts en direction de Christine Albanel pour protester contre la coupure de la connexion des internautes, une sanction jugée absurde.

Le 29 avril, le texte revient devant l'Assemblée nationale. Il fait l'objet de 500 amendements. Il est voté le 12 mai dans la plus grande confusion. La loi est approuvée à 296 voix contre 233. Mais l'UMP n'a pas unanimement soutenu le texte. À gauche, c'est un non général à l'image de Didier Mathus qui qualifie la nouvelle autorité administrative de « *schéma archaïque, inadapté aux enjeux du numérique et de la culture*[51] ». Seule exception au PS : Jack Lang est l'unique socialiste à avoir choisi le oui à Hadopi[52]. *« D'un côté un président libéral propose une loi de protection des droits des auteurs et des artistes, de*

51. « Le député PS Didier Mathus, nouveau membre de la Hadopi, ne croit pas en la Hadopi », lemonde.fr, 07 janvier 2012.

52. Samuel Potier et Samuel Laurent, « Hadopi : qui a voté pour, qui a voté contre ? », lefigaro.fr, 12 mai 2009.

l'autre mon parti s'oppose à un tel texte et veut laisser libre cours, si je comprends bien, au piratage et au pillage[53] », explique-t-il alors aux médias. Ironie de l'Histoire quand on sait que c'est son parti qui, en 1985, avait mis en place le premier dispositif viable pour protéger les artistes et leurs créations.

Mais nous n'en avons pas fini avec les péripéties. Car la création d'Hadopi est retoquée par le Conseil constitutionnel. Motif : seul un juge peut restreindre l'accès à Internet et à la liberté lors d'un procès équitable et non une autorité indépendante, comme préconisé par le texte.

Le 24 juin 2009, la nouvelle garde des Sceaux Michèle Alliot-Marie présente le projet de loi complémentaire qui barre la route à toute nouvelle faille juridique. Une loi Hadopi remaniée, également défendue par le nouveau ministre de la Culture Frédéric Mitterrand. L'internaute n'est plus poursuivi pour contrefaçon mais pour négligence caractérisée du contrôle de son accès à Internet. Le 15 septembre 2009, ce nouveau texte est adopté par 285 voix contre 225. Hadopi II voit le jour dans la douleur. L'accouchement a été long et les péripéties ne sont pas finies.

⏭ La défiance des chanteurs

Encore une fois, les artistes ne soutiennent pas unanimement l'industrie dans la mise en place d'Hadopi et dans la sensibilisation du public.

Invité sur RTL en mai 2010[54], Michel Sardou parle de sa passion pour le cinéma *« je suis un dévoreur de film sur*

53. *Les 4 vérités*, France 2, 5 mai 2009.

54. Interview accordée à Eric Jean-Jean, RTL, 10 mai 2010.

iTunes », clame-t-il. Marion Cotillard dans *Nine* est selon lui merveilleuse, *« Édith Piaf à côté, c'est du pipeau »*, lâche-t-il avant de gaffer autour d'un film qu'il a récupéré sur une plate-forme illégale : *« je reconnais mesdames et messieurs que sur le Net, je suis un pirate, nous tous »*, marmonne-t-il. *« Ils vont pas nous faire chier ! »* lâche-t-il enfin, avouant au passage que tout artiste qu'il est, il télécharge illégalement sur Internet.

Cinq mois plus tard, Daniel Guichard en remet une couche sur RMC[55] et fait part d'un profond scepticisme face à la loi antipiratage. « *Il faut être honnête, depuis que l'on est môme, on avait les magnétophones quatre pistes et on prenait des disques qu'on nous prêtait et, quand on les piquait pas dans les magasins, on les recopiait. Après il y a eu les cassettes et tout le monde faisait des copies des titres. Les multinationales oublient une seule chose : c'est le contenu. Ils veulent faire tellement de fric que quand un artiste a une chanson sympa, ils veulent lui faire faire un album alors qu'il faudrait lui laisser la chance de faire un ou deux disques de plus.* »

⏭ Mission Lescure : il faut sauver le soldat Hadopi

Les créateurs d'Hadopi ne sont pas au bout de leurs peines. En mai 2012, l'opposition de gauche accède au pouvoir et le nouveau président de la République François Hollande promet de remettre à plat le dispositif. Il l'avait dit dès septembre 2011 sur son blog : *« notre responsabilité sera en 2012 d'abroger le dispositif Hadopi »*. L'alternative pro-

55. *Les Grandes Gueules*, RMC, 04 octobre 2010.

posée est la mise en place d'une faible redevance couplée à une taxe sur les fournisseurs d'accès à Internet. Ce nouveau mécanisme assurerait selon lui des financements pérennes au monde de la culture sans entraver la liberté d'accès à la culture sur Internet.

Mais après son élection, François Hollande change ses plans. En mai 2012, L'ancien patron de Canal+, Pierre Lescure, est nommé à la tête d'une commission chargée de mener la concertation sur l'avenir d'Hadopi. Officiellement, il s'agit de trouver les moyens de concilier rémunération de la culture et pratiques numériques des Français en dénonçant un dispositif créé par la droite. Officieusement, la mission a pour objectif de sauver Hadopi, tout en marquant sa différence. Elle remet à Hollande 80 propositions. La sanction ultime consistant à couper la connexion Internet du pirate est jugée comme trop sévère. Il est également question de confier au CSA les missions de la Hadopi. Les préconisations sont partiellement suivies : le 9 juillet 2013, la coupure est purement et simplement supprimée par décret. L'Autorité a perdu son rôle coercitif, mais elle est sauvée des eaux. Une satisfaction en demi-teinte. *« Supprimer la sanction ultime était une erreur,* estime Franck Riester. *Si l'arme nucléaire disparaît, on perd l'idée même de dissuasion. Or, tout l'intérêt du dispositif est avant tout pédagogique. D'autre part, supprimer la sanction ultime a été perçu comme un désengagement de l'État dans sa lutte contre le téléchargement illégal. »* Reste que pour les professionnels de la musique, avoir un dispositif efficace pour lutter contre le téléchargement illégal était le Graal. Une grande attente de leur part est enfin réalisée.

⏭ Le lobby du disque est-il inaudible ?

La mise en place d'Hadopi règle donc en partie le problème. Mais elle intervient bien tard et le monde du disque en a cruellement souffert. Licenciements en masse, restructurations et fusions de labels ont été le prix à payer pour survivre. Par ailleurs cet outil de sanction est presque caduc dès sa création quand on sait que le vote final d'Hadopi intervient au moment où le MP3 est déjà sur sa fin, remplacé par le streaming, la nouvelle façon de consommer de la musique en l'écoutant sur un serveur distant sans passer par le téléchargement. Pour info, le texte pourrait également s'appliquer au streaming, en tout cas si l'on interprète strictement la loi. En effet, lors d'un visionnage ou d'une écoute, les données sont stockées dans l'ordinateur – et donc téléchargées – un laps de temps très court.

Le monde du disque n'est pas pour autant une innocente victime. Disons-le franchement : il a aussi une grande responsabilité dans la lenteur des pouvoirs publics à réagir. Car sa voix est inaudible. C'est un univers de gens qui se connaissent bien mais qui se font la guerre. *« L'un des problèmes de la musique, c'est qu'ils ont été incapables de se fédérer entre eux pour défendre leur bout de gras,* me confie Franck Riester, le rapporteur de la loi Hadopi. *Il y a une balkanisation de la filière musique qui leur joue des tours en permanence, encore aujourd'hui. S'il y avait eu un CNC (Centre national du cinéma) pour la musique, ils auraient fait un meilleur lobbying et auraient trouvé plus rapidement les solutions. Cela manque aujourd'hui à la musique. Le spectacle vivant se fait entendre, lui, et violemment, via les intermittents. »* Le disque a le grand tort de ne pas être organisé en lobby puissant. Il est au contraire éclaté en syndicats disparates, défendant chacun des intérêts parfois convergents, souvent divergents. La liste est longue, en voici quelques exemples : le SNEP (Syndicat national de l'édition phonographique) défend les grands producteurs et notamment les majors, l'UPFI (Union des producteurs français indépendants) défend les producteurs indépendants, la SACEM (Société des auteurs, compositeurs et éditeurs de musique) défend les auteurs et éditeurs de musique, l'ADAMI (Société civile pour l'administration des droits des artistes et musiciens interprètes) défend les artistes interprètes, la SPEDIDAM parle au nom des artistes et musiciens de studio et la GAM fraîchement créée (Guilde des artistes de la musique) s'intéresse à leurs conditions à l'ère du numérique. N'en jetez plus ! Ces syndicats se regardent en chiens de faïence et s'attaquent même à coup de procès les uns contre les autres pour bénéficier de la manne considérable que représentent les perceptions de droits.

Bref, l'industrie du disque confrontée à Internet ressemble aux villages gaulois qui se querellent entre eux au lieu de faire front commun face à l'envahisseur romain. En cela, l'industrie commet une grave erreur. En raison de ses divisions internes, sa voix ne porte pas suffisamment fort. Le secteur n'a jamais vraiment su montrer qu'il compte économiquement sur la scène nationale. En répétant à chaque interview – y compris face à moi – que *« l'industrie du disque a un chiffre d'affaires qui ne dépasse pas celui d'un supermarché »*, Pascal Nègre, malgré son talent unanimement reconnu, a tout de même contribué à minimiser le poids de son secteur. Quel élu politique perdrait du temps à défendre une cause à impact nul ? Le disque s'est fait passer pour une maladie orpheline au lieu de montrer qu'il était la première victime d'un virus qui allait devenir très contagieux pour l'ensemble des industries culturelles.

Il faut attendre novembre 2013 pour que la SACEM trouve enfin la formule choc qui rende compte de l'impact économique de la musique. *« Les industries culturelles représentent 4 % du PIB national ! »* claironne son nouveau président Jean-Noël Tronc, grâce à une étude commandée au cabinet EY (ex-Ernst & Young). Musique, spectacle vivant, cinéma, presse, radio et télé occupent au total 1,2 million d'emplois, soit 5 % de l'emploi intérieur en France. Quant à la musique, elle représente à elle seule 240 000 emplois et un chiffre d'affaires estimé à 8,6 milliards d'euros[56], entre le disque, le spectacle vivant ou les fabricants d'instruments.

Enfin la musique montre qu'elle pèse dans ce pays ! « Pas trop tôt », serait-on tenté de dire.

⏭ Un CNC du disque : une occasion ratée

Alors pourquoi n'y a-t-il jamais eu d'organisme centralisateur comme le Centre national du cinéma (CNC) ou le Centre national du livre (CNL) capable de créer UN « pot commun », telle une fourmi qui prépare les provisions pour l'hiver ? Peut-être que si le disque avait eu un tel représentant avec une force de frappe et un système d'entraide similaire, le crash n'aurait pas été aussi violent et les labels les plus fragiles auraient survécu.

---

56. http://www.sacem.fr/cms/home/la-sacem/etudes/premier-panorama-industries-culturelles-creatives-en-france.

Un projet de Centre national de la musique est monté bien tardivement, en 2010. Didier Selles, Franck Riester, le chanteur Alain Chamfort au nom de la SACEM, Marc Thonon représentant les labels indépendants, ou encore Daniel Colling, le patron du Zénith de Paris, entre autres, rédigent un rapport dans le but de créer un centre adapté à la musique. Plutôt que d'avoir des organismes dispersés qui bénéficient chacun d'un saupoudrage d'aides, le projet est de recentrer l'ensemble de la filière dans un établissement public qui récupérerait tout l'argent distribué. Les sommes profiteraient aux créateurs, à la production de musique enregistrée et de spectacles vivants, aux soutiens à la diffusion, il est même question de la mise en ligne de son catalogue. Bref, ce CNM permettrait de fédérer la filière et défendre ses intérêts en montrant qu'elle a de la valeur.

En mai 2012, François Hollande arrive au pouvoir. En *off*, le nouveau président promet aux acteurs de poursuivre le projet déjà bien avancé. Il faut dire que mettre autour d'une table auteurs, producteurs, éditeurs et interprètes n'était pas chose facile. Mais sa ministre de la Culture, Aurélie Filippetti, souhaite au contraire marquer sa différence avec ce dossier monté par la droite et estampillé du sceau de l'ère Sarkozy. En septembre 2012, le CNM est abandonné, officiellement pour des raisons budgétaires. Pour fonctionner, il aurait eu besoin de 100 millions d'euros, dont une moitié déjà assurée par la participation des sociétés civiles, du ministère de la Culture et du Centre national des variétés, qui perçoit la taxe sur la billetterie. Trouver les 50 millions d'euros restants se serait avéré aussi difficile que les travaux d'Hercule, explique-t-on alors[57]. La créa-

57. Véronique Mortaigne, « L'injustice faite à la musique », lemonde.fr, 19 septembre 2012.

tion de cette entité aurait pourtant donné un coup de fouet à la désorganisation du secteur musical et lui aurait permis de se coordonner derrière une voix. Bref, de devenir audible !

⏭ Bilan des courses…

Malgré les nombreuses critiques, Hadopi a bon an mal an fait son office. Entre 2010 et l'été 2014, plus de 3 millions de courriers d'avertissement ont été envoyés, 116 dossiers ont été transmis au procureur de la République et 19 internautes ont été condamnés. Au-delà des chiffres qui sont ce qu'ils sont, Hadopi a surtout le mérite d'exister. La médiatisation du débat autour de sa création a participé au travail de pédagogie auprès des citoyens. Nul n'ignore aujourd'hui que télécharger illégalement un contenu culturel, film ou musique, est puni par la loi. Une offre légale a été encouragée au point de devenir la norme pour les internautes qui disposent pour la plupart de la plateforme iTunes. Et tant pis si la sanction ultime qui consiste à couper le signal a été supprimée.

Reste à savoir si l'institution est pérenne. Elle est passée à deux doigts de la mort lorsque la mission Lescure a préconisé son rattachement au CSA et que son budget a été réduit par le Gouvernement. Mais avec la pression montante du secteur du cinéma qui dénonce un laxisme excessif face aux internautes[58], il ne serait pas étonnant de voir Hadopi être confortée dans ses missions.

58. Lucie Ronfaut, « La Hadopi se bat contre l'asphyxie budgétaire », *Le Figaro*, 29 octobre 2014.

⏭ Entretien avec Denis Olivennes, président du directoire de Lagardère Active

En 2007, Denis Olivennes est patron de la Fnac. À la tête du principal « agitateur culturel » de France, il est invité à réfléchir sur le développement et la protection des œuvres sur les réseaux sociaux. Le rapport qu'il rédige sert de base à la mise en place de la loi Hadopi. Homme de consensus, il a su mettre autour d'une même table politiques, acteurs du disque, du cinéma et prestataires Internet. Ce n'était pas chose facile.

Vous souvenez-vous du moment où l'on a commencé à parler de piratage ?

Je suis arrivé à la Fnac en 2002. Le phénomène était déjà bien engagé. Le marché baissait de 8 à 10 % par an et il n'y avait plus de doute sur les origines de la maladie. Des gens expliquaient encore que c'était la faute de l'industrie qui n'avait pas investi dans les talents, mais non, ce n'était pas vrai. En revanche, il y avait un gros doute sur l'adaptation de l'industrie à cette révolution. La première fois que j'ai eu une réunion avec les majors, ils sont tous arrivés avec des chauffeurs en Mercedes. Et là, je me suis dit « ils ne comprennent pas ce qui est en train de leur arriver ». Ils vivaient dans la vie d'avant, un métier qui avait des marges énormes et des croissances annuelles confortables. Ils n'ont pas du tout partagé avec les consommateurs les fruits de la croissance.

Quelles ont été les erreurs commises par les maisons de disques ?

En magasin, c'étaient les maisons de disques qui imposaient le prix. Et à partir du moment où l'on était tous sur le toboggan et une décroissance des ventes, ils ont essayé de compenser la baisse de volume par le prix.

Le disque est une industrie de prototype comme le cinéma ou le livre. On mise sur dix chevaux pour qu'il y en ait un qui gagne. Mais lorsqu'on regarde leurs marges bénéficiaires entre l'invention et la fin du CD, tout n'a pas été réinvesti dans la production de nouveaux artistes, ce n'est pas vrai.

Mais qu'auraient-elles pu faire ?

Elles auraient dû baisser massivement le prix du CD et elles auraient dû comprendre qu'il fallait vite offrir des fichiers numériques à un prix raisonnable, « *customer friendly* », c'est-à-dire facilement accessibles et transférables. Elles ont freiné tout cela. Elles ont gardé des prix élevés et ont mis d'énormes obstacles à la consommation légale des fichiers numériques. À la Fnac, je me battais pour que l'on supprime les DRM, autrement dit que les gens puissent les partager après avoir payé les fichiers. Les MP3 illégaux pouvaient être transférés universellement. C'était un avantage énorme pour le piratage.

La Fnac a tenté de vendre elle-même du MP3 sur son portail et pourtant cela n'a pas fonctionné...

Nous avons mis en place une offre de téléchargement. Cela n'a en effet pas marché, les conditions n'étaient pas réunies et iTunes a pris le marché. Peut-être aurait-on dû chercher un deal avec iTunes.

Le piratage était pourtant un phénomène mondial qui n'est pas propre à la France. Nos voisins s'en sont-ils sortis mieux que nous ?

Dès le départ, les Américains ont été plus répressifs que nous. Là-bas, la propriété privée est sacrée et le juge est là pour la faire respecter. Ils ont condamné sévèrement des enfants ou leurs parents pour du piratage somme toute assez dérisoire. En France, on a un problème avec la notion de propriété.

Pourquoi la mise en place d'Hadopi a-t-elle pris l'allure d'un chemin de croix ?

La lenteur de l'administration était dramatique et le soutien des parlementaires de base assez faible. Cela m'amuse de voir que les mêmes qui sont prêts à se faire crucifier sur la place publique pour sauver 300 emplois dans la vieille sidérurgie à Florange ne soient pas capables d'avoir une stratégie pour l'industrie des biens culturels. C'est pourtant un actif majeur de notre pays, que ce soit le cinéma ou la musique. Ils dénoncent la déréglementation et le libéralisme pour la sidérurgie mais ils le vénèrent pour la musique. Je me suis arraché les cheveux parce que tout cela, on le sait depuis 2003. À peine la loi était-elle votée qu'à la moindre alternance on la flingue sans évaluer ses performances.

La Hadopi telle qu'elle existe aujourd'hui correspond-elle à ce que vous aviez imaginé ?

Le dispositif aujourd'hui est assis entre deux chaises. Dans la lutte contre le piratage, il y avait une dimension dissuasive garantie par l'effectivité de la sanction. Une arme nucléaire est faite pour ne pas être employée mais elle n'est dissuasive que si elle existe. Ils ont maintenu la dissuasion mais il n'y a plus la sanction ultime. Alors de quoi allez-vous avoir peur ? D'une lettre ? On sait que c'est inefficace. Il y a une troisième voie bien plus efficace mais que personne n'acceptera jamais de mettre en œuvre, c'est de responsabiliser les fournisseurs d'accès à Internet. C'est de leur dire : « s'il y a du piratage sur votre réseau, c'est vous qui pourriez être mis en cause ». Du jour au lendemain, il n'y aura plus de piratage. C'est à mon sens la plus pertinente des mesures, car elle internalise la contrainte par ceux qui ont les tuyaux par lesquels passe le piratage. Cela demanderait un peu de courage et il n'y aurait plus de sanction pour l'internaute.

Quel avenir voyez-vous pour le disque ?

Le disque comme support physique, c'est la chronique d'une mort annoncée. Mais la musique a un grand avenir devant elle. Le consommateur a gagné trois choses : un prix de consommation moins élevé, une commodité – il stocke et écoute quand il veut –, et il ne se fait plus imposer l'agrégation des chansons. Ce sont trois grandes victoires.

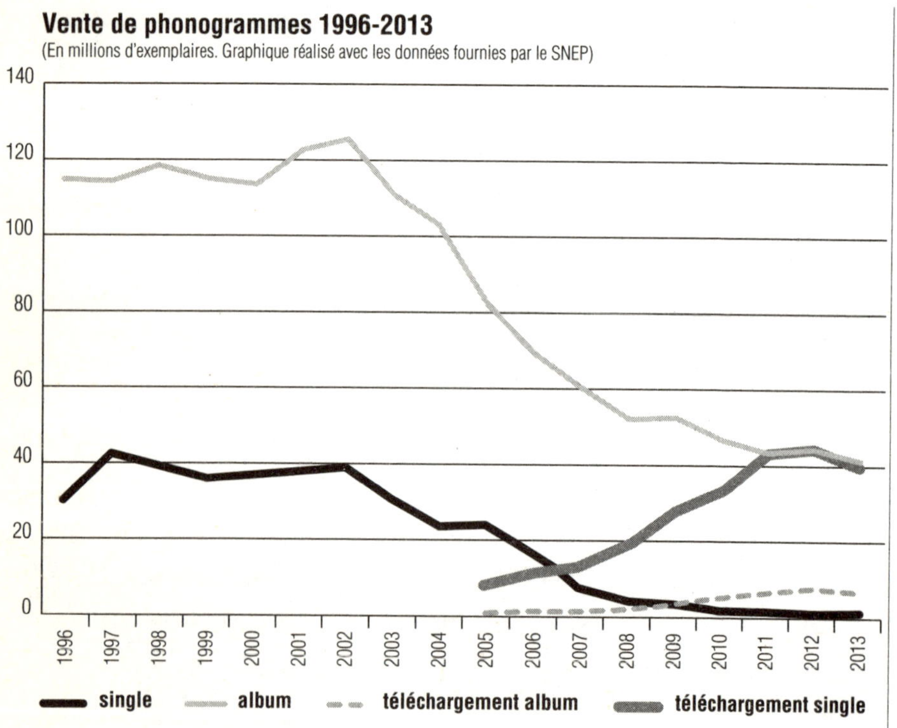

Chapitre 4

Mangez des pommes !

Ou quand Apple devient le nouveau roi de la musique

« Steve Jobs était visionnaire,
il avait le sens de la simplicité.
C'est ce qui a permis ces révolutions »

Kenn Segall,
ancien collaborateur de Steve Jobs

Pendant que les grandes majors font la guerre aux pirates sans comprendre que l'avenir ne passera plus par le CD, plusieurs géants de l'informatique s'intéressent de près au business juteux que peut représenter la musique. C'est d'ailleurs l'un d'entre eux qui va marquer à la surprise générale un tournant dans l'histoire d'une industrie dont il n'était jusque-là nullement acteur. Le 28 avril 2003, Apple inaugure aux États-Unis son iTunes Music Store. Il s'agit d'une plateforme permettant d'acheter à l'unité n'importe quel titre d'un artiste, qu'il soit commercialisé ou non sous forme de single. Bien entendu, les albums peuvent aussi être téléchargés avec la pochette et le livret associé. C'est une vraie révolution dans notre consommation et notre rapport à la musique. Le tout est parfaitement légal, chaque titre (hors nouveauté) est vendu 99 cents, sans restriction de gravure. Quant au catalogue, il est composé de 200 000 titres issus des cinq majors du disque. Quel exploit ! Apple a réussi à réunir les catalogues de cinq multinationales en un seul portail.

À plus d'un titre, la plateforme d'Apple marque un tournant. C'est la première fois qu'un service légal rencontre le succès et l'adhésion du public. En une semaine, plus d'un million de titres sont vendus. L'exploit est d'autant plus remarquable lorsqu'on se souvient des faibles performances des plateformes mises en place par les maisons de disques. Les tentatives précédentes avaient échoué lamentablement. Le catalogue de chaque portail était restreint et se limitait à celui d'une ou de deux majors. Quant au téléchargement, il était fastidieux, pas compatible avec tous les lecteurs et la gravure sur CD était quasi impossible. Enfin en termes de praticité, il fallait effectuer jusqu'à dix clics pour obtenir un morceau, quand sur iTunes il n'en faut plus qu'un seul. En France, la plateforme entre en fonction en juin 2004. Le service regroupe un total de 700 000 titres édités à la fois par les majors mais aussi des labels indépendants. C'est sans doute à ce moment-là que les majors comprennent enfin que l'avenir n'est plus la vente de CD et que le MP3 ne peut pas être éradiqué comme elles l'auraient souhaité. Bien au contraire, il devient le nouveau standard. Elles ont perdu quatre ans.

⏭ Mais que vient faire Apple dans la musique ?

Apple a donc choisi de mener la danse et d'élargir son champ d'action, jusque-là dévoué au monde de l'informatique, pour s'imposer dans celui de la musique. Ce n'est pas arrivé en un soir. Comme à son habitude, Steve Jobs, le génial patron du groupe n'a rien inventé. Il a simplement repris des idées dans l'air pour les rendre faciles d'utilisation et intuitives. C'est son immense talent. L'idée est de créer un écosystème alliant un logiciel et un matériel. L'iPod, c'est le matériel. iTunes, c'est le logiciel. Un écosystème 100 % Apple, bien entendu muni de verrous et de barrière pour que l'utilisateur ne sorte pas de l'univers de la pomme.

Cela a commencé après l'ouragan Napster et les graveurs de CD. Apple avait pris le train en retard et les Mac s'étaient tardivement équipés en graveurs de CD. La priorité de Jobs était d'imposer des lecteurs ergonomiques au design travaillé qui remplaceraient les tiroirs à CD. Encore une fois le maître se distingue par son obsession du détail, mais on est bien loin des préoccupations de l'utilisateur. Apple va pourtant vite rattraper son retard. Dès 2000, Steve Jobs cherche à mettre au point une plateforme capable de répertorier et de jouer les fichiers MP3 présents sur un ordinateur. À l'époque, plusieurs applications sont capables de gérer des play-lists : RealJukebox, Soundam ou Windows Media Player. Aujourd'hui cela semble élémentaire, mais en ce temps-là c'est révolutionnaire.

Jobs rachète le logiciel SoudJam et le simplifie pour créer iTunes avec ce slogan simpliste mais efficace « *Rip, Mix, Burn* » (« récupérez, mixez, gravez »). C'est la naissance des listes de lecture (play-list). L'internaute range les morceaux qu'il veut jouer sur son ordinateur dans l'ordre qu'il souhaite, puis il les grave sur CD. Au fond, on l'invite à organiser ses enregistrements comme il le faisait dix ans plus tôt lorsqu'il choisissait une à une les chansons à copier sur ses compilations en cassette audio. Jobs se lance ensuite dans la création d'un lecteur MP3 qui partagerait cette plateforme, les appareils existants étant gros, faibles en stockage et au design à l'opposé des aspirations d'Apple. Il signe avec Toshiba l'exclusivité d'un disque dur de 4,5 centimètres d'une capacité de cinq gigaoctets. Un millier de morceaux peuvent y être stockés ! Il prend une longueur d'avance face aux gros lecteurs de MP3 jusque-là présents sur le marché et lance une autre révolution : l'iPod.

L'iPod aurait pu devenir comme la plupart des lecteurs MP3 un robinet à téléchargement illégal. Mais Steve Jobs souhaite personnellement mettre des verrous, notamment obliger un téléchargement à sens unique entre l'ordinateur et le lecteur *via* iTunes. L'iPod seul est quasi inutilisable sans iTunes, une caractéristique qui n'a pas manqué de faire s'arracher les cheveux à bon nombre d'utilisateurs. Mais c'est la condition *sine qua non* pour obtenir l'aval des grandes majors. Le 23 octobre 2001, le premier iPod est dévoilé. L'objet est blanc et pur. Le public le manipule avec la même délicatesse qu'il le faisait avec ses vinyles d'antan. Pour la première fois depuis la crise de 1999, la musique reprend de la valeur *via* un nouveau support.

Reste à y insérer du contenu. Et là encore c'est un coup de maître de Jobs qui réussit à arracher un accord avec les cinq plus grosses majors du disque. Jobs est lui-même un passionné de musique. Il se désole face à l'impossibilité de mettre en place une offre coordonnée et légale qui puisse convaincre les internautes de tourner le dos au piratage. Il prend personnellement l'affaire en main et multiplie les allers-retours entre la côte Ouest et la côte Est des États-Unis. Convaincre les patrons des majors de lui ouvrir leur catalogue n'est pas chose facile. Mais rendez-vous après rendez-vous, il leur prouve qu'il a trouvé une solution à leurs deux problèmes : créer une offre payante dont ils pourront tirer un profit substantiel, mais aussi envoyer des fichiers inviolables. Pour cela, il impose sur iTunes le format AAC. Passons les détails techniques mais disons simplement que, comme le MP3, ce procédé offre un son compressé qui occupe peu de place sur les disques durs et peut se transférer rapidement. Mais contrairement au MP3, le AAC est protégé, tracé, et ne peut se dupliquer que sur des appareils identifiés, autrement dit l'iPod ou l'ordinateur de l'utilisateur qui a souscrit l'abonnement et nulle part ailleurs sur la toile. Ce verrou est une vraie garantie.

Steve Jobs est à la fois têtu, obstiné et séducteur. Sa proposition est de vendre des chansons à l'unité et non par albums entiers. Exactement ce que recherchent les internautes sur les plateformes illégales. C'est aussi un retour à la consommation de la musique telle qu'elle se vivait avant l'ère du CD, lorsqu'on achetait un 45 tours pour entendre la chanson que l'on aimait et elle seule. Premiers grincements de dents. La seconde est de vendre 99 cents chaque chanson numérique. Un tarif unique pour un guichet unique. De cette somme, 70 cents reviendraient directement aux maisons de disques. Après d'âpres négociations et de nombreux rendez-vous avec les dirigeants désemparés face au piratage, Jobs obtient ce qu'il souhaite.

La mission était ardue. Autant Warner est fasciné par la plateforme, autant Sony est réticent et traîne les pieds. Il faut dire que Sony est à la fois éditeur de phonogrammes et fabricant d'électronique. Si ses branches ne se faisaient pas la guerre, elles auraient pu jouer la synergie et imaginer exactement la même chose. Mais l'histoire en a décidé autrement.

Le 28 avril 2003, Steve Jobs dévoile fièrement l'iTunes Store[59]. Les majors n'en reviennent pas. Apple a réussi à mettre en place la plateforme dont elles rêvaient toutes mais que personne n'avait réussi à créer. En juin 2004, un accord est signé avec la SACEM, permettant l'ouverture dans la foulée du portail en France. C'est un tournant dans l'histoire du disque, plus rien n'est désormais comme avant.

Pour l'utilisateur que nous sommes, c'est une véritable révolution des usages. La simplicité est enfin au rendez-vous : alors que le téléchargement d'un album sur Kazaa – dont le résultat est incertain – prend quinze minutes, l'obtention d'un morceau à 99 centimes sur iTunes prend quelques secondes à peine. Il est même possible d'en écouter gratuitement un extrait. Bref, il est devenu plus facile de télécharger légalement qu'illégalement à un prix somme toute abordable. L'iTunes Store écoule un million de morceaux en six jours, 70 millions en un an. Le milliard est atteint en février 2006 !

Mais le véritable exploit est d'avoir converti l'utilisateur au paiement sur Internet. Rappelons que la période est marquée par les arnaques sur la toile et les messages de sensibilisation pour que l'internaute ne communique pas son numéro de carte bleue au tout-venant. Or là, des millions d'utilisateurs confient sans réticence leurs données bancaires à Apple. Et Apple, de surcroît, les conserve. Elles sont définitivement sauvegardées. Elles serviront très vite à acheter bien plus que de la

59. Walter Isaacson, *Steve Jobs, la vie d'un génie*, Livre de Poche, 2012.

musique à 99 centimes. L'internaute y télécharge des applications pour son iPhone, des films, des séries, des livres... iTunes a commencé par la musique. Il deviendra avec les années une immense centrale d'achat de biens culturels. La musique a essuyé les plâtres du piratage, elle est désormais le cobaye des systèmes d'achats légaux.

Comment « New Soul » de Yael Naim est devenue l'hymne du Mac

C'est un refrain entêtant qui fut en 2005 un tube en France : le « na na na » de Yael Naim qui s'échappait jour après jour des ondes radios jusque dans les haut-parleurs de supermarchés.

Face au succès national, Vincent Frèrebeau, patron du petit label Tôt ou Tard chez qui la chanteuse avait signé, décide d'envoyer la chanson aux États-Unis. Il souhaite faire entendre ce titre à fort potentiel aux directeurs artistiques chargés de dénicher des musiques d'accompagnement pour les films, séries télévisées et publicités.

C'est alors une succession de hasards incroyables : l'un de ces directeurs artistiques américains tombe amoureux de la chanson. Étant également responsable d'une radio locale de Los Angeles, il décide de la programmer sur son antenne. Parmi ses auditeurs figure l'un des créatifs d'Apple. Ce dernier est à la recherche d'un refrain joyeux pour accompagner la sortie du MacBook Air, premier Mac de l'histoire sans lecteur. L'ordinateur ne communique avec l'extérieur que *via* le wi-fi, un port USB et l'interface iTunes. Cette chanson correspond à l'esprit qu'il recherche. C'est donc sans hésitation qu'il la fait entendre à Steve Jobs. Le grand gourou d'Apple l'adopte immédiatement.

À Paris, le label Tôt ou Tard reçoit un soir un coup de fil de Cupertino. L'équipe du label, euphorique, n'en revient pas. Apple souhaite obtenir les droits. Ils seront cédés pour un montant dérisoire, mais le bénéfice en termes de notoriété n'a pas de prix. La campagne d'Apple pour le MacBook Air est mondiale. La diffusion massive de spots télévisés permet à la chanson de connaître une carrière internationale. Au final, « New Soul » s'est vendue sur iTunes à 2 millions et demi d'exemplaires et Yael Naim est devenue une célébrité des deux côtés de l'Atlantique.

L'année 2004 est donc celle de l'essor de la musique en ligne légale. En un an d'activité, l'iTunes Music Store franchit le cap des 200 millions de fichiers téléchargés. Reste que le commerce légal de musique en ligne est encore loin de la maturité. Le rapport est alors de 10 CD vendus pour 1 album téléchargé et il n'y a qu'un million d'internautes légaux pour plusieurs dizaines de millions de pirates. Mais on s'aperçoit que la consommation de musique légale est encore possible. Et surtout elle devient plus rapide, plus simple, plus facile pour l'internaute. C'est une victoire dans la bataille contre le piratage.

Seul hic : malgré l'émergence d'un modèle qui fonctionne enfin, les maisons de disques ne maîtrisent absolument plus la diffusion de leurs œuvres. Elles sont exclues de la prise de décision stratégique et le pouvoir change de main. C'est Apple qui a fixé le tarif. C'est aussi Apple qui décide sur quel support iTunes fonctionnera, de l'iPad à l'iPhone. C'est enfin Apple qui décide quel artiste est mis en avant sur le portail. Terminée, l'époque du responsable du rayon musique d'une grande enseigne de distribution avec lequel on pouvait discuter des nouveautés à mettre en tête de gondole. C'est l'industriel de l'électronique qui décide de la façon dont les œuvres circuleront ainsi que du taux de royalties dont chacun bénéficiera. Les professionnels du disque sont priés d'acquiescer au risque d'être exclus du service.

Apple poursuit son ascension musicale. En 2007, iTunes en partenariat avec la major EMI décide d'enlever les DRM, ces verrous qui limitent le nombre de copies possibles et empêchent l'accès à certains lecteurs autres que l'iPod. La mesure est rapidement suivie par les autres majors. D'autant qu'un concurrent tente de se prendre une part du gâteau : Amazon. Le portail vend du CD, mais aussi de la musique payante au format MP3 parfaitement compatible avec tous les baladeurs numériques. Cette année-là, la musique en ligne représente 15 % du chiffre d'affaires de l'industrie du disque contre zéro en 2002[60]. Apple à lui seul détient 70 % de ce nouveau marché[61]. Les maisons de disques comprennent enfin qu'elles ont un partenaire et cessent peu à peu de voir l'immatériel comme un ennemi.

Ce règne sans partage ou presque s'achève en 2013. Cette année-là, pour la première fois depuis la naissance d'iTunes, les ventes déclinent. Au premier trimestre, le nombre de morceaux téléchargés recule aux États-Unis de 3 %, selon l'institut Nielsen Soudscan. C'est la première fois depuis qu'Apple a popularisé le modèle de l'achat de musique en 2003. Les États-Unis ne sont pas un cas isolé. En France, le chiffre d'affaires généré par le téléchargement de morceaux à l'unité a reculé de 7,1 % au cours des trois premiers mois de l'année 2013. Seuls les achats d'albums sur Internet se maintiennent, avec une croissance de 8 %[62]. Les données inquiètent, elles seront pires en fin d'année.

Début 2014, le *Wall Street Journal* dévoile les chiffres qui accablent le modèle Apple : en un an, les ventes ont chuté de 13 %, et ce à l'échelle mondiale. Au même moment, le streaming connaît une croissance inouïe. Plus 33 % au premier semestre 2014. Dans des pays comme la Suède, la Co-

60. Marie-Catherine Beuth, « Téléchagement : du piratage à la publicité », Le Figaro, 04 avril 2008.

61. Nathalie Brafman, « EMI et Apple déverrouillent l'offre payante de musique en ligne », *Le Monde*, 04 avril 2007.

62. Benjamin Ferran, « Le téléchargement de musique ralentit », lefigaro.fr, 31 mai 2013.

rée du Sud, la Finlande ou la Norvège, les revenus du streaming dépassent même ceux du téléchargement.

Après dix ans de règne sans partage d'iTunes, c'est déjà la fin d'une époque.

Quand U2 fait un flop

La facilité d'acquisition de la musique a complètement modifié le comportement de l'auditeur. Il est désormais le maître absolu de ce qu'il écoute dans son ordinateur et des fichiers qu'il possède sur son iPhone. Apple l'a appris à ses dépens le 9 septembre 2014, jour du lancement officiel de l'iPhone 6 et de l'Apple Watch (la montre connectée). Ce jour-là, le groupe annonce fièrement que tout client de l'iTunes Store recevra gratuitement dans sa base le nouvel album de U2, *Songs of Innocence*. Le cadeau est de taille, il s'adresse à un demi-milliard de personnes et le groupe mythique n'a rien sorti depuis cinq ans ! Mais la réaction obtenue est à l'opposé de ce qui était prévu. Au lieu de remercier Apple pour son geste, les utilisateurs s'offusquent de la manœuvre. Sur les réseaux sociaux, beaucoup dénoncent un « téléchargement forcé », une démarche « impolie » et une campagne marketing trop agressive. En d'autres temps, nous étions pourtant ravis lorsque des CD nous étaient offerts dans le cadre de campagnes publicitaires et nul ne dénonçait un « coup marketing ». Au pire, nous le mettions poliment sur un coin d'étagère sans y toucher. Étonnant changement de comportement. Désormais, même en virtuel, l'utilisateur veut être maître de ce qu'il écoute. Le cadeau a d'ailleurs coûté cher à Apple. Entre les royalties reversées au groupe, à la maison de disques et les frais de la campagne publicitaire, le deal est estimé par le *New York Times* à plus de 100 millions de dollars. Il a fallu également mettre en place un dispositif technique pour expliquer aux utilisateurs comment supprimer l'album de U2 de leur base iTunes. Quant à Bono, le chanteur du groupe, il a dû s'excuser : *« j'ai eu cette belle idée et nous nous sommes laissés emporter »*, a-t-il expliqué dans une vidéo postée sur Facebook.
Échec et U2.

Chapitre 5

Les nouveaux juke-box 2.0

Pourquoi télécharger quand on peut streamer ?

« Le téléchargement payant est formellement mort »

Axel Dauchez, Deezer

« *Comment optimiser le travail de l'artiste à l'heure du digital ?* » En ce 7 novembre 2014, plus de 200 chanteurs et musiciens sont réunis à la Gaîté lyrique à Paris pour une journée de réflexion organisée par la GAM et l'ADAMI, deux organismes défendant les droits des artistes. Les intervenants sont nombreux, du hacker au spécialiste du crowdfunding en passant par un jeune chanteur adepte des réseaux sociaux ou la représentante d'une plateforme de streaming. Le débat aurait pu s'annoncer riche et varié. Et pourtant deux mots, et eux seuls, reviennent sur toutes les lèvres et dans toutes les questions pendant les trois heures de débat : YouTube et Deezer. « *Combien d'argent nous est véritablement reversé ?* » demandent les uns. « *Les maisons de disques sont trop opaques sur la part qui nous revient* », se plaignent les autres. Plus qu'un terrain d'interrogation, c'est devenu une obsession, une crainte pour les artistes. Ces plateformes symbolisent pour eux une nouvelle ère dont ils ne connaissent pas encore bien le fonctionnement et dont ils ne savent pas si la rémunération qu'ils en tireront sera suffisante.

À l'heure où nous écrivons ces lignes, l'achat de musique que l'on télécharge à l'unité au format MP3 semble en effet être déjà relégué au musée de cette Histoire qui s'écrit sous nos yeux. Un nouveau mode d'écoute s'est démocratisé : le *streaming*, de l'anglais *stream*, évoquant le flux, le courant. Pour la première fois en 2014, ce mode de consommation représente à lui seul 53 % des revenus issus du marché du numérique quand le téléchargement n'en représente plus que 42 %[63]. Plus de la moitié ! 7 millions de Français sont désormais adeptes du streaming audio parmi lesquels 2 millions d'abonnés *via* des plateformes comme Deezer ou Spotify. Un nouvelle façon d'écouter la musique qui a rapporté 73 millions d'euros en 2014 et qui représente désormais 16 % des revenus du secteur. Quant au téléchargement à l'acte, il est à la peine. Pour l'ancien patron de Deezer, Axel Dauchez, *« c'est maintenant une évidence pour tout le monde : le téléchargement payant est formellement mort ».*

Qui n'a pas été ébahi par cette expérience absolument fabuleuse ? En un clic, nous pouvons écouter instantanément toutes les chansons que l'on aime, parfois dans des dizaines de versions différentes. Tapez le mot « amour » et écoutez des heures durant, et en toute léga-

63.Thomas Blondeau, « Le streaming poursuit sa percée en France », *Écran total*, 17 septembre 2014.

lité, une centaine de chansons faisant appel au plus beau des sentiments. Un autre clic sur YouTube nous permet de regarder les clips de nos artistes préférés sans aucune limite ! Plus besoin d'acheter les CD des albums, les DVD de clips. Même les prestations télévisées sont mises en ligne. Un bonheur de plus pour tous fans. Le principe du streaming ? La chanson s'écoute à distance, depuis un juke-box géant qui n'est plus limité par la capacité de notre disque dur mais simplement par le catalogue de droits pour lequel il a les autorisations. 10 milliards de titres à disposition dans nos téléviseurs, ordinateurs ou Smartphones ! Un océan de musique dans nos oreilles !

Sur le plan économique, deux modèles cohabitent : l'un gratuit financé par la publicité (c'est le cas de YouTube ou de Deezer dans son service de base), l'autre payant *via* un abonnement mensuel. Il s'échelonne de 2 euros (Fnac Jukebox) à 9 euros (Deezer, Spotify, YouTube Music Key, Google Play Music) et jusqu'à 19,99 euros pour la plateforme française Qobuz offrant un son de la qualité d'un CD. Apple devrait rattraper son retard et dévoiler une offre qu'il concocte depuis le rachat de Beats Electronics. Une marque connue pour ses casques audio promotionnés par le rappeur Dr. Dre, mais qui dispose aussi d'un service d'écoute en ligne.

⏭ YouTube, le nouveau robinet à clips

L'arrivée de YouTube dans nos foyers a indéniablement marqué un tournant. En France, la plateforme américaine est avec Dailymotion la source favorite des internautes pour écouter de la musique (49 %), loin devant les services spécialisés comme Deezer et Spotify (25 %)[64]. C'est devenu le robinet à musique numéro un, il a remplacé les radios FM des années 1980 mais aussi les robinets à clips des chaînes musicales des années 1990 et 2000. Lorsque nous avons une mélodie qui trotte dans un coin de notre tête, le réflexe est de la chercher sur YouTube. Aux soirées comme aux anniversaires, c'est désormais à partir de cette plateforme que les particuliers réalisent la programmation musicale.

Ce site d'hébergement sur lequel l'utilisateur peut envoyer, regarder et partager des vidéos a été créé en février 2005. Très vite, il a franchi les frontières de San Bruno en Californie pour attirer les internautes du monde entier. Chacun y a posté ses vidéos personnelles, mais aussi des extraits d'émissions, de clips et de films. Les télévisions américaines ont alors eu la même réaction que le disque pour Napster quelques années auparavant : NBC comme CBS ont immédiatement demandé à YouTube le retrait des vidéos de leurs programmes... avant de se raviser et de nouer des partenariats, tant cette vitrine a une force de frappe exceptionnelle, notamment lorsque les internautes postent ces vidéos sur Facebook. Un relais d'une puissance incroyable !

Dans cette mine foisonnante d'images, les clips constituent un élément prépondérant sur YouTube. À ce jour, la vidéo la plus vue est d'ailleurs une chanson : « Gangnam Style » de PSY, postée en 2012. La vidéo officielle a explosé en décembre 2014 les compteurs en dépassant les

---

64. Baromètre Orange/Terrafemina sur les usages d'Internet en France, septembre 2013.

2,15 milliards de consultations ! Soit le tiers de la population mondiale. Pour l'occasion, les ingénieurs de YouTube ont dû revoir leurs algorithmes car ils n'avaient pas imaginé – qui l'aurait pu, d'ailleurs – qu'un clip pouvait atteindre un tel nombre de clics[65]. C'est en tout cas la preuve indéniable de la puissance de la plateforme pour transformer en tube planétaire un morceau de quatre minutes et treize secondes.

Une fois n'est pas coutume, les majors agissent face à YouTube avec intelligence et comprennent l'utilité de ce moyen de promotion gratuit. Dès 2006, Warner, puis Universal et Sony BMG, signent un accord et acceptent la diffusion de leurs vidéos. La version française est lancée le 19 juin 2007 pour concurrencer Dailymotion. Google rachète YouTube en 2009 pour 1,65 milliard de dollars. En mai 2010, YouTube franchit le cap des 2 milliards de vidéos vues quotidiennement. Enfin en septembre 2010, un accord est signé avec la SACEM[66]. En échange d'une écoute gratuite et illimitée de musique, l'internaute se voit imposer la lecture de publicités, dont une part des revenus est reversée à l'organisme de gestion collective. La rémunération se fait en fonction du nombre de visionnages et des revenus publicitaires du site avec des taux qui varient selon différents paliers. Elle n'est, dit-on, pas très avantageuse pour les ayants droit car elle se base sur le chiffre d'affaires de YouTube qui est dérisoire, comparé à la valeur boursière absolument colos-

65. http://www.lemonde.fr/pixels/article/2014/12/04/le-gangnam-style-atteint-le-plafond-de-visionnage-de-youtube_4533826_4408996.html

66. Véronique Mortaigne, « Un accord entre la Sacem et YouTube », *Le Monde*, 30 septembre 2010.

sale de la maison mère Google. Mais le dialogue a le mérite d'exister. Car YouTube, ce sont 2 milliards de vidéos visionnées chaque jour. Vingt-quatre heures de vidéos sont mises en ligne chaque minute, autant d'internautes à conquérir.

En Allemagne, pas de clip sur YouTube !

Chaque pays doit composer avec les méthodes cavalières de YouTube. Nos voisins allemands ont été plus radicaux que nous. La GEMA, qui est l'homologue de la SACEM outre-Rhin, n'a pas estimé suffisants les revenus proposés par Google pour l'exploitation de ses chansons. Par décision de justice, elle a purement et simplement fait bloquer dès 2009 toutes les vidéos envoyées par les internautes sur lesquelles on peut entendre une musique dont la GEMA a les droits sur le territoire allemand. Plus de 61 % des 1 000 vidéos les plus consultées ont été rendues inaccessibles[1]. Satisfaction des ayants droit mais colère des internautes contre la GEMA devenue plus impopulaire que jamais, tant le bras de fer s'est enlisé année après année. L'instance représente en effet plus de 60 000 artistes.

La mesure a même eu des conséquences inattendues. Ainsi en 2013, les Allemands n'ont pas pu voir la vidéo d'un météore dans le ciel russe. La raison ? L'auteur des images était dans une voiture où l'autoradio était allumé et diffusait une chanson ! La présence de ce fond sonore a suffi pour faire interdire la diffusion par YouTube de ces images.

Notons également qu'au Japon, la JASRAC (SACEM locale) a interdit la diffusion des œuvres dont elle a les droits. 30 000 vidéos ont dû être retirées.

1. Nathalie Versieux, Sophian Fanen, « L'Allemagne déconne à plein YouTube », Libération, 5 février 2013.

⏭ « C'est David contre Goliath »

Nos considérations et nos débats franco-français nous font oublier que les décisions autour de la défense de certains de nos droits ne se prennent plus ici. Ce n'est ni à Paris ni à Bruxelles que se joue l'avenir de la musique, mais aux États-Unis, entre Cupertino siège d'Apple et Mountain View, siège de Google en Californie. Les ayants droit ont découvert cette dure réalité lors des débats ardus avec Apple qui avait imposé son prix pour le téléchargement des chansons sur la plateforme iTunes.

De façon inquiétante, la problématique semble être la même aujourd'hui avec Google et sa plateforme YouTube. En devenant le robinet à musique numéro un du Net, YouTube a acquis un pouvoir immense. Et il ne compte pas s'arrêter là. Le géant a marqué un grand coup le 12 novembre 2014 en lançant Music Key, un service payant d'écoute de musique en streaming pour ordinateurs ou portables. Pas de publicité, pas d'interruption d'écoute lorsque l'écran du Smartphone se verrouille (contrairement au YouTube en vidéo), du son mais aussi des clips et un catalogue immense alimenté par les internautes eux-mêmes, le tout pour 9,99 euros par mois. Bref un concurrent direct et menaçant pour Deezer et Spotify qui commençaient à peine à installer un modèle et à se constituer un bassin d'abonnés. L'affaire ne s'est pas faite en un jour. Elle a même été le fruit d'un long bras de fer avec plusieurs maisons de disques. Google montre à cette occasion, qu'elle a un droit de vie ou de mort sur certains artistes. Elle est même capable de faire disparaître de la toile ceux qui ne jouent pas le jeu. L'exemple du conflit avec les petits labels en est l'illustration criante.

En juin 2014, les producteurs indépendants sont mécontents des conditions financières proposées par Google pour intégrer leur catalogue à Music Key. Elles sont inférieures à celles accordées aux majors et aux prix pratiqués par Deezer et Spotify. Ces maisons de disques ne pesant pas grand-chose à côté d'un Warner ou d'un Universal, elles décident de confier la gestion de leurs négociations à une grosse société anglaise, Merlin, qui parle ainsi au nom des labels indépendants du monde entier. Ensemble, ils représentent 25 à 30 % des parts de marché de la musique sur la planète. *« Mais c'est un peu David contre Goliath »,* résume Emmanuel de Buretel, le créateur du label indépendant Because Music[67]. Google ne se laisse pas impressionner outre mesure et menace : s'ils n'acceptent pas ses conditions, non seulement les indépendants seront absents du futur service Music Key, mais les vidéos de la totalité de leurs artistes seront retirées de la plateforme YouTube. Adèle, Arctic Monkeys, Shaka Ponk ou Manu Chao se retrouvent ainsi sur le banc des futurs fantômes du Web. Émoi des internautes et tollé chez les labels indépendants qui déposent plainte en juillet 2014 auprès de la Commission européenne pour abus de position dominante. Après d'âpres négociations dont le contenu est resté secret, un accord est trouvé trois mois plus tard, et la version bêta est lancée dans sept pays.

Mais les artistes ne baissent pas la garde. Fin décembre 2014, Pharrell Williams et 42 artistes bravent à nouveau YouTube. La société Global Music Rights qui défend les intérêts de ces auteurs-compositeurs réclame le retrait de 20 000 morceaux de musique de la plateforme. Une fois encore, le véritable objet du conflit est la rémunération de

67. Emmanuel Marolle, « Vont-ils disparaître du Web », *Le Parisien*, 19 juin 2014.

ces artistes qui s'estiment « sous-payés ». La guerre se joue maintenant par avocats interposés.

Reste à savoir si Google a vraiment l'intention de partager la manne que représente l'écoute de la musique. Selon le *Wall Street Journal*, un utilisateur gratuit rapporte aux maisons de disques 4 dollars par an, contre 50 à 75 dollars pour un abonné Spotify ou Deezer. Autre chiffre parlant : avec son milliard d'utilisateurs, YouTube a reversé un milliard de dollars à l'industrie du disque depuis 2006 quand Spotify en a reversé le double avec seulement 12 millions d'abonnés[68].

Mais qui peut faire pression sur Google ? Son unique concurrent s'appelle Dailymotion. La plateforme française de vidéo résiste comme elle peut, forte de ses trois milliards de vidéos vues chaque mois. Une performance qui fait de Dailymotion le premier site français à travers le monde avec 15 % de l'audience réalisée aux Etats-Unis et 10 % en France. Chez Dailymotion comme chez YouTube, on entretien le culte du secret. L'un comme l'autre ont refusé de me dévoiler la teneur des accords leur permettant de diffuser de la musique ainsi que la répartition parmi les ayants-droits.

⏭ Deezer, Spotify : la musique partout, tout le temps

Parallèlement au géant américain YouTube qui s'est construit sur le streaming vidéo, deux modèles d'écoute en streaming

68. http://www.lefigaro.fr/secteur/high-tech/2014/11/13/01007-20141113ARTFIG00185-youtube-devoile-son-service-musical-payant-music-key.php

audio ont pris naissance en Europe. L'un est français, l'autre suédois, ils s'appellent Deezer et Spotify. Dans sa version initiale, iTunes était une librairie où l'on achetait des chansons. Ces nouveaux services sont des bibliothèques. On loue la possibilité de les écouter pour une durée plus ou moins longue. Ce sont des services de location de musique numérique.

Là encore, cette nouvelle ère nous est offerte grâce au progrès technique. Les réseaux 3G et 4G se sont généralisés, permettant d'acheminer les données musicales sur nos portables. Quant à nos ordinateurs, ils reçoivent le signal grâce aux émetteurs wi-fi de nos box mais aussi des restaurants, cafés, ou municipalités. Stocker à l'unité les morceaux sur l'ordinateur ou le Smartphone au format MP3 est devenu inutile et encombrant. En cas de besoin, les fournisseurs tels que Deezer ou Spotify offrent à l'utilisateur la possibilité de s'abonner au mode « *off line* », c'est-à-dire de charger les chansons sur son appareil, comme à l'ère de la bibliothèque iTunes, afin d'être écoutées même si la connexion Internet est coupée. Mais il réside une grande différence : les chansons sont stockées momentanément, le temps de l'abonnement. Nous ne les possédons pas, tous les fichiers s'effaceront si l'abonnement cesse.

Deezer voit le jour en juin 2006 – illégalement – et début 2007 légalement et réussit à conquérir 20 millions de personnes, soit un tiers de la population français en deux ans, avec un marketing quasi nul et un service d'écoute totalement gratuit. Fin 2009 apparaissent les premières offres payantes d'abonnement. Au début, seuls 10 000 internautes adhèrent à l'offre payante. C'est peu, très peu. Mais le partenariat signé en 2010 avec Orange offre à Deezer l'accès à une base d'abonnés gigantesque. Le service est aujourd'hui accessible dans plus de 180 pays. Le site est passé de 4 millions d'utilisateurs en 2008 à 30 millions en 2012. De son côté, Spotify, est lancé en octobre 2008. Dès ses débuts, ce service existe sous deux modèles : l'un gratuit financé par la publicité, l'autre payant via les abonnements. À la différence de Deezer, il se présente sous forme de logiciel à télécharger et non comme un site accessible via nos navigateurs Internet. Comme son concurrent, il noue un partenariat avec un opérateur de téléphonie. Spotify est intégré dans les offres SFR dès 2011. Début 2015, Spotify revendique 60 millions d'utilisateurs dans le monde dont 15 millions d'abonnés payants.

C'est donc une nouvelle étape qui est franchie dans la conception même que nous avons de notre rapport avec la musique. Au temps du vinyle et du CD, nous possédions un objet matériel entre les mains. Dans les années MP3, nous n'avions plus d'élément physique en notre possession mais nous achetions – ou pirations – des fichiers soigneusement rangés dans la bibliothèque iTunes. Avec le streaming, cela va plus loin. Nous ne sommes plus propriétaires de rien. La chanson que l'on aime ne s'achète plus. Elle se loue. Une location à l'écoute, au mois, à l'année selon le prestataire. Et lorsque l'abonnement s'achève, la chanson disparaît de notre appareil. C'est le signe d'un nouveau rapport à la propriété, comme si les individus n'en avaient plus rien à faire de posséder des objets, du moment qu'ils peuvent les utiliser quand ils le souhaitent. De la même façon, l'automobile que nous étions si fiers de posséder est peu à peu remplacée par l'Autolib qui se loue. Idem pour les logiciels Microsoft que l'on loue désormais par abonnement mensuel pour un usage sur nos tablettes.

Mais il demeure alors une question : comment créer un rapport affectif, presque charnel comme ce fut le cas avec les disques de notre enfance ? La question mérite d'être posée... et trouve peut-être sa réponse dans les play-lists que l'on peut réaliser sur Deezer ou Spotify. Ce sont les héritières des compilations que nous faisions sur cassette audio il y a encore quinze ans. Nous pouvons échanger nos goûts avec nos amis *via* ces sélections qui se communiquent d'un simple clic sur Facebook. Une véritable valeur ajoutée et un moyen de valoriser nos play-lists. Quant à ces logiciels surpuissants, ils prouveront leur performance lorsque leurs systèmes de recommandations seront parfaitement au point. Aujourd'hui déjà, le « flow » de Deezer est capable de nous permettre de découvrir de nouveaux artistes et morceaux en analysant nos écoutes. C'est aussi cela, l'enjeu de ces plateformes.

⏭ À qui profite le stream ?

Une fois encore, le progrès s'est fait en mettant le couteau sous la gorge des professionnels de la musique. Car ces derniers ont rechigné à accorder à ces plateformes leur catalogue. Universal a même intenté un procès à Deezer pour « contrefaçon » et s'est opposé aux conditions d'utilisation de ses fonds par le service de streaming. Mais le tribunal n'a pas tranché dans son sens : le géant du disque a perdu le procès pour abus de position dominante. Il a même été contraint de signer un contrat raisonnable. Chez le concurrent Columbia, on le reconnaît volontiers : « *Dans un premier temps, les labels freinaient en ne proposant leurs albums qu'un mois après leur sortie*, admet Loïc Bony, directeur artistique chez Columbia. *Aujourd'hui Deezer a de belles sessions musicales. Il y a également une ligne éditoriale. Deezer et Spotify permettent de découvrir des artistes que l'on ne connaîtrait pas* via *la radio et la télé.* » De 4 millions de titres en 2008, nous en sommes à près de 35 millions de titres sur Deezer en 2014. Le nombre d'abonnés payants dépasserait en 2014 les 5 millions dans le monde.

Des chiffres encourageants, mais qui en profite ? Car les représentants du disque, artistes comme producteurs, sont méfiants. Les détracteurs dénoncent aussi un usage qui désacralise totalement la musique et montre qu'elle ne coûte rien. À l'automne 2014, la chanteuse Taylor Swift crée ainsi la surprise en demandant le retrait total de ses chansons de Spotify. « *Je ne veux pas que l'œuvre de ma vie contribue à une expérimentation qui, selon moi, ne rémunère pas équitablement les auteurs, les producteurs, les artistes et les créateurs de cette musique* », explique-t-elle au magazine *Rolling Stone*. « *Je ne veux tout simplement pas perpétuer la perception que la musique n'a aucune valeur et doit être gratuite.* » Un coup d'éclat que l'on n'apprécie pas du tout au sein de la plateforme de streaming. « *C'est avant tout dommageable pour les fans de Taylor Swift*, m'explique Yann Thébault, directeur général Europe du Sud de Spotify. *Car depuis qu'il a disparu de notre plateforme, son album "1980" est parmi les plus téléchargés sur Piratebay. C'est tout ce qu'elle a gagné. Ne pas accepter Spotify, c'est faire le jeu du téléchargement illégal.* » Comme en écho à ce sentiment partagé par bon nombre d'artistes, le chanteur du groupe U2 lui répond également par média interposé : « *Il est évident que le passage au numérique ne se fait pas sans un certain traumatisme. Mais je considère que les services de streaming constituent un formidable moyen de toucher le public* », a déclaré la rock star irlandaise lors d'un rassemblement autour d'Internet à Dublin.

Artistes comme maisons de disques ont fait leur calcul : ce procédé ne rapportera à court ou moyen terme que des sommes absolument ridicules aux ayants droit. L'ADAMI qui représente les artistes interprètes a ainsi fustigé à l'été 2014 « *un marché artificiel du streaming essentiellement porté par l'accord Orange/Deezer dont la fin programmée en 2015 achèvera probablement de mettre en lumière sa très faible réalité* ». Un artiste ne toucherait que 0,003 euro par chanson écoutée. Même pas une pièce de monnaie ! L'autre raison de ce froid, c'est la crainte d'une cannibalisation entre ventes physiques et écoute par streaming. Migrer un pirate en abonné créera de la valeur ; migrer un acheteur de CD a plutôt tendance à en détruire car le streaming rapporte moins.

« *Faux !* répond Axel Dauchez, l'ancien P.-D.G. de Deezer. *Faites le calcul. Avant la crise, le consommateur achetait deux à trois CD par an. Il consacrait donc un budget de 50 euros au disque. Sur iTunes, le panier moyen annuel est de 40 euros. En s'abonnant à Deezer, l'utilisateur dépense 10 euros par mois, soit 120 euros par an. C'est quatre fois plus ! Cette révolution est extrêmement forte.* » Ce serait donc un bénéfice et un potentiel de rémunération non négligeable pour les labels. Cela permet aussi de réconcilier le public avec l'idée de payer pour accéder à de la musique. Par ailleurs, le modèle gratuit est surtout vu comme une porte d'entrée vers le payant, bien plus rémunérateur pour l'ensemble de la filière. Encore faut-il que le consommateur saute le pas. Michael Goldman de Mymajorcompany demeure d'ailleurs dubitatif : *« Il y a 10 ans, les gens étaient prêts à payer cinq euros. Je ne suis pas sûr qu'ils soient encore prêts à payer après avoir consommé gratuitement. Les gamins qui ont eu 14 ans en 2000, cela fait dix ans qu'ils écoutent gratuitement de la musique ! »*

Depuis, chacun se renvoie la balle. Chez Deezer et chez Spotify, on affirme que plus de 70 % des revenus sont reversés à l'ensemble des ayants droit, des sociétés de gestion collectives aux producteurs. Les artistes, eux, en veulent aux labels pour leur opacité dans la redistribution de la valeur. Quant aux producteurs, ils affirment avoir des frais considérables. Dans son autobiographie, Pascal Nègre s'est ainsi attelé à détailler la feuille des dépenses que provoquent l'enregistrement d'un album puis sa promotion et sa distribution. Mais chaque cas est unique, difficile donc d'y démêler le vrai du faux.

Alors peut-être faudrait-il assainir les rapports entre producteurs et artistes. *« Un artiste n'a aucun moyen de savoir ce que lui a rapporté un stream sur ses relevés de royalties,* me révèle le chanteur Antoine Guéna, alias Fonky Flav' du groupe 1995. *Il reçoit juste un compte rendu avec les intitulés "streaming gratuit" et "streaming payant", pas le détail. »* De là naît sans doute la suspicion.

« Dans mon rapport, j'avais proposé qu'il y ait un dialogue direct entre les plateformes et les artistes, ce que

réclame la GAM, afin qu'il y ait un calcul des rémunérations plus transparent, se souvient Pierre Lescure. *Je m'étais fait incendier par Pascal Nègre et les grandes majors qui m'expliquaient que je ne comprenais rien à la musique et qu'il ne fallait pas donner plus de pouvoir aux sociétés de distribution. Un peu plus de transparence ne leur ferait pas de mal, ils y seront contraints un jour ou l'autre.* »

Pascal Nègre croit, lui, en l'avenir du streaming : « *Je suis très optimiste. Le marché qui aujourd'hui est le plus avancé, c'est la Suède où quasiment 20 % des habitants ont un abonnement. Un gamin sur deux de moins de 25 ans a un abonnement. Si demain, on a 20 % de la population française qui a un abonnement, soit 12 millions d'abonnés, on revient à avant la crise !* » C'est tout le mal qu'on lui souhaite. Mais nous sommes loin du compte. Car la France n'est pas la Suède et ses dix millions d'habitants. Notre pays compte en 2014 deux millions d'abonnés au streaming payant. D'après les analystes, il en faudrait huit à dix millions pour que le modèle trouve une rentabilité, tant pour les majors que pour les artistes.

Alors le streaming est-il la panacée ? Certainement pas. Il représente une nouvelle façon d'écouter de la musique, complémentaire du support physique et du téléchargement légal. Une écoute moins attentive, plus distraite, tant l'offre est pléthorique et chaque morceau pouvant être zappé d'un simple clic. La musique en devient presque un bruit de fond. Sans doute le streaming deviendra-t-il le modèle dominant les années à venir tant sa simplicité d'utilisation en font le procédé idéal pour l'auditeur. Mais son modèle de financement doit encore faire ses preuve afin de convaincre les artistes et les producteurs encore méfiants. Et ils sont nombreux. Reste qu'il est source d'espoir et que beaucoup de professionnels du disque veulent y croire. En cela, c'est une grande victoire.

Combien gagnent vraiment les artistes ?

Venons-en maintenant à la question qui fâche. Les artistes sont-ils les dindons de la farce dans les droits reversés par Youtube, Deezer, ou Spotify ? La guerre fait actuellement rage entre les organismes de gestion des droits des artistes et les labels. Tâchons de rendre clair un terrain miné et très opaque.

L'ADAMI a fait son calcul. Si l'internaute est abonné, l'interprète touchera 0,004 euro par morceau. Si l'internaute ne l'est pas, le revenu sera de 0,0001 euro. Dans son intention, ce calcul est faux car chez Deezer comme Spotify, la répartition ne se base pas sur un prix fixe mais sur les bénéfices réalisés soit par la publicité, soit par l'abonnement. Or, plus ces plateformes auront d'abonné, plus l'assiette de base sera grande et plus les revenus des uns et des autres seront élevés. Encore faut-il être patient. Les anciens se souviennent que le débat avait été le même au début des radios FM dans les années 1980. Ce qu'elles rapportaient aux maisons de disques à l'époque – basé sur leur chiffre d'affaires – était dérisoire. Aujourd'hui, c'est une source de revenu essentielle ! Par ailleurs, n'oublions pas qu'un achat de CD est ferme et définitif, quel que soit le nombre de fois où nous le mettons sur notre platine, ou si nos enfants héritent de notre collection. La durée de vie d'un album est même assez courte. Les ventes chuteraient ainsi de 80 % au bout du premier mois de vente, de 90 % au bout de trois mois.

En streaming, chaque fois que nous cliquons sur une chanson, nous augmentons les bénéfices des ayants droit. Ce n'est donc pas un calcul par clic qu'il faut faire mais sur un très très long terme, une fois que nous aurons écouté des dizaines, parfois des centaines de fois le morceau qui nous plaît.

Alors que perçoivent vraiment les artistes ? D'après les producteurs interrogés, les taux appliqués sont les mêmes – hors contrat exceptionnel – sur support physique ou numérique.

Chez iTunes, sur un album vendu 9 euros, 9 % sont reversés à la SACEM pour les auteurs, compositeurs et éditeurs. Environ 60 % sont reversés au producteur (soit autour de 6 euros). Le reste est la marge d'iTunes, incluant TVA et frais de gestion. De même, sur un abonnement à Deezer de 9,99 euros, une fois la TVA prélevée, il reste 8,32 euros à partager. Deezer récupère 20 % du prix HT avec lequel il faut payer les équipes, les serveurs et le développement de la société. Les 70 à 80 % restants sont reversés aux ayants droit. 12 % sont reversés à la SACEM et plus de 60 % reviennent au producteur.

De ces 60 %, le producteur reverse une part à son artiste. Elle varie entre 8 et 30 % selon le contrat. Un jeune artiste en développement perçoit entre 8 et 15 %. Un artiste en licence (qui a financé l'album) entre 20 et 30 %. Enfin, pour un artiste en distribution, les droits perçus varient entre 30 et 50 %. Il s'agit d'un artiste qui a produit seul l'album, les clips, la promotion, le marketing. Il réclame simplement du label une aide marketing supplémentaire et un placement de son disque dans les magasins.

Présenté ainsi, le calcul paraît logique et correspond à ce qui se faisait à l'ère du support matériel. Le problème est que lorsque les CD se vendaient à 100 000 exemplaires, cela représentait un montant considérable pour l'artiste interprète. Mais aujourd'hui, le streaming rapporte très peu... 15 % de ce peu représentent donc en fin de chaîne une somme dérisoire. Pour qu'un artiste perçoive l'équivalent de ce que lui rapportait un CD album, il faut qu'il vende dix fichiers MP3 ou que l'on ait streamé 1500 fois son album (et encore, le calcul n'est pas tout à fait équivalent, m'explique-t-on) ! Le modèle économique ne sera viable que lorsque les internautes cliqueront beaucoup et s'abonneront en masse aux services payants, afin que la somme partagée soit grande.

Comment se répartissent les 9,99 € d'un abonnement de streaming ?

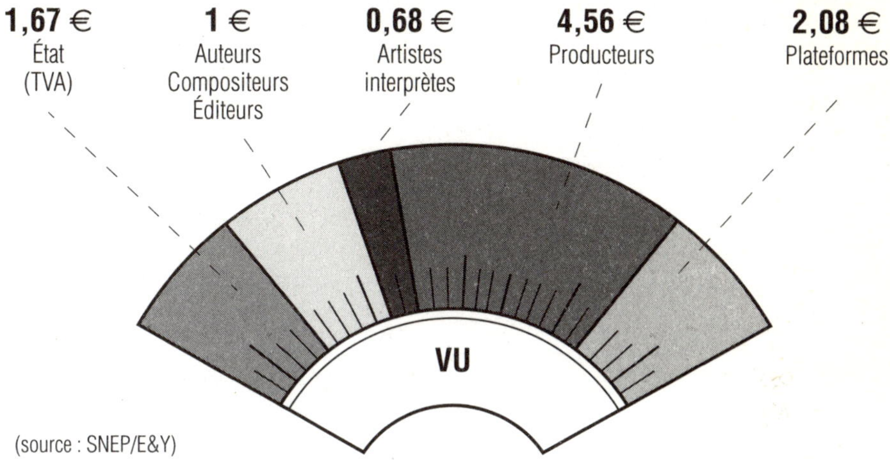

(source : SNEP/E&Y)

Répartition du chiffre d'affaires

Chapitre 6

Écoute ce disque

Ou la résurrection inattendue du vinyle

« Le vinyle deviendra un support noble que l'on savoure comme l'on déguste un grand cru ou l'on fume un cigare »

Pascal Nègre,
P.-D.G. d'Universal Music France

Noël approche. Les magasins ont revêtu leurs beaux manteaux blancs, vitrines couleurs neige et or, sapins miniatures, pères Noël souriants et affiches mettant en exergue des prix alléchants. Quelle surprise donc, en passant l'entrée de la Fnac Beaugrenelle dans le 15e arrondissement de Paris, de découvrir l'un des objets mis en avant pour les fêtes : *Nothing has changed*, la nouvelle compilation de David Bowie. On y retrouve ses plus grands tubes depuis les années 1960, de « Ziggy Stardust » à « The Man Who Sold The World » avec un inédit « Sue (or in a Season of Crime) » enregistré pour l'occasion. Classique, allez-vous me dire ? Pas tout à fait. Car une immense pochette de 33 tours trône fièrement en tête du présentoir placé dans l'allée la plus stratégique de tout le magasin.

Le double microsillon est vendu en prix vert, mais coûte tout de même plus d'une vingtaine d'euros. Quant à la version CD de la compilation, elle est discrètement relayée dans le compartiment du dessous, sous la forme d'une pile de coffrets négligemment empilés, comme si l'intention de la vendre était bien moindre. Qui l'eut cru ? Vingt ans après sa mort annoncée, notre bon vieux vinyle se retrouve en tête de gondole et vit un retour fracassant au milieu des gravats du marché du disque.

Alors qu'en est-il vraiment ? Le microsillon vit-il un nouvel âge d'or ? Ne chercherait-on pas à glorifier un phénomène marginal à l'heure où le CD s'effondre ? Faisons le point.

D'abord le disque vinyle n'a jamais vraiment disparu. Si l'année 1993 a marqué la fin de sa commercialisation dans les grandes enseignes, sa production s'est poursuivie dans le cercle des spécialistes, ne serait-ce que pour alimenter le marché des maxi 45 tours destinés aux DJ. Ces derniers ont continué à utiliser ce support malléable au toucher, permettant notamment de scratcher et de caler les morceaux pour les enchaîner dans le cadre de « mix »[69] à la note près. Les lecteurs de CD et de MP3 – qui aujourd'hui permettent de jongler tout aussi bien avec les sons – n'existaient pas encore. La production n'a donc jamais été totalement interrompue. En cela, saluons les phénomènes du rap et de la techno qui ont marqué les années 1990 et qui ont sauvé le support d'une mort définitive. Sans eux, les machines servant à presser les microsillons auraient totalement cessé de fonctionner il y a vingt ans et le personnel ayant le savoir-faire spécifique pour les manipuler et les réparer, serait aujourd'hui inexistant.

69. Les enchaînement de titres dans les bars et boîtes de nuit afin d'éviter un blanc entre chaque chanson.

Ce qui est en revanche bien réel, c'est le retour de ce support dans le cadre de la commercialisation à destination du grand public, le phénomène « back to black » (retour au noir). Les récentes sorties de coffrets CD consacrés aux Beatles, au Velvet Undergroud ou à Serge Gainsbourg ont été accompagnées de la réédition des albums vinyles originaux. C'est même devenu le nouveau phénomène à la mode. Les artistes du moment réclament un pressage de leur disque. De Pharrell Williams à Zaz en passant par Daft Punk ou Stromae, chacun veut avoir la version microsillon de son album, quitte à ce que les ventes soient dérisoires. C'est presque devenu un principe. Certains, comme le chanteur Chris Stills, fils de Véronique Sanson, choisissent même de sortir exclusivement leur album en vinyle et abandonnent toute édition en version CD. Les patrons de labels le reconnaissent unanimement : ils le font surtout pour faire plaisir à leurs artistes car ce n'est pas vraiment rentable. Mais le public aussi est demandeur. À Rock en Seine, un « village du vinyle » a même été ouvert, un stand dédié à la galette noire et dans lequel les visiteurs peuvent acheter les disques en tirage limité des interprètes présents sur scène.

⏭ Et pourtant il tourne…

Les premiers surpris par ce regain d'intérêt sont les disquaires eux-mêmes. Au cœur du Marais à Paris, la boutique «Lucky Records» vend depuis de nombreuses années les vinyles de Mylène Farmer, Madonna ou Lady Gaga à un public d'inconditionnels. Ces derniers y dénichent les maxi 45 tours, picture disc et autres versions collectors de ces vinyles que l'on s'arrache à prix d'or. Mais depuis deux ans, un nouveau rayon a été aménagé à l'entrée de la boutique. Il correspond à la demande d'une toute nouvelle clientèle, celles des jeunes de vingt ans. Elle est exclusivement en quête des grands classiques du rock. Les Doors, les Rolling Stones, Led Zeppelin ou les Pink Floyd constituent l'essentiel des demandes de ce nouveau public.

Et le constat est le même dans les maisons de disques. Contacté pour les besoins de ce livre, Warner Music France affirme que le chiffre d'affaires sur la vente de vinyles a été multiplié par 3,6 depuis 2011. Une tendance confirmée en magasin. 70 à 80 % du chiffre d'affaires proviendraient désormais des ventes de vinyles, m'explique-t-on du côté des disquaires indépendants. MPO, dernière usine française implantée en Mayenne, a presque doublé sa production en trois ans, passant de 3 millions de microsillons en 2010 à 5 millions d'unités en 2013.

Il est d'ailleurs surprenant de voir le profil de l'acheteur. Car au-delà du collectionneur habitué à fouiller les boutiques pour dénicher une version japonaise des Beatles, le client moyen a une vingtaine d'années à peine. Il a vaguement connu les CD et a surtout grandi avec les MP3 et YouTube. Il n'a donc jamais tenu en main un vinyle, ce dernier ayant disparu des grandes enseignes avant sa naissance. C'est donc pour la génération du son compressé et des casques Beats une véritable découverte. À la fois celle de connaître le plaisir et la chaleur de ce son qualitativement moins froid qu'un CD, plus subtil qu'un MP3 (c'est peu dire !), mais aussi un support étrange qu'il faut manier avec délicatesse et qu'il faut même apprendre à retourner au bout de quelques minutes d'écoute. Un geste totalement inconnu pour la génération 2.0.

Et le mouvement s'observe dans d'autres pays.

Aux États-Unis, il s'est écoulé 6 millions de 33 tours en 2013 contre 400 000 vingt ans plus tôt[70]. Les vinyles occupent 3,5 % des ventes d'album contre 0,2 il y a une décennie. Amazon, qui a laminé la concurrence, représente à lui seul 12 % du marché. Chose étonnante, le deuxième vendeur américain n'est pas un disquaire mais une chaîne de distribution de vêtements. Urban Outfitters, chaîne branchée de chemises et chaussures à la mode, propose également à ses clients des vinyles comme le « picture disc[71] » de l'album *Bad* de Mickael Jackson sorti à l'occasion des vingt-cinq ans de l'album mythique. Résultat : la chaîne occupe 8 % du marché[72]. Sachant qu'Amazon ne fait que de la vente à distance, Urban Outfitter est donc la première boutique américaine de vente physique de vinyles. L'acheteur de vêtements branchés est tout aussi sensible à l'achat de musique sur un support branché.

Chez nos voisins anglais, les ventes de 33 tours sont en passe d'atteindre le million d'exemplaires en 2014. C'est le meilleur niveau de ventes depuis 1996[73]. *AM* des Arctic Monkeys est le 33 tours le plus vendu en Grande-Bretagne en 2014. Les autres vinyles les plus vendus ne sont pas des nouveautés : *Definitely Maybe* d'Oasis (1994), les trois premiers albums de Led Zeppelin, ou encore *The Dark Side of the Moon* de Pink Floyd (1973).

Au-delà des chiffres évoqués ci-dessus et qui corroborent le phénomène, comment comprendre un tel succès ? Il est in-

70. Olivier Nuc, « Le vinyle creuse son sillon », lefigaro.fr, 12 septembre 2014.

71. Picture disc : disque vinyle sur lequel est imprimé une photo à même les sillons.

72. http://www.slate.fr/story/92777/amazon-urban-outfitters-vente-vinyles

73. Mathilde Doiezie, « Le vinyle retrouve son meilleur niveau de vente depuis vingt ans », lefigaro.fr, 17 octobre 2014.

téressant d'observer que le disque vinyle n'a jamais disparu de nos mémoires. Cet objet participe à cet élan de nostalgie bien plus global dans notre société, relayé pour ce qui est du domaine musical par les tournées « Âge tendre » et autres « RFM Party 80 ». Il nous rappelle une époque révolue, celle des stars qui ne disparaissaient pas au bout d'une téléréalité ou d'un télécrochet, des artistes qui se construisaient sur la durée et des albums qui s'écoutaient d'un bout à l'autre comme une œuvre à part entière. Nous n'étions pas encore au règne de l'éphémère et de la réflexion à court terme. Ce support que l'on tient en main est une invitation au rêve et au voyage.

Mais le succès du disque tient aussi à la qualité de son paquet cadeau. La pochette est une œuvre artistique, c'est une affiche en tant que telle, dont l'équivalent n'a jamais été trouvé, ni pour la cassette ni pour le CD, et encore moins pour le fichier numérique. L'album mythique du Velvet Underground est indissociable de la banane rose et jaune dessinée par Andy Warhol. *Sergent Pepper* des Beatles n'est rien sans sa pochette où posent artificiellement côte à côte les grandes figures du XXe siècle. L'amateur de musique a donc payé pour un objet qui a de la valeur, tant pour le contenu musical que pour le contenant dont l'intérêt artistique est indéniable. En un mot : l'ensemble du produit est beau et la création artistique, visuelle comme auditive, est complète. Quel intérêt ont d'ailleurs les chanteurs d'aujourd'hui à réaliser encore des heures de séances photos pour des pochettes de CD que l'on n'achète plus ou pour une illustration sur Deezer ou iTunes qui se cache dans un coin de l'écran ? Les photographes et les maquettistes ont bien des soucis à se faire. Sauf si le retour du vinyle est assez conséquent pour les tirer d'affaire.

⏭ La renaissance des disquaires indépendants

Le microsillon qui renaît, c'est tout un business qui en profite. D'abord l'usine de pressage MPO qui ressort ses vieilles presses du placard (*cf.* entretien en fin de chapitre) mais aussi la renaissance des disquaires indépendants que l'on croyait complètement morts, écrasés entre les coups de boutoir de la Fnac et la concurrence d'Amazon face à laquelle ils n'ont aucun poids. À en croire le porte-parole du CALIF, David Godevais, un disquaire s'ouvrirait tous les trois ou quatre mois à Paris depuis deux ans. Et contrairement aux idées reçues, le phénomène ne serait pas que parisien. À Rennes, Lille ou encore Troyes, les disquaires indépendants réapparaissent alors qu'ils avaient totalement disparu il y a dix ans. En vingt-quatre mois, nous serions passés de 300 à 350 boutiques. C'est toute une civilisation qui semble reprendre à l'heure où Virgin n'est plus, où la Fnac se cherche un chemin et où les grandes surfaces réduisent peu à peu le rayon musique dans une indifférence générale. Un retour discret après deux décennies durant lesquelles les majors ont préféré avantager les grosses centrales d'achat qui livraient par cartons entiers la Fnac, le Virgin et les hypermarchés notamment Leclerc. Elles préféraient vendre de grandes quantités de disques à quelques clients, quitte à réduire leur marge. Maintenant que ces rayons fondent comme neige au soleil, le petit vendeur spécialisé reprend de l'importance.

Autre constat de taille : 80 % des ventes de ces disquaires sont des vinyles. D'ailleurs, certains d'entre eux ne vendent que cela. Ils ont même créé leur propre fête. Depuis quatre ans, le CALIF (Club action des labels indépendants français) organise le « disquaire day », une journée où ces boutiques sont mises à l'honneur. Des pressages en version limitée sont même réalisés et vendus à cette occasion, à l'image du Record Store Day réalisé chez nos voisins anglo-saxons. Blur, les Stones, Bruce Springsteen et beaucoup d'autres ont à cette occasion, exhumé des morceaux rares et enregistré des titres inédits. Benjamin Biolay, Catherine Ringer ou Charlotte Gainsbourg ont également apporté leur contribution, créant un regain de curiosité. Car, comme le dit l'adage, ce qui est rare est cher.

Là encore, les raisons de l'engouement ont de quoi surprendre. Selon le CALIF, 70 % des acheteurs ont entre 18 et 35 ans. Ils viennent d'abord rechercher un lieu de musique, un environnement dans lequel ils peuvent écouter de la qualité sonore, échanger, discuter et surtout toucher le vinyle. Ce sont ces mêmes jeunes qui possèdent un abonnement Deezer et écoutent en streaming. L'un n'empêche pas l'autre, m'explique-t-on. La boutique des années 1950 reprend donc du sens et du service, même si le métier a changé. Désormais elle se spécialise et vend des produits dérivés tels que tee-shirts, figurines ou posters autour de l'univers du rock ou du punk.

⏭ Beaucoup de bruit pour… rien ?

Soyons lucides. Si 5 millions de disques sont désormais pressés en une année par MPO, nous sommes bien loin des 50 millions d'unités sorties de cette même usine en 1978[74], année record de toute l'histoire du microsillon. Et à l'ère des millions de morceaux accessibles d'un clic sur Spotify ou YouTube, qui

74. Caroline Piquet, « Le vinyle made in France victime de son succès », lefigaro.fr, 19 avril 2014.

voudrait encore se lever de son canapé pour retourner la face du disque au bout de quelques minutes de chanson ?

Le vinyle restera donc confidentiel et marginal, il représente 4,5 % du marché aujourd'hui en France et selon les prévisions les plus optimistes, il pourrait atteindre les 10 % en 2019. Ce n'est pas négligeable. Mais ce support a surtout un mérite : il a redonné à l'enregistrement musical sa valeur. Celui qui l'achète sait qu'il fait l'acquisition d'un bien culturel. Le CD avait été rétrogradé au statut de bien de consommation qui prenait place dans le caddie de supermarché entre les tomates et les salades. Offrez à un ami un CD pour son anniversaire, il le posera poliment dans un coin sans l'ouvrir pour le revendre le lendemain sur Amazon. Apportez-lui un vinyle, il saluera votre bon goût et l'ensemble des convives seront bien curieux de se passer l'objet de main en main. C'est également devenu un cadeau qui s'achète volontiers à la sortie des concerts, un beau souvenir du moment partagé, plus prestigieux à rapporter chez soi qu'un vulgaire CD.

Le vinyle est donc devenu un support noble que l'on écoute ou que l'on savoure comme l'on déguste un grand cru ou l'on fume un cigare. Il devient objet de collection, proche de l'œuvre d'art qui trouve une place dans la vitrine et peut-être moins sur la platine. D'ailleurs vous remarquerez que beaucoup de vinyles sont désormais vendus avec un coupon permettant de télécharger les MP3 correspondant aux morceaux. Il n'y a même plus besoin de placer la galette sur la platine. Une démarche très utile, mais aussi révélatrice de l'usage que l'on en fait. Alors les achète-t-on pour leur pochette ou pour vraiment les écouter ? Peu de clients nous diront la vérité.

Le vinyle, un son plus « chaud » ?

Beaucoup de nostalgiques du vinyle affirment que le son du microsillon est plus agréable à l'oreille que le son rendu par le CD, perçu comme froid et métallique. Il semblerait que cette impression soit assez subjective. En fait, tout s'expliquerait par les techniques de mixages. On raconte chez Sony que lors des pressages de la première génération de CD, les ingénieurs du son mixaient les morceaux comme ils le faisaient pour le vinyle. Il s'agissait alors de bien paramétrer les fréquences graves et aiguës pour que le diamant glisse sur le sillon et ne tremble pas. Mais avec le laser, les impératifs n'étaient plus les mêmes. Ajoutons que ce nouveau support est apparu au milieu des années 1980, une période où les synthés au son scintillant et glacial ont envahi les studios d'enregistrement, éclipsant même dans la chanson les violons et les pianos, de « Week-End à Rome » d'Étienne Daho, à « Débranche » de France Gall en passant par « La ballade de Jim » d'Alain Souchon, « Love on the beat » de Serge Gainsbourg ou « L'aventurier » d'Indochine et même « Chanter pour ceux » de Michel Berger qui a osé tourner le dos a son instrument fétiche. Toute la production musicale des années 1983-1985 est concernée. Cela n'a pas aidé à réchauffer l'atmosphère ni la platine.

Mais les années passant, les mixages se sont affinés et le rendu a été corrigé dès la deuxième génération de CD. Les derniers coffrets en version remastérisée de nos grands artistes – des Beatles à Gainsbourg en passant par Berger, Barbara ou Brassens – ont fini d'achever cette mutation. Mais les idées reçues ont la vie longue. Faites aujourd'hui la comparaison les yeux fermés entre un CD remastérisé et la version vinyle d'un même morceau... Bien malin celui qui trouvera lequel des deux est le plus « chaud » ou le plus « métallique ».

Ajoutons enfin que le rendu réside aussi dans la qualité de l'amplificateur et des enceintes. Or, la musique s'écoute aujourd'hui *via* les oreillettes Sennheiser, les casques Beats ou les enceintes Bluetooth de chez Bose. Peu d'entre nous investissent encore dans un équipement de salon aux immenses enceintes chaudes comme celui que nos parents achetaient pour leur lecteur de phonogramme et qui nécessite au bas mot 2 500 euros.

⏭ On m'a volé ma cassette

D'après plusieurs articles de presse parus en octobre 2014, la bonne vieille cassette audio fait son retour. Ce support que nous avons tant utilisé pour créer nos compilations et dupliquer nos disques préférés avait disparu des rayons dans l'indifférence la plus totale à la fin des années 1990. Autant le vinyle bénéficiait d'une certaine nostalgie tant l'objet apparaissait sacré, autant la cassette n'avait jamais été considérée comme un support noble. Personne ne s'était étonné outre mesure du retrait des rayons des cassettes enregistrées, les vierges étant restées un peu plus longtemps sur le marché jusqu'à l'arrivée de supports numériques tels que le Minidisc et très vite les enregistreurs MP3.

Mais voilà qu'en 2013, le groupe français Daft Punk édite son album *Random Access Memories* en cassette. Certains producteurs américains se remettent également à en fabriquer, avec pour premier argument le prix. Le label Burger Records a ainsi signé des contrats avec d'obscurs groupes de rock garage dont les créations ne sortent que sur cassette. Il se targue d'en avoir écoulé 350 000 depuis sept ans. Une goutte d'eau dans l'industrie musicale ! Car même si cela peut émouvoir ou rendre heureux les partisans du support, cela pèse peu. En 2013, les cassettes ont représenté selon l'institut Nielsen moins de 0,1 % des 289 millions d'albums vendus aux États-Unis. En France, il existe des petits labels amoureux du support. Ils s'appellent MonsterK7, SNV SNS RCRDS, ou encore Celebration Tapes Label. Au-delà de l'attachement à la cassette, tous se revendiquent surtout de mouvements musicaux et notamment de la pop[75]. Mais les grandes maisons de disques contactées pour cette enquête n'ont pas la moindre intention de s'y remettre. Le revival de la cassette audio pourrait donc faire long feu.

Un mot enfin du CD audio que nous avons peut-être un peu vite ringardisé. Certes, il n'a aujourd'hui plus rien d'attractif. Mais il représente encore à lui tout seul deux tiers des ventes. Pour les fêtes de fin d'année, les producteurs tentent vainement de sortir de beaux coffrets, des intégrales ou des nouveautés en tirage limité dans des emballages aguicheurs. L'enjeu de la période de Noël est grand car un CD acheté sur trois est un cadeau. Mais au-delà de ces circonstances particulières, le désamour du grand public pour ce support est manifeste. Ne cédons pas aux conclusions hâtives. Rien n'exclut qu'il ne redevienne un jour un format convoité. C'est un support fiable qui permet de stocker sur peu d'espace une masse de données considérables. Souvenons-nous qu'à la fin des années 1990, il était courant de trouver des cartons entiers de vinyles déposés au pied des immeubles, les propriétaires ne sachant plus quoi faire de ce support devenu encombrant et inutile. Nombreux étaient alors ceux qui pensaient que le produit avait perdu à tout jamais sa valeur. Quinze ans après, beaucoup d'entre eux doivent très certainement s'en mordre les doigts !

---

75. Rémi Mistry, « La cassette revient par la bande », *À nous Paris*, 1er septembre 2014.

⏭ Rencontre avec Alban Pingeot, directeur général de MPO, usine de pressage

On ne peut parler du disque sans rendre hommage à ceux qui le fabriquent. Depuis près d'un demi-siècle, l'entreprise française MPO, basée en Mayenne, presse des vinyles, des CD ainsi que tout le packaging associé. Son directeur général Alban Pingeot nous raconte l'évolution de son métier et ses perspectives.

Observez-vous une forte augmentation de la demande en vinyle ?

Le vinyle a une croissance annuelle de 30 %. C'est une niche par rapport aux ventes. Dans nos productions, il représente 12 % en volume contre 88 % pour le CD. Mais le vinyle fait vivre 70 personnes chez nous contre une vingtaine il y a cinq ans.

C'est un marché destiné avant tout à l'export. Le phénomène vinyle est surtout anglo-saxon. L'Angleterre, les États-Unis, l'Amérique du Sud sont de gros demandeurs. En France cela bouge aussi, mais nous restons derrière eux.

Qui sont les demandeurs ?

Le vinyle a toujours eu une clientèle, notamment les petites boîtes de productions et les DJ. Mais depuis deux ans, nous observons un vrai retour des majors qui sont venues prendre le train en route. Ce ne sont pas elles qui l'ont provoqué. C'est plutôt dû à la demande de quelques artistes.

Ce phénomène concerne-t-il la nouvelle génération ?

L'acheteur moyen du vinyle a entre 20 et 25 ans. Il n'a jamais connu le CD. Il est né avec le MP3 et la compilation musicale. Le vinyle a un côté *vintage* avec un rapport particulier au produit, au toucher. C'est comme un beau livre. Un roman peut se télécharger. Un beau livre de Yann Arthus-Bertrand se met dans le salon.

C'est le signe d'un changement d'époque ?

Le CD était le symbole de la high-tech, aujourd'hui il est vu comme du plastique. La high-tech est synonyme à présent de produits fabriqués en Chine. Cela fait moins « terroir ». Il y a trente ans on rêvait de mondial et de Silicon Valley. Aujourd'hui on veut de l'artisanal.

Comment avez-vous vécu la crise du disque ?

Depuis vingt ans, nous observons une baisse continue du volume pressé. La partie musique CD, DVD, vinyle et packaging ne représente plus que 25 % de notre chiffre d'affaires. Il était de 100 % jusque dans les années 1990. L'arrivée du jeu vidéo nous avait permis d'entrer sur le marché des CD-Rom. Je me souviens en 2000 des CD d'installation du logiciel AOL. C'était 1 milliard de CD fabriqués sur l'Europe et distribués dans la presse ! La musique à côté, c'était peu de chose. Dans les années 2005, la vidéo et le jeu vidéo ont relancé nos productions. On s'est donc diversifié il y a deux, trois ans. Maintenant, le packaging prend de plus en plus de place dans nos productions. Nous en fabriquons notamment pour la cosmétique de luxe. L'avantage du vinyle, c'est qu'il y a beaucoup de packaging associé.

Pourquoi MPO pressait des disques alors que les majors avaient leurs propres usines ?

À l'origine, les majors étaient des fabricants de disques. Historiquement, MPO a surtout eu des contacts avec les labels indépendants. Ces derniers ont d'ailleurs été les premiers à se casser la figure lors de la crise. Au début, la baisse était contenue. Entre – 5 et 0 % par an. Aujourd'hui c'est 15 % de productions de CD en moins par an et cela se poursuit.

Qui est d'après vous responsable de cette crise ?

On ne peut pas aller contre le progrès. C'est logique que le téléchargement soit le produit de l'avenir. Mais tant qu'il y aura des magasins et des achats d'impulsion, il y aura toujours des disques.

On s'aperçoit également qu'il faut vendre un produit sous toutes ses formes. Comme les voitures que les fabricants proposent désormais de toutes les couleurs.

A-t-on trop traîné face aux pirates ?

Les gouvernements n'ont rien fait pour lutter contre cela. L'Allemagne est l'un des seuls pays qui résiste parce que les Allemands ont lutté vite, qu'ils n'ont pas la crise et qu'ils ont vendu moins cher. Par exemple, sur le DVD et le Blu-ray, on est à un prix tournant entre 5 et 10 euros l'unité contre 20 à 25 euros en France.

Chapitre 7

Résiste, prouve que tu existes !

Ou quand la profession compte ses morts et ses survivants

« L'artiste qui a fait trois maquettes dans sa chambre et qui arrive à convaincre un label de sortir un disque, c'est fini. »

Loïc Bony, directeur artistique chez Columbia

Dire que les maisons de disques ont payé cher la crise serait un euphémisme. En une décennie, le marché de la musique enregistrée a perdu 62 % de sa valeur, passant de 1,3 milliard d'euros en 2002 à 493 millions en 2013[76]. Il y a treize ans, les maisons de disques françaises employaient entre 700 et 900 personnes de plus qu'aujourd'hui. Près de la moitié des effectifs est donc passée à la trappe depuis 2001. Au niveau mondial, on estime que 12 000 emplois directs ont été détruits entre 2003 et 2011[77]. Cela concerne la production, mais également la distribution. Car plusieurs

76. Alain Beuve-Mery, « Embellie sur le marché de la musique en 2013 », lemonde.fr, 03 février 2014.

77. Stéphane Jarno, « La crise du disque enrayée », Télérama, 06 avril 2011.

chaînes spécialisées dans la vente de disques ont purement et simplement disparu de la carte. D'autres, de peur de subir un destin similaire, ont muté en un temps record. Quant aux artistes, ils ont revu leur façon de travailler avec leur label et de communiquer avec leur public. Alors redeviendront-ils comme les ménestrels du Moyen-Âge des vagabonds qui quémandent de ville en ville quelques sous pour pouvoir se sustenter ? La scène va-t-elle reprendre sa place d'antan ?

Évaluons les points un par un.

⏭ The Virgin Suicide

« Voici des scènes crépusculaires ! » David Pujadas a scrupuleusement pesé et choisi ses mots[78]. En ce funeste 14 mai 2013, les magasins Virgin Megastore ont ouvert grand leurs portes au public pour brader la totalité des rayons. Tout doit disparaître ! Casques audio, appareils photo ou tablettes s'achètent à moitié prix par des clients dont l'ambition est de les revendre sur Internet. « On dirait des vautours », commente dans le reportage un vendeur face à la frénésie acheteuse des clients. Sur les présentoirs, il n'y a plus rien ! Ce déstockage massif des magasins est qualifié de solde de la honte et la colère des salariés fait la une des journaux. Dans la boutique des Champs-Élysées comme dans celle de Barbès, des Grands Boulevards, mais aussi à Rouen, Strasbourg, Avignon, Marseille ou Dunkerque, les employés occupent les lieux. Le dépôt de bilan de Virgin

78. Journal de 20 heures, France 2, 14 mai 2013.

n'est que le dernier épisode d'une trop lente agonie. Et le symbole de la fin d'une époque, celle du produit culturel, en particulier du CD, produit phare de Virgin, qui ne se vend plus. Le 12 juin, le rideau du Virgin des Champs-Élysées est définitivement baissé comme celui des 25 autres magasins.

L'image est forte et marque l'opinion. Elle n'est pas un cas isolé. Aux États-Unis, la légendaire chaîne de supermarchés musicaux Tower Records, fondée en 1960, a également fermé ses 89 magasins. Elle laisse au passage 3 000 employés sur le trottoir.

Pendant ce temps, les derniers disquaires militants organisent le « disquaire day », journée porte ouverte pour montrer que le disque se vend encore. Mais les chiffres sont têtus : en 1980, les mélomanes pouvaient compter sur 3 000 disquaires en France. D'après le CALIF, ils n'étaient plus que 200 en 2011. Il faut dire que depuis les années 2000, 65 % des ventes s'effectuent en hypermarché. La crise du disque est passée par là, les grands réseaux de distribution se sont imposés et la dématérialisation de la musique favorisée par Internet a terminé le travail. Le coupable est tout trouvé. *« Il y a plusieurs décennies, la stratégie des majors était de transformer le disque, qui était un bien culturel, en un bien de consommation de masse. Beaucoup de disquaires indépendants n'ont pas pu rivaliser »*, m'explique David Godevais, représentant du CALIF.

La grande distribution a également revu ses rayons. Ils sont pour tout dire réduits à la portion congrue. On y trouve quelques CD parmi les numéros un mais cela sent la fin de règne.

⏭ Fnac, Leclerc : s'adapter ou mourir

Deux grands vendeurs de biens culturels n'ont pourtant pas baissé les bras : la Fnac et les espaces culturels Leclerc. La Fnac demeure aujourd'hui le plus grand vendeur de CD en termes de quantité. Quant aux magasins Leclerc, ils représentent le plus grand réseau de vente de disques en France avec plus de 600 points de vente, parmi lesquels 215 espaces culturels auxquels s'ajoutent les 400 hypermarchés possédant un rayon disques. L'un comme l'autre ont fait évoluer leur offre au consommateur qui n'est plus tout à fait la même.

Chez Leclerc d'abord, on est fier de maintenir une offre, malgré une chute observée année après année depuis 2002. *« Avec le déclin de la consommation de musique, la taille des rayons s'est réduite au fil du temps,* reconnaît le patron des espaces culturels Leclerc Hugo Bélit. *Mais on garde les univers classique, jazz ou variété française.* On est loin de l'offre pléthorique que l'on trouvait chez le premier magasin spécialisé de Leclerc. « Pop Culture » avait ouvert ses portes en 1973 à Tarbes. En fait, si le CD ne vend plus, l'écosystème sonore suscite quant à lui un appétit grandissant qui n'a pas échappé à l'enseigne. Les enceintes Bluetooth ont trouvé leur place dans les hypermarchés. Sans parler des casques, simples accessoires, devenus phénomène de mode. Du Momentum de Sennheiser au Beats de Dr. Dre, chaque tribu a son modèle, selon que l'on écoute du R'n'B, de la techno ou du classique. Le casque a sa star qui en assure la promotion dans les couloirs de métro. C'est devenu un objet convoité, son présentoir occupe un mur entier dans certains des magasins du groupe, et les modèles les plus prisés par les adolescents se payent entre 200 et 300 euros l'unité. Ces mêmes ados qui rechignent à payer 1 euro une chanson sur iTunes !

Mais *quid* de l'avenir ? *« En fait, nous gagnons des parts de marché année après année sur nos concurrents. Il y a de moins en moins de disquaires et les CD sont de plus en plus rares sur les supermarchés moyens. Il y a une place à prendre »*, m'explique encore Hugo Bélit. *Leclerc a fait le choix de placer le produit culturel dans un espace dédié. Une formule qui porte ses fruits. La consommation de musique a basculé mais le marché demeure physique à 70 %. On est encore sur cette existence-là. À l'avenir, on va continuer à accompagner la courbe de vie du produit. Malgré le déclin, il subsistera toujours une consommation physique. On vit la même chose sur le DVD, demain on la vivra sur le jeu vidéo ou sur le livre. »*

En fait la vente de CD est devenue prétexte à toutes sortes d'événements organisés dans les espaces culturels : concerts, rencontres, dédicaces. De quoi faire vivre également un service billetterie florissant. Car l'achat de places de concert y augmente chaque année, m'explique-t-il.

A la Fnac, autre survivant, on a décidé également de revoir la politique. Le CD ne vend plus et si l'institution continue à déployer d'aussi vastes rayons, c'est davantage par principe et pour préserver son image « d'agitateur culturel » que par soucis de rentabilité. Il est d'ailleurs intéressant de noter la stratégie adoptée par la Fnac. Elle a choisi d'être sur tous les fronts en matière de distribution de musique : vente de CD et vinyles en magasin évidemment, mais aussi service de vente de MP3, puis service de streaming, histoire de copier Deezer et Spotify. Notons à ce sujet que la Fnac propose un abonnement de base à 2 euros symboliques mais aucune offre gratuite. Il s'agit de montrer que la musique a un prix. Enfin elle multiplie aussi l'organisation d'événements à l'image du Fnac Music Live, rassemblement pour promouvoir la création musicale et les jeunes talents. Des talents qui se produiront dans des grandes salles dont les places peuvent être achetées... à la billetterie Fnac.

⏭ Des majors qui font profil bas

Après dix années de crise, le paysage phonographique est passé de cinq à trois majors. Le bouleversement le plus emblématique est le rachat tumultueux d'EMI. La prestigieuse maison de disques créée en 1931 par la fusion entre la filiale anglaise de Columbia Records et la Gramophone Company n'a pas résisté à une gestion calamiteuse de ses activités par le fonds de pension Terra Firma qui n'a pas su comprendre les spécificités du secteur musical. Son patron s'est fâché avec les plus grands artistes et a provoqué notamment le départ des Rolling Stones. EMI était la maison de disques des Pink Floyd, Radiohead, Coldplay, Queen, Robbie Williams, Renaud, Diam's, les Sex Pistols... et bien entendu des Beatles. Elle était un symbole, un emblème, avec ce joyau qu'était le mythique studio d'Abbey Road où enregistrèrent tant de ses artistes prestigieux. Face à la crise, elle a cherché à plusieurs reprises un arrangement avec un concurrent, notamment Warner. Aujourd'hui, elle n'est plus qu'un puzzle éparpillé parmi les autres majors. Les institutions européennes ont en effet veillé à ce qu'aucune d'entre elles ne prenne une position trop dominante. Résultat : Sony a racheté les activités édition du groupe, Universal a fait l'acquisition de l'activité production puis a cédé certains de ses labels à Warner, notamment Parlophone (Julien Clerc, Alain Souchon, David Guetta). Robbie Williams et The Beatles restent chez Universal. C'est d'ailleurs dans les anciens locaux d'EMI à Paris que s'est installée Warner. Une nouvelle situation saluée par les artistes. Mick Jagger s'est ainsi déclaré *« ravi qu'EMI soit de nouveau détenu par des gens qui ont vraiment la musique dans le sang »*, allusion au patron de Terra Firma avec lequel il s'était copieusement fâché[79].

⏭ Une nouvelle génération d'indépendants

Du côté des labels indépendants, on tire également les leçons de la crise et l'on a su en tirer profit. C'est le cas de Vincent Frèrebeau, fondateur du label Tôt ou Tard qui produit notamment Yael Naim ou Shaka Ponk : *« Au début de la crise, les multinationales se sont séparées de beaucoup de contrats. Les petites structures ont ainsi accueilli pas mal de projets laissés pour compte.* » Résultat : les petits labels ont pu investir dans des projets davantage adaptés à leur mode de fonctionnement artisanal. La flexibilité de l'indépendant apporte à l'artiste beaucoup d'avantages.

79. *Le Soir*, Bruxelles, 19 novembre 2011.

Une nouvelle génération d'indépendants a également profité de la révolution Internet pour voir le jour. Certains ont eu l'intelligence de faire appel aux internautes pour participer au financement des albums. C'est le crowdfunding, un procédé consistant à inviter le citoyen à participer à un projet qui pourra lui rapporter de l'argent. MyMajorCompany s'est ainsi fait connaître en produisant des artistes comme Grégoire ou Irma. Les internautes ayant misé sur eux en ont eu pour leur argent : *« Un internaute avait mis 6 000 euros sur Grégoire, il a gagné jusqu'à 130 000 euros »*, me confie Michael Goldman, fondateur de MyMajorCompany. Et le modèle marche. *« Pour Irma, le premier album s'est vendu à 150.000 exemplaires. Joyce Jonathan, 200.000. L'album "toi et moi" de Grégoire s'est écoulé à 800.000 exemplaires »*. Le concurrent KissKissBankBank offre également aux internautes-producteurs des avantages en nature : goodies, places de concerts ou moments privilégiés avec les artistes qu'ils auront soutenu.

Ces indépendants ont aussi adopté de nouvelles façons de travailler. Le support physique n'étant plus un impératif, certains l'ont purement et simplement abandonné. Citons par exemple Believe, le label de Grand Corps Malade, Iggy Pop, Youssoupha ou encore Wax Taylor. Cette entreprise 100 % digitale surfe sur la vague de la dématérialisation et sur l'essor des services de streaming. Elle propose ainsi *via* le service Zimbalam une mise en ligne quasi instantanée de chansons ou albums entiers sur toutes les plateformes d'écoute, de YouTube à iTunes en passant par Deezer ou Amazon. En un clic et pour une trentaine d'euros, notre œuvre est en vente partout, tout de suite. Zimbalam promet même aux artistes de bénéficier de 90 % des revenus générés par les ventes. Un taux à en faire tomber le patron d'Universal de sa chaise !

Quand le disque d'or ne vaut plus un kopek

Inventé par les Américains en 1958 et apparu en France en 1973, le disque d'or a pour objectif de certifier un enregistrement qui dépasse un nombre significatif de ventes. Pour l'artiste, c'est une belle récompense et pour la maison de disques un moyen de communiquer sur un succès.
À ses débuts, le disque d'or est fixé en France à 100 000 exemplaires vendus pour l'album, 500 000 pour le single. Dans les années 1980 apparaissent le disque de platine certifiant 400 000 ventes pour l'album, un million pour le single, et le disque de diamant pour les albums qui décrochent le million.
Mais avec la crise du disque et la chute des ventes, le SNEP a dû revoir année après année ses ambitions à la baisse. Aujourd'hui, un album certifié or signifie qu'il s'est écoulé à 50 000 exemplaires. Soit moitié moins qu'en 2006. Pour le single, l'or est fixé à 75 000 exemplaires.
De même, le disque de platine signifie désormais que l'on a atteint les 100 000 albums ou 150 000 singles vendus (soit l'équivalent du disque d'or d'il n'y a pas si longtemps) et le disque de diamant 500 000 albums ou 250 000 singles écoulés. Pour les certifications aussi, les temps sont durs !

⏭ Producteurs/artistes : le code a changé

La nouvelle génération d'artistes vit quant à elle un étrange paradoxe. Jamais il n'a été aussi facile de créer, produire et diffuser sa musique. Muni d'un simple ordinateur et d'un logiciel multipiste, chacun d'entre nous peut enregistrer sa chanson, ses instruments, les mixer et mettre en ligne le morceau sur YouTube. Encore faut-il exister alors que chaque seconde, l'équivalent de vingt-quatre heures de vidéo est mis en ligne sur YouTube. C'est autant de concurrence pour chaque interprète qui veut se faire remarquer et qui doit donc créer une communauté. Mais du handicap naît aussi un avantage : jamais le public n'a été aussi vaste. Et Pascal Nègre s'en frotte les mains : « *La mondialisation des contenus va renforcer les revenus. Quand on crée une page Facebook sur un artiste, j'ai plus de 20 % des gens qui vivent sur le continent africain qui likent. Ils ne peuvent pas acheter aujourd'hui mais le pourront rapidement.* » Désormais, la difficulté pour un artiste n'est plus la production de son œuvre ni sa diffusion mais de réussir à rendre l'ensemble cohérent et surtout le faire exister sur la place publique. C'est le nouveau rôle des maisons de disques. « *Un label aujourd'hui, c'est une boîte à outils dans laquelle l'artiste va venir piocher les aides pour se développer. Il doit arriver avec un univers clés en main,* m'explique Loïc Bony, directeur artistique chez Columbia. *L'artiste qui a fait trois maquettes dans sa chambre et qui arrive à convaincre un label de sortir un disque, c'est fini.* » Ce n'était pas le cas avant. En fait, il y a une étape que les maisons de disques ne sont plus capables de réaliser. C'est celle du développement. Elles ne peuvent plus proposer d'artiste que personne ne connaît. Ce dernier doit, au préalable, réfléchir à la construction d'un personnage et conquérir un public par ses moyens. Cela peut passer par des fans touchés grâce à YouTube, Facebook ou sur scène.

La fabrication d'artistes venus de nulle part ne séduit plus aucun producteur. Les maisons de disques sont donc amenées à redevenir artisanales et défendent chacune peu d'artistes pour croire davantage en chacun. Leur rôle a changé. Il est maintenant de pousser la promotion et les moyens. Mais sont-elles indispensables ? Yves Bigot a été tour à tour directeur général de maison de disques et directeur des programmes en télévision. Son constat est sans appel : *« Aujourd'hui quel est le plus artistique apporté par une maison de disques à un artiste ? Franchement, pas grand-chose ! Elle sert comme une centrale de marketing. Seules les majors peuvent avoir cette puissance de mener des deals avec les diffuseurs tels que NRJ, TF1, ou M6. Bien sûr certains apportent encore des idées. Quand Pascal Nègre dit à Nolwenn Leroy : "Il faut que tu fasses un album de chansons bretonnes", c'est lui qui est force de proposition. Mais aujourd'hui, la vision artistique se fait en dehors des maisons de disques. »* Tempérons tout de même : nous ne sommes plus à l'ère du marketing agressif des années 1980. Certes, ce marketing existe toujours mais il s'organise pour servir une démarche artistique, et plus l'inverse.

C'est sans doute pour cette raison que leur métier a récemment évolué. Depuis cinq ans, un mot est sur toutes les lèvres : le développement à 360 degrés. La maison de disques ne se limite plus à la production phonographique. Son rôle s'est étendu à d'autres compétences qui constituent autant de nouvelles sources de revenus. Le producteur de disques est devenu à la fois éditeur, organisateur de concerts, patron de salle et manager. Une sorte de « tout-en-un » autour des artistes. C'est le cas chez les majors, comme chez les indépendants. « *Le moyen de trouver un retour sur investissement sur un disque, c'est de chercher partout où la notoriété que l'on continue à construire va rapporter. C'est donc le texte* (via *les droits d'*éditeurs) et la scène. » me résume Vincent Frèrebeau, patron de Tôt ou Tard, le label des Shaka Ponk.

Dans de nombreux labels, des départements ont été créés pour placer les musiques dans les films, les publicités, les jeux vidéo ou encore les séries télé. L'objectif est de développer des partenariats avec des marques, que ce soit pour monter une tournée avec la Caisse d'Épargne, un mini-festival pour les 50 ans de Nutella, placer un pistolet Hasbro dans un clip du rappeur Black M ou associer l'image du chanteur Julien Doré à celle des montres Longines ou de Mercedes. Rien que chez Universal à Paris, 35 personnes s'y attellent[80]. Warner Music a de son côté racheté la société de Jean-Claude Camus qui gère les tournées de Michel Sardou ou encore de Jean-Michel Jarre. Mais les indépendants ne sont pas en reste, à l'image de Because Music ou de Naïve[81].

Se diversifier ne veut pas dire se perdre. Pour Pascal Nègre, le métier n'a pas changé : *« Notre métier de base, il est de repérer un talent, de le signer, de lui donner les moyens et de travailler avec lui. Après, il est de le faire connaître, de le médiatiser et puis essayer de le monétiser en vendant ses disques, ses téléchargements, en faisant qu'il y ait des passages sur YouTube. Ce métier-là, que ça soit du 45 tours, du 33 tours, du CD, du téléchargement, du streaming, c'est toujours le même. »*

⏭ Une nouvelle génération de chanteurs « fo-ormidables »

Notre rapport avec la musique et les artistes qui la représentent a lui aussi changé. Dans les années 1990, les groupes

80. Alexandre Deboute, « L'eldorado du contenu pour les marques », *Le Figaro*, 09 décembre 2014.

81. Véronique Mortaigne, Nicole Vulser, « Après la chute des ventes de disques, l'industrie musicale se recompose », *Le Monde*, 25 janvier 2008.

que l'on écoutait ressemblaient à Monsieur Tout-le-monde. Aujourd'hui, l'image semble autant compter que la musique, l'artiste doit être identifié, avoir une image travaillée. Une sorte de version 2.0 du marketing. Marc Gonnet, professeur à Sciences Po partage ce constat : *« C'est devenu un marketing centré sur l'expérience utilisateur. Aujourd'hui, on demande à l'artiste de savoir traduire son intention sur tous les domaines et tous les supports. Dans un disque, sur scène, mais aussi à chaque interview. Le chanteur a repris le pouvoir alors que par le passé, il devait tout déléguer, quitte à se faire voler par son imprésario. »*

Et de fait, les exemples dans la nouvelle génération le prouvent. Stromae est bien entendu l'exemple de la réussite parfaite qui revient sur toutes les lèvres. Ce chanteur a pris soin de travailler son image autant que ses chansons. Ses prestations télévisées sont chacune un moment de création à part entière qu'il met un mois à préparer, et non une simple apparition en play-back. Au *Grand Journal* de Canal+ son double féminin apparaît en plateau pour interpréter « Tous les mêmes ». Le public est sans voix, à la fois par la performance technologique et scénique. De même lorsqu'il crée le buzz en postant sur YouTube une vidéo le montrant ivre mort. Il s'agit en réalité d'un teasing de sa chanson « Formidable », l'histoire d'un homme qui sombre dans l'alcoolisme suite à une rupture amoureuse. Rien n'est laissé au hasard. Et pour que chaque nouvelle chanson soit un événement médiatique, le travail effectué en amont est immense : *« Je n'ai pas honte de dire que je fais du marketing, reconnait l'intéressé. Cela fait partie de mon travail »*. D'ailleurs Stromae le chanteur est aussi un homme d'affaire et de marketing qui a mis sur pied Mosaert, un label de musique, de vidéo, de design et même de mode avec une ligne de vêtements[82].

Mais il n'est pas le seul. Toute la nouvelle génération a compris que chanter ne suffisait plus. Il faut offrir au spectateur un message qui fait sens. Christine and The Queens se fait remarquer grâce à une présence sur scène très forte. Ben l'Oncle Soul a choisi un slogan en guise de nom de scène. L'auditeur sait qu'il entendra de la musique black américaine. L'image est assumée, forte, identifiée. Dans le cas du groupe Shaka Ponk, une primauté est donnée au visuel grâce au singe omniprésent sur scène comme dans les clips. De même chez Matthieu Chédid, précurseur en la matière. Son personnage M est un concept à lui tout seul, une sorte de superhéros et double débridé du chanteur d'« Onde sensuelle ». Brigitte est également un cas d'école : les deux chanteuses du groupe n'ont fait aucune radio mais le peu d'apparitions a permis de les faire connaître. C'est le cas avec « Ma benz », une reprise féminine et séduisante du tube si viril de Joey Starr et Kool Shen, avec « Battez-vous », deux filles en robe à paillettes et une offre musicale alternative à la variété *mainstream*. Au final, elles vendent 250 000 exemplaires de leur album avec beaucoup de scène et l'absence totale de soutien des radios musicales.

L'artiste d'aujourd'hui doit être plus exigent qu'il y a trente ans et peut-être moins se laisser manipuler ou influencer que par le passé. Certains interprètes, habitués au schéma traditionnel, en sont perdus. *« Qu'est-ce qu'on demande*

82. Jean-François Arnaud, *Stromae, chanteur à succès mais aussi génial businessman*, challenges.fr, 30 août 2014.

aux artistes aujourd'hui ? Faire les bouffons ou faire de la musique ? s'insurge ainsi Christophe Willem[83]. *Aller à la télé pour sauter d'un plongeoir, ça ne m'intéresse pas. Aujourd'hui, si tu veux attirer l'attention des gens sur ta musique, il faut être soit cash, voire cul, soit accepter de faire n'importe quoi (...) c'est devenu super-dur de dire "je suis artiste, pas people".* »
On le voit bien, basculer vers les nouveaux codes n'est pas chose facile pour ceux qui étaient davantage habitués à apparaître chez Michel Drucker que sur les réseaux sociaux. De quoi susciter compassion, mais aussi admiration des aînés : *« La génération comme moi, Goldman, Cabrel, Renaud, on a été très chanceux,* me confie Didier Barbelivien. *On nous laissait le temps de devenir des créateurs dans un monde attentif à nous, parce qu'on était tous nazes, au départ. Aujourd'hui, les gosses sont doués. C'est devenu très sérieux la musique.* »
Peut être un peu trop sérieux, d'ailleurs...

⏭ Des artistes tout-terrain

Le confort que les artistes ont connu dans les années 1980 est lui aussi un souvenir. Qu'il est loin le temps où Mylène Farmer ou Michel Sardou pouvaient donner quatre concerts à Bercy, accorder une interview au journal de 20 heures ou chez Michel Drucker, puis se retirer des mois durant de la scène médiatique afin de préparer leur opus suivant. Aujourd'hui, un artiste doit rester en permanence sur le terrain, parcourir les routes de France, faire des tournées, converser avec ses fans sur Facebook et Twitter, sor-

83. Interview accordée au magazine *Têtu*, décembre 2014.

tir de bons mots dans les talk-shows et faire partie des interprètes sélectionnés pour participer aux hommages type *Génération Goldman* ou *Génération Top 50*. On lui demande de faire un métier qui n'était pas le sien. Il ne doit plus simplement se contenter de chanter. Il doit aussi devenir le VRP de sa propre musique. Serge Gainsbourg avait mieux que personne compris l'importance de la télévision dans les années 1980 au point de transformer chaque apparition en événement de la provoc. Il se serait très certainement délecté à distiller des bons mots sur Twitter. La jeune génération l'a bien compris. Oxmo Puccino est omniprésent sur Twitter. Mais l'échange sur le Net est également la possibilité de renforcer le lien artistique et musical. Les deux chanteuses du groupe Brigitte font partager au public les chansons qu'elles aiment en créant des play-lists sur Deezer et Spotify. On sait ce qu'elles écoutent chez elles, le rapport se fait plus intime mais il demeure toujours dans l'univers de l'art.

« On est obligé aujourd'hui de prolonger notre univers musical, multiplier les points de contact, livrer un peu de notre intime tout en maintenant une part de mystère propre à l'artiste, reconnaît le chanteur Mickael Miro qui s'est fait connaître avec son tube « L'horloge tourne ». *Mais cela a aussi ses avantages : Le numérique avait rompu le lien entre l'artiste et le fan au point de les rendre ennemis. Il permet aujourd'hui au contraire de le reconstruire. Par un tweet ou un like, on montre à un fan que son avis nous importe. Faire des selfies remplace l'autographe. Grâce au lien digital que l'on a créé, le public est plus sensible à l'idée de payer. Mais l'artiste doit beaucoup donner de sa personne et de son temps. »*

⏭ Mourir sur scène

Quant à la scène, elle redevient le cœur du métier comme ce fut le cas avant que le disque ne se suffise à lui-même. Car si l'industrie du disque a vécu une décennie de crise, la musique au sens le plus large se porte bien. Très bien, même ! Le secteur du spectacle de variétés et des musiques actuelles représente à lui seul un chiffre d'affaires de plus d'un milliard et demi d'euros en 2012[84]. Il dépasse désormais celui de l'édition et de l'enregistrement musical, évalué à 1,1 milliard d'euros. Signe d'une santé insolente : le chiffre d'affaires en moyenne par an a bondi de 8 %. On ne peut pas en dire de même du disque.

Le même public qui boude les albums plébiscite donc comme jamais les concerts. Stromae, mais aussi Eddy Mitchell, Johnny Hallyday et Jacques Dutronc réunis ont triomphé en 2014 à Bercy. Ils ne sont pas les seuls. Indochine, Florent Pagny, des stars internationales comme Beyoncé, Jay-Z et Pharrell Williams se sont produits à guichets fermés. Selon une étude Harris-Prodiss publiée en novembre 2014, un Français sur cinq va au moins une fois par an à un concert[85]. Et il dépense de plus en plus pour aller au spectacle : +13 % en 2013 par rapport à 2012, soit 700 millions d'euros. Nos achats lors d'un concert sont loin d'être négligeables : outre le billet, 45 % du public s'offre le DVD ou le CD live du spectacle, 22 % un produit dérivé de type poster ou tee-shirt.

84. « Les entreprises de spectacle de variétés 2008-2012 », rapport du Centre national des variétés, octobre 2014.

85. « Stars cherchent grandes salles désespérément », Lena Lutaud, *Le Figaro*, 18 novembre 2014.

Alors le disque jusqu'ici au cœur du système deviendra-t-il un produit accessoire ? C'est peut-être sur scène que les interprètes trouveront désormais leur source de revenu principal. Un retour à la case départ en somme. Car le rôle d'un artiste n'est-il pas avant tout de chanter devant une assistance ? Pour le savoir, je contacte Thierry Suc. Depuis trente ans, il a produit les spectacles des plus grands, de Jean-Jacques Goldman à Mylène Farmer. Aujourd'hui, il s'occupe du gagnant de *The Voice* Kendji et prépare la comédie musicale *Résiste* consacrée aux chansons de Michel Berger et France Gall. « *Le rapport de force s'est modifié,* analyse-t-il. *Avant, la maison de disques était toute-puissante et le producteur de spectacle était le dernier maillon de la chaîne. J'ai vécu cela pendant de nombreuses années. Aujourd'hui, le producteur de spectacle est devenu un personnage-clé de la carrière d'un artiste. Mais nous travaillons main dans la main avec les majors.* »

Et de fait, pour les artistes, le revenu se fait aujourd'hui en grande partie grâce à la scène. Jamais l'engouement du public pour le spectacle vivant n'a été aussi grand, et ce, malgré la hausse vertigineuse des prix. *« Avant, le prix d'un album ou d'une place était peu ou prou le même,* se souvient Thierry Suc. *Le différentiel a changé. Un album c'est 10 euros, le spectacle 50 euros. Mais la façon de les faire a aussi évolué. Dans le passé, on collait des affiches pour promouvoir une tournée, aujourd'hui on doit faire du marketing et le budget consacré aux frais techniques a bondi. Mais Paris reste moins cher que Londres ou New York. »*

Reste que les artistes qui vendent le plus de disques sont aussi ceux qui remplissent le plus les salles. L'un sans l'autre n'existerait donc pas. Studio et concert, même combat !

⏭ Rencontre avec Alexandre Bompard, P.-D.G. de la Fnac

Créée en 1954, la Fnac est devenue le premier vendeur de disques en France, occupant à elle seule 35 % du secteur. Pas moins de 14 millions de disques y ont été vendus en 2014. Mais comment a-t-elle fait évoluer son modèle depuis que les ventes physiques de disques se sont effondrées ?

La dématérialisation de la musique, comme de la vidéo, signe-t-elle l'arrêt de mort de la Fnac en tant que magasin de biens culturels ?

Non, je suis convaincu que la révolution numérique n'aura pas pour conséquence de tuer la distribution physique mais de la transformer en profondeur. Le marché du physique représente encore la grande majorité du chiffre d'affaires de la musique. Ce chiffre est encore plus élevé dans le domaine de la vidéo – 80 % – ou du livre pour lequel le numérique est pour le moment encore peu présent. Plus de 70 % de nos passages en caisse comportent un produit éditorial. Pour autant, le niveau d'attente des consommateurs s'est considérablement élevé. Nous mettons tout en œuvre pour faire bénéficier nos clients d'un parcours d'achat simple et transversal entre le magasin et notre site Internet. L'avenir est à ce type de commerce : global et connecté. Nos clients peuvent aussi compter en magasin sur un catalogue riche ainsi que sur l'expertise de nos vendeurs. Cette diversité dans notre offre et le conseil personnalisé sont des atouts majeurs pour la Fnac par rapport aux autres acteurs du marché.

Y a-t-il encore un intérêt commercial à vendre des CD ?

Je tiens à attirer votre attention sur un point important : à la fin 2013, 74 % du marché de la musique reposait encore sur la vente de CD. Le marché du physique est d'ailleurs actuellement le seul modèle véritablement rémunérateur pour l'ensemble des acteurs de la filière. Il faut donc veiller à ne pas accélérer sa décroissance. C'est pourquoi la Fnac continue donc de mobiliser d'importantes surfaces de linéaires dédiés à sa vente.

Cet effort financier justifierait que les distributeurs de produits culturels bénéficient de mesures de soutien spécifiques. Je pense à la baisse du taux de TVA sur le disque ou encore à l'assouplissement des conditions d'ouverture des magasins culturels et de loisir le dimanche.

La Fnac a récemment lancé un service de streaming Fnac Jukebox. Quel est votre objectif en vous positionnant sur ce marché ?

L'objectif principal pour la Fnac avec Fnac Jukebox, est, non pas de concurrencer les acteurs déjà en place, mais de pouvoir offrir un service répondant aux nouvelles demandes de nos clients. Comme vous le savez, la musique digitale connaît une croissance continue depuis plusieurs années, essentiellement portée par des services de streaming en ligne. La Fnac, en tant que premier disquaire de France, avait toute la légitimité pour se positionner sur ce marché. D'ailleurs, de nombreuses études consommateurs démontrent qu'il n'a pas encore touché le grand public. 80 % des Français ne connaissent pas de noms de sites de streaming.

Alors pour vous, le streaming est-il l'avenir de la filière musique ?

Le modèle économique actuel du streaming ne permet pas d'assurer une rémunération équitable pour l'ensemble des acteurs. La croissance de ce marché est principalement portée par des modèles financés par la publicité ou les opérateurs de téléphonie qui, induisant une banalisation de la musique, laissent à penser que c'est un bien gratuit. Les chiffres positifs du premier semestre 2014 sont essentiellement dus à un nouveau deal opérateur avec un acteur du streaming. La révolution numérique est loin d'être achevée. Nul ne sait quels modèles seront viables demain. En revanche, ce dont je suis aujourd'hui convaincu, c'est que nous ne devons en aucune manière laisser penser que la culture peut être gratuite. Nous avons décidé de proposer, avec Fnac Jukebox, un service valorisant sans offre gratuite, tout en restant extrêmement attractif.

On constate une mise en avant du support vinyle dans vos magasins, notamment pour les fêtes de Noël. Y voyez-vous la renaissance durable d'un produit culturel ou un simple phénomène de mode parisien ?

Effectivement le support vinyle connaît un nouvel élan sur le marché de la musique. Le chiffre d'affaires du vinyle a doublé chaque année depuis trois ans, même si aujourd'hui encore il ne représente que 1,5 % du chiffre d'affaires de la musique. De manière générale, nos clients sont à la recherche, de plus en plus, de beaux objets, capables d'offrir une qualité sonore irréprochable. D'ailleurs, en CD aussi, ce sont les collectors qui se vendent le plus vite.

Les maisons de disques ont-elles fait des erreurs durant la décennie écoulée ?

L'ensemble des acteurs de la filière ainsi que les pouvoirs publics n'ont effectivement pas su anticiper les conséquences de la révolution numérique. Alors que les consommateurs avaient accès, de manière illégale, à des offres gratuites de musique en ligne, le prix des CD est ainsi demeuré trop élevé au début de la crise. La diminution du taux de TVA sur le disque aurait très certainement permis de limiter la chute brutale du marché du disque physique. De même, la riposte de l'ensemble des acteurs de la filière pour développer et proposer une offre légale sur Internet a été longue à venir et a permis aux offres illégales de prospérer.

N'est-ce pas aussi le pouvoir politique qui a trop tardé à réagir pour mettre fin au piratage ?

La prise de conscience du pouvoir politique est aujourd'hui réelle, mais sans doute a-t-elle été en effet un peu tardive. Pour autant, la création de la Hadopi a été un signal important. Le téléchargement entre particulier (peer-to-peer) a notablement reculé ces dernières années. Mais je suis persuadé qu'il faut aujourd'hui aller plus loin pour garantir le maintien de la création à l'heure numérique. L'action doit à la fois porter sur la lutte contre la contrefaçon commerciale en ligne et le développement de l'offre légale. Pour cela, les intermédiaires techniques et financiers (hébergeurs, services de paiement, acheteurs de la publicité en ligne, fournisseurs d'accès à Internet) doivent pouvoir être davantage impliqués dans ce combat.

Le marketing à outrance n'a-t-il pas contribué à faire perdre au disque sa valeur pour le faire passer de bien culturel à un produit de consommation de masse ?

Non, je ne le crois pas. Bien entendu les artistes de premier plan ont la chance de bénéficier d'un soutien marketing plus fort que les artistes débutants. Néanmoins, leur puissance d'attraction est nécessaire pour attirer les clients dans nos magasins. À charge pour nous ensuite de leur faire découvrir et de leur proposer de nouveaux talents.

Alors que le disque est en crise, beaucoup évoquent le retour du public vers le spectacle vivant. L'observez-vous sur les ventes de la billetterie Fnac ces dernières années ?

Effectivement, vous avez raison, une chose demeure : la volonté du public de rencontrer les artistes qu'ils aiment. La Fnac conserve sur ce marché une position de leader et occupe, avec France Billet, 50 % de part de marché. En 2013, France Billet a vendu près de 12,6 millions de billets, tous spectacles confondus.

Plus largement, cet engouement du public, la Fnac le ressent également tout au long de l'année à l'occasion des événements gratuits qu'elle organise en magasins ou « hors les murs ». Nous sommes profondément attachés à la promotion d'une culture plus participative, plus vivante, de proximité en permettant aux artistes de rencontrer leur public.

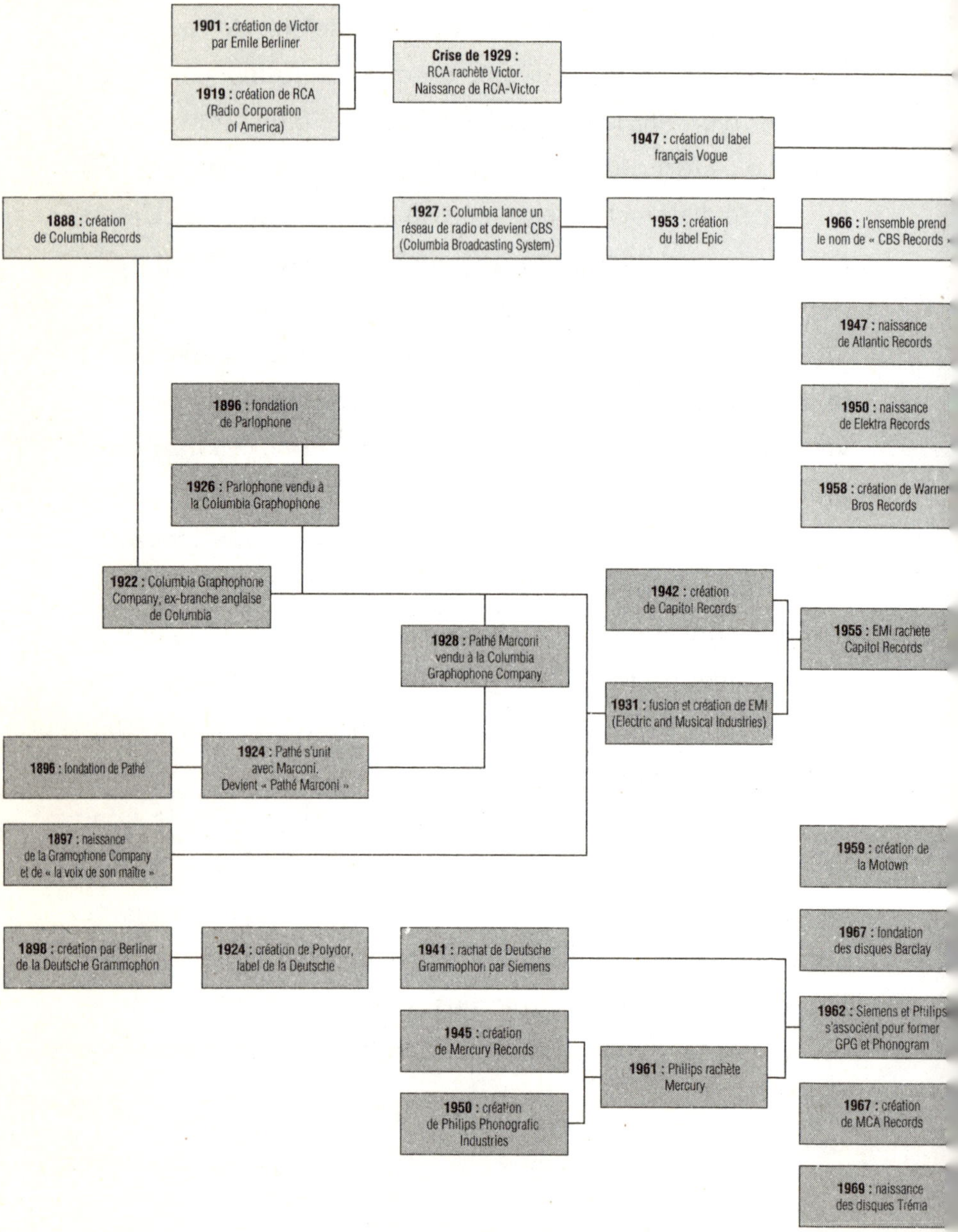

1901 : création de Victor par Emile Berliner
1919 : création de RCA (Radio Corporation of America)
Crise de 1929 : RCA rachète Victor. Naissance de RCA-Victor
1947 : création du label français Vogue
1888 : création de Columbia Records
1927 : Columbia lance un réseau de radio et devient CBS (Columbia Broadcasting System)
1953 : création du label Epic
1966 : l'ensemble prend le nom de « CBS Records
1947 : naissance de Atlantic Records
1950 : naissance de Elektra Records
1958 : création de Warner Bros Records
1896 : fondation de Parlophone
1926 : Parlophone vendu à la Columbia Graphophone
1922 : Columbia Graphophone Company, ex-branche anglaise de Columbia
1942 : création de Capitol Records
1955 : EMI rachète Capitol Records
1928 : Pathé Marconi vendu à la Columbia Graphophone Company
1931 : fusion et création de EMI (Electric and Musical Industries)
1896 : fondation de Pathé
1924 : Pathé s'unit avec Marconi. Devient « Pathé Marconi »
1897 : naissance de la Gramophone Company et de « la voix de son maître »
1959 : création de la Motown
1898 : création par Berliner de la Deutsche Grammophon
1924 : création de Polydor, label de la Deutsche
1941 : rachat de Deutsche Grammophon par Siemens
1967 : fondation des disques Barclay
1962 : Siemens et Philips s'associent pour former GPG et Phonogram
1945 : création de Mercury Records
1961 : Philips rachète Mercury
1950 : création de Philips Phonografic Industries
1967 : création de MCA Records
1969 : naissance des disques Tréma

Trois majors du disque, c'est toute une histoire !

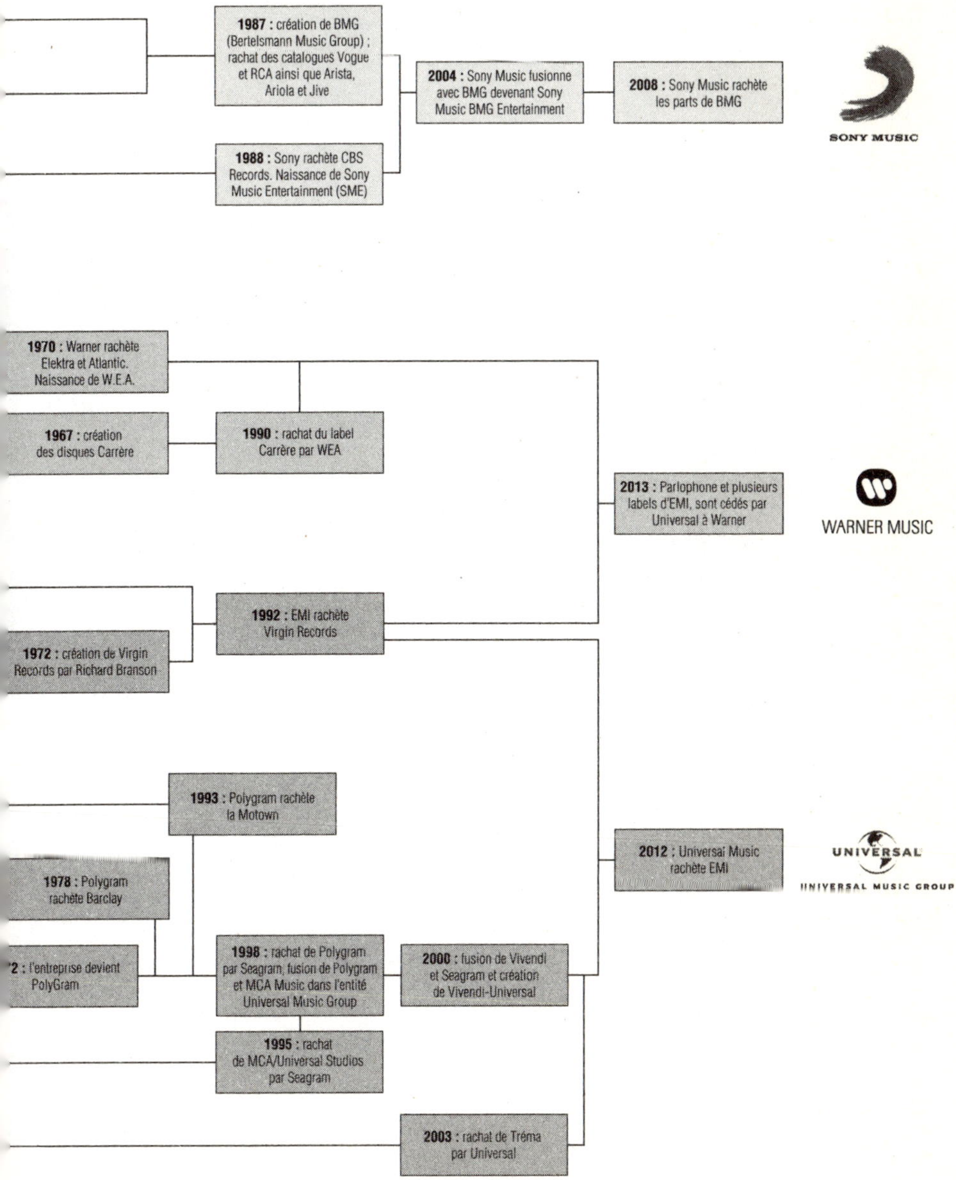

« Et maintenant, que vais-je faire ? »

Ami lecteur, au terme de cet ouvrage, il vous vient peut-être comme un vent de nostalgie. Le constat amer qu'un âge d'or est définitivement révolu. Le regret d'une époque où le contour était bien installé, où les codes étaient clairs et les repères nous étaient connus, entre une radio prescriptrice et une émission télévisée qui vous guidait dans vos choix musicaux. Il vous faut pourtant vous résoudre à en faire le deuil.

Vous regrettez le disque mais, comme l'être humain n'est pas à une contradiction près, vous irez l'instant d'après visionner sur YouTube le dernier clip de David Guetta. Preuve que l'écoute se fait de façon éclatée. Le disque n'est pas mort, il partage un vaste territoire avec le MP3, le streaming et ce que les technologies nous offriront. Car notre histoire d'amour avec la musique et les artistes est loin d'être terminée. Pour preuve, le classement des personnalités préférées des Français divulgué par le *Journal du dimanche* en janvier 2015 : c'est encore une fois le chanteur, auteur et compositeur Jean-Jacques Goldman qui demeure le chouchou pour la quatrième vague consécutive. Signe du lien étroit qui s'est créé entre les musiciens et nous. Quant à la radio et la télévision qui furent les traditionnels prescripteurs, elles doivent composer désormais avec YouTube, Facebook, Twitter, SoundCloud ainsi que les nombreuses communautés virtuelles qui naîtront à l'avenir sur la toile.

⏭ Le siècle du collaboratif

Le virage du numérique a rebattu toutes les cartes. Mais il ouvre également des champs d'exploration et des horizons inespérés en matière de création et d'innovation. Au fond, il suscite en nous la même réaction que pour tout grand changement : il provoque réticence et méfiance des anciens quand la jeune génération, née avec ces nouveaux moyens, en fait son atout pour créer le monde de demain. Ce n'est pas une première. L'arrivée de l'imprimerie a révolutionné la lecture, mettant sur la paille les scribes. Celle du train a révolutionné les transports, quitte à mettre en faillite les diligences. Il en est indéniablement pareil pour la dématérialisation de la musique enregistrée et l'entrée de nos sociétés dans l'ère du virtuel. En somme, nous nous comportons comme les contemporains de Gutenberg réticents face au côté industriel et impersonnel du livre imprimé et qui devaient certainement regretter le caractère unique et sacré du parchemin. Mais le progrès est en marche. Pour l'essayiste et économiste américain Jeremy Rifkin, nous sommes purement et simplement en train de vivre la troisième révolution industrielle, celle du partage. *« Les compagnies du disque n'ont rien compris au pouvoir distribué, jusqu'au jour où des millions de jeunes ont commencé à partager de la musique en ligne : les revenus de ces entreprises se sont effondrés en moins de dix ans. Le partage entre les gens d'une énergie distribuée dans un espace commun ouvert aura des conséquences encore plus vastes »*, écrit-il dans son brûlot[86]. Et de fait, l'économie collaborative rencontre une réelle adhésion des citoyens. En 2014, le secteur de l'économie du partage a levé 8 milliards de dollars[87]. Airbnb a révolutionné l'hébergement grâce aux 640 000 hôtes qui louent leur appartement ou le canapé du salon. Uber, véritable bête noire des taxis, permet à tout un chacun de devenir chauffeur le temps d'un trajet. D'autres initiatives éclosent comment l'idée de louer une cave ou un grenier plutôt que de les laisser à l'abandon. Sur Wikipédia, les articles ne sont plus réalisés par des auteurs reconnus mais par les internautes eux-mêmes qui se corrigent les uns les autres. L'idée que l'on partage ce que l'on possède, sans forcément être rémunéré, fait déjà son chemin.

Dans le cas de la musique, la mutation a déjà commencé. Certains sites comme MyMajorCompany ont ouvert la porte en invitant les internautes à devenir eux-mêmes les producteurs des artistes et prendre de ce fait des décisions artistiques. Les années à venir seront celles du renforcement de cette notion de collaboration. Certains sites musicaux comme SoundCloud en ont fait leur terrain de jeu. On ne fait pas que consommer de la musique ou simplement l'écouter. On la modifie, on la manipule, on la mixe. L'internaute devient autant acteur que l'artiste qu'il écoute. C'est sans doute cela la nouvelle révolution qui pourrait prendre de l'ampleur et dont on sous-estime le potentiel. Car la motivation des internautes est grande. Mais allons jusqu'au

86. *La Troisième Révolution industrielle. Comment le pouvoir latéral va transformer l'énergie, l'économie et le monde*, Jeremy Rifkin, éditions Les Liens qui libèrent, 2012.

87. Aurélien Viers, *Oubliez airbnb, l'économie du partage va s'étendre bien au delà*, nouvelobs.com, 9 décembre 2014.

bout de la démarche : pourquoi ne pas imaginer une chanson créée de toutes pièces par les internautes ? Des paroles et une musique écrites et modifiées par 1 000 personnes qui, tour à tour, arrange une rime ou une note ? Ce serait alors la logique des bienfaits du participatif poussé à l'extrême.

Reste alors une question : l'art peut-il être participatif ? N'est-il pas intimement lié à son créateur ? Une chanson de Serge Gainsbourg aurait-elle la même saveur sans le complexe de laideur qu'avait son auteur ? Un texte de Barbara peut-il être indissociable de ses fêlures d'enfance ? Bref, peut-on donner naissance à une œuvre en s'y mettant à beaucoup ? L'auteur de ces lignes n'a pas la réponse. Force est cependant de constater que les Américains se posent moins que nous la question. Là-bas, les séries télévisées sont écrites par un pool d'auteurs, parfois une dizaine, sans que ces derniers ne se posent le moindre état d'âme. Et souvent, le résultat est époustouflant. En France, des ateliers sont organisés par Francis Cabrel à l'occasion des rencontres d'Astaffort. Pascal Obispo a réuni autour de lui une équipe d'auteurs dans son label Atletico. Mais nous en sommes encore aux balbutiements de ce type d'expérience et le champ des potentiels n'a pas encore été exploité.

⏭ La musique enregistrée, cobaye du numérique

Au terme de cette enquête, il ressort également que les professionnels du disque ont été en première ligne face à la mutation Internet. Eddie Barclay ne reconnaîtrait sans doute pas ses successeurs. Ils ont déblayé, défriché, ont fait nombre d'erreurs. Mais ils ont aussi innové et ont muté dans la façon de produire la musique, de la diffuser et de communiquer autour de leur œuvre. Au final, aucune autre industrie culturelle n'a pris autant d'avance que celle-là. Pire : ceux-là mêmes qui se sont moqués du manque de réactivité des majors il y a dix ans souffrent aujourd'hui de la même façon du virage Internet et ne semblent aucunement tirer les leçons du cobaye qu'a été la musique.

Songeons à la terreur avec laquelle la télévision française a accueilli l'arrivée de Netflix à l'automne 2014. Cette banque géante d'images permet de visionner contre abonnement et de façon illimitée les plus prestigieuses des séries télévisées ainsi que les plus grands catalogues de cinéma. Pour le téléspectateur, c'est une aubaine. Il n'a plus besoin d'attendre une semaine entre chaque épisode. Il peut choisir combien de séries il regarde, à quel rythme et à quelle heure. Voir et entendre ce que l'on veut et quand on veut contre une somme forfaitaire, cela ne vous rappelle rien ? Et pourtant les grands médias traditionnels ont accueilli ce nouvel entrant tel le diable sur notre territoire. La télévision qui vit sur le principe de la grille des programmes et de la notion de rendez-vous à jours et heures fixes doit elle aussi apprendre à se remettre en question. Sa réaction face à Netflix ne semble pas plus mature que celle des majors face à Napster il y a quinze ans.

Songeons également à la presse qui agonise sous les coups de la mise en ligne gratuite de ses propres articles. Les modèles payants peinent à fédérer. Le quotidien *Libération* multipliait au début des années 2000 les unes fustigeant l'inaptitude des majors à s'adapter au progrès. C'est pourtant cette même rédaction qui, le 14 septembre 2013, écrivait en une *« Nous sommes un journal, pas un espace culturel, pas un réseau social, pas un incubateur de start-up »*, refusant une évolution vers un nouveau modèle proposé par sa direction. Ses confrères ont quant à eux migré de gré ou de force vers le modèle du « reverse publishing », la publication inversée. C'est désormais le contenu d'information produit pour un site Internet qui nourrit la version papier, et plus l'inverse. Mais la révolution culturelle de la presse n'aura véritablement lieu que le jour où les journalistes cesseront d'estimer qu'il y a une matière noble, le papier, et une sous-catégorie de journalisme représentée par la presse en ligne.

Le cinéma, lui non plus, n'a pas encore compris l'urgence de revoir la chronologie des médias, ce barrage qui contraint artificiellement la sortie d'un film en VOD plusieurs mois après son passage en salle. Alors que les internautes connaissent tous les verrous à faire sauter pour voir un film le jour même de sa sortie en salle, voire avant, les défenseurs du cinéma à l'ancienne maintiennent un délai de sortie en VOD obsolète qui les prive d'une manne considérable.

Quant à la littérature, elle découvre également les aléas du passage à l'ère de l'immatériel. Début 2015, le nouveau livre de Michel Houellebecq *Soumission* circule illégalement dans une version numérique sur Internet. Un exemplaire de son roman aurait été numérisé intégralement au format PDF. L'affaire surprend et choque. Elle émeut bien plus que le cas de Madonna dont les nouvelles chansons, au même moment, fuitent sur la toile. La chanteuse, pour qui ce n'est pas une première, est contrainte à sortir officiellement les morceaux concernés sur iTunes. La réaction est bien plus adaptée, elle en est presque devenue intuitive. Preuve que certaines industries culturelles ont fait leur mutation, d'autres non.

Netflix terrifie la télé et le cinéma, les eBooks remplacent doucement les livres, la presse fond à petit feu. Et pourtant nous n'avons jamais autant consommé de films, de série et d'articles. Que ce soit la musique, le cinéma ou l'écrit, les idées et créations circulent partout et librement. C'est pour nous une source inépuisable de rêve, de magie et de connaissance. Encore faut-il qu'elle permette aux créateurs de vivre du fruit de leur travail. C'est donc ce combat qu'il faut mener aujourd'hui. Non pas pour protéger les créateurs en s'arc-boutant sur des modèles du passé mais pour éduquer le public afin qu'il comprenne que tout a de la valeur, y compris une chanson qu'il entend dans les haut-parleurs de son supermarché. Il faudra d'ailleurs s'interroger d'une façon beaucoup plus large sur l'avenir de la propriété intellectuelle. Car bien au-delà de la musique, du livre ou du cinéma, c'est toute une conception du droit qui est remise en question à l'ère de la circulation planétaire des idées. Comment protégerons-nous par exemple les œuvres des designers ou des architectes lorsque les imprimantes 3D entreront dans nos foyers et permettront la duplication par le particulier des objets issus de l'imagination de grands créateurs ?

Cela passera aussi par un partage de la valeur plus équitable avec les géants de l'Internet. Le rapport de force avec les GAFA (Google, Apple, Facebook, Amazon) est inégal, c'est peu dire. Sont-ils suffisamment taxés en Europe ? Abusent-ils des pratiques d'optimisation fiscale ? Jouent-ils à armes égales avec les autres acteurs ? Les réponses, nous les connaissons. Nos dirigeants doivent maintenant trouver les armes pour agir. En Mars 2015, face à plusieurs centaines d'auteurs réunis par la SCAM, la ministre de la culture Fleur Pellerin a esquissé des pistes de réforme visant les gros acteurs du net. Il est question de responsabiliser les plateformes sur les contenus mis en ligne, revoir le statut d'hébergeur et contraindre les acteurs du Net installés à l'étranger à désigner un représentant en France. On lui souhaite bien du courage. L'Europe et la France ne sont pas des micro marchés. Notre voix peut se faire entendre.

Pendant ce temps, la musique semble être déjà passée dans un autre écosystème. Saluons donc les professionnels du disque rencontrés tout au long de cette enquête. Des hommes et des femmes qui aiment leur métier et qui n'ont qu'une obsession – chacun avec ses intérêts – celle de défendre la musique. Ils ont été les cobayes d'une révolution formidable. Nul ne sait où elle mènera. Le streaming n'est peut-être qu'une étape de plus vers autre chose. Mais quoi ? Ceux qui ont quitté le navire à temps, comme Gérard Louvin, pensent que le business de la musique enregistrée est mort et qu'il faut désormais se tourner vers le spectacle vivant. D'autres, à l'image de Jean-Noël Tronc de la SACEM m'expliquent que le disque n'est qu'une toute petite part de l'immense gâteau que représentent les bénéfices générés par le secteur musical dans son ensemble. Reste que la question de la rémunération des ayants droit et la monétisation de cette musique ne sont à ce jour pas résolu. En effet, une génération est née avec la gratuité. Comment les enfants qui ont grandi avec Napster puis YouTube accepteront-ils de basculer dans un modèle payant – notamment de streaming – alors qu'ils ont été habitués à consommer de la musique sans dépenser un sou ? Les alternatives que représentent la rémunération des artistes *via* la publicité ou un principe d'une licence globale (une taxe par internaute) ne représentent pas, à ce jour, une alternative plausible pour assurer des bénéfices substantiels et équitables.

⏭ Que va devenir le CD ?

« *Le CD n'est pas mort, il bande encore* », aimait à répondre un brin provocateur Bernard Coutaz, le patron du label classique Harmonia Mundi[88]. À l'heure du streaming, les deux tiers des revenus de ce marché sont toujours réalisés par le support physique. Mais pourquoi encore s'y attacher ? Il faudrait enfin songer à faire évoluer la présentation de la pochette si l'on souhaite que le CD vive encore quelques années. Le public réclame aujourd'hui des objets de consommation personnalisés, uniques.

Je fais donc une proposition qui fera hérisser les cheveux de certains : pourquoi ne pas tenter des pochettes de disque personnalisées ? Aujourd'hui, des marques comme M&M's proposent de recevoir des biscuits en chocolat avec nos noms inscrits dessus. De même pour Coca-Cola où l'on choisit le texte de la bouteille, Apple qui permet de graver notre identité sur l'iPad et même Adidas qui offre la possibilité de réaliser sa propre paire de baskets. Qu'attendent donc les maisons de disque pour se lancer aussi à l'ère du produit unique et adapté aux envies de chacun ? Offrir à un ami un disque avec un « joyeux anniversaire » inscrit en haut de la pochette créerait à n'en pas douter une vraie valeur ajoutée au bien qui est offert. Il sera unique, permettra de nouer une autre forme de lien affectif. Au lieu de cela, nous subissons toujours aujourd'hui les livrets de quelques pages insérés sous un fragile coffret en plastique. Cela fait trente ans qu'il n'a pas évolué !

88. http://www.liberation.fr/evenement/2006/12/02/le-cd-n-est-pas-mort-il-bande-encore_59129

⏭ Moins de chansons, plus de qualité

Qui n'a pas déjà été déçu par le contenu d'un album dont le titre s'annonçait prometteur ? Il existe dans l'inconscient collectif l'idée qu'un artiste s'investit dans un ou deux tubes et que le reste de son album semble sans intérêt. Bien entendu, les intéressés, producteurs comme artistes, s'en indignent. Et pourtant. Lequel d'entre nous prend encore le temps de découvrir un album dans son intégralité ? Notre mode d'écoute a aussi changé. Il se fait en picorant ici et là. Les fabricants informatiques l'ont bien compris en créant des lecteurs appropriés, comme l'« iPod Shuffle » qui offre une écoute totalement aléatoire des morceaux, quel que soit le chanteur ou l'album dont ils proviennent. Alors ne faudrait-il pas tout simplement proposer moins de chansons pour plus de qualité ? Ayons en tête que la notion d'album était liée aux impératifs techniques du passé. Autour de douze chansons pour le microsillon, une vingtaine pour le CD. Mais avec la dématérialisation, les contraintes en matière de production et de distribution ont sauté. Un artiste peut parfaitement mettre en ligne une chanson dès qu'elle est mixée, sans attendre comme par le passé que l'usine ne presse le disque. Le seul frein aujourd'hui est purement marketing. Les professionnels interrogés n'apprécient pas l'idée car la sortie d'un album est accompagnée d'une campagne de promotion et constitue un événement médiatique. Réfléchissons alors au retour de l'EP, ce format utilisé aux débuts du 45 tours et aux 33 tours 25 centimètres. Il offrait à l'écoute, ni deux chansons ni douze, mais quatre à six chansons. Une offre à mi-chemin entre le single et l'album. Ce rythme ne serait-il pas plus logique et moins pénible pour les artistes eux-mêmes ? Certains d'entre eux l'ont d'ailleurs adopté. Quant à l'auditeur, il pourrait se les approprier bien davantage, mieux les connaître et les aimer que lorsque quinze chansons sont proposées d'un coup. Bref, nous faire comprendre que chaque chanson est une œuvre, fruit d'un long travail qu'il faut réapprendre à savourer. Quatre chansons, pas plus.

⏭ La présence télé des artistes

Pour les artistes, il faudra retrouver aussi une exposition minimum sur les chaînes de télévision. Les anciens regrettent les années 1990 où quatre émissions de variétés rythmaient la semaine. C'était il y a vingt ans. Aujourd'hui, la fenêtre pour exposer les jeunes talents est minime, phagocytée par les programmes de télécrochets où l'on chante des titres des autres. Aujourd'hui, ce sont surtout les talk-shows, à l'image de *On n'est pas couchés*, *C à vous*, *Le Grand Journal* qui sont prescripteurs d'achat. Le chanteur est invité à y parler de sa vie, mais l'on y entend au maximum une trentaine de secondes de musique. Difficile dans ces conditions de faire découvrir les nouvelles chansons.

Plusieurs des intervenants interrogés appellent d'ailleurs le service public à jouer son rôle en offrant davantage de temps d'antenne aux jeunes artistes. Mais le problème est que pour chanter, le public n'est plus au rendez-vous. Quelle chaîne publique, quelle qu'elle soit, accepterait de diffuser un programme que personne ne regarde ? Quand France 2 consacre en octobre 2014 un samedi soir entier à Mireille Mathieu à l'occasion de ses cinquante ans de carrière, l'audience est là. 3,5 millions de téléspectateurs pour 16,4 % d'audience.

Un double record pour l'émission *C'est votre vie* que France 2 s'empresse de saluer dans un communiqué. Mireille Mathieu est une star confirmée depuis bien longtemps qui n'a plus rien à prouver à personne.

À titre de comparaison, Michel Drucker offre une semaine plus tard un samedi soir entier au talentueux Calogero ainsi qu'à ses amis. Enfin, la nouvelle génération est à l'honneur ! Mais le public la boude. France 2 termine bon troisième, derrière TF1 et France 3, avec 12 % d'audience et 2 millions et demi de téléspectateurs. On le voit bien, l'équation entre besoin d'audience et mise en avant de la relève est bien difficile à résoudre. Restent l'émission *Vivement dimanche* de Michel Drucker ou *Alcaline* en troisième partie de soirée... mais pour combien de temps ? À l'hiver 2014, *Grand Public* est supprimé de la grille de France 2, faute d'audience. Une émission musicale de plus qui disparaît, elle qui avait tenté de prendre la relève du mythique *Taratata* de Nagui.

⏭ Mais ils sont où, les nouveaux artistes ?

Il faudra également payer les conséquences d'une décennie où le développement en jeunes talents a été littéralement raboté. Entendons-nous bien : les maisons de disques ont toutes maintenu des départements développement et découverte pendant la crise. Mais elles les ont réduits au strict minimum en privilégiant le profit immédiat. Vu le contexte, on peut les comprendre. Mais il est temps de trouver un moyen pour faire émerger de nouveaux jeunes talents que l'on prend le temps de laisser maturer. Qui seront les Brel et Brassens de demain ? De tels artistes se développent sur la durée, non sur le profit qu'il faut réaliser au bout d'un album ou deux. Dans les maisons de disques, tous les directeurs artistiques rêvent de découvrir le Gainsbourg de demain. Mais ils ont moins de temps pour développer un artiste. Les contrats portent sur un album, parfois deux ou trois, mais en général des dispositions dans le contrat permettent d'y mettre fin si la vente du premier album a déçu. Les producteurs accordent moins de temps, donc moins d'exposition médiatique à l'heure où chaque musique et noyée… et au final, a plus de chances de disparaître.

Les télécrochets des années 2000 n'ont pas rempli leur office. Ils ont fait émerger des personnalités, pas des chanteurs. Certes, ce sont des shows télévisés de qualité, portés par une programmation musicale riche et une rythmique efficace. Jenifer, Nolwenn Leroy, Olivia Ruiz, Christophe Willem ou Kendji Girac sont sortis du lot. Mais sur quinze années de *Star Academy*, *The Voice* ou *Nouvelle Star*, c'est bien peu. D'ailleurs, de tous ces anciens « élèves », qui le public est-il prêt à écouter et voir en concert aujourd'hui, une fois le battage médiatique du premier album retombé ? Les faibles scores de vente des albums et les annulations à répétition de certaines tournées trahissent ce triste constat. Il ne faut pas s'en réjouir. Car c'est aujourd'hui que l'on prépare le paysage artistique du futur. Alors où sont-ils, les talents de demain ? Les premiers à s'en inquiéter sont les exploitants de salles de concert. Pour construire une carrière, il faut savoir attendre, prendre des risques, investir. Tout ce dont le business de la musique manque en ce moment. Beaucoup déploient la fabrication de produits musicaux plutôt que d'artistes. Pendant trois mois, le public consomme sur Internet l'univers d'un artiste à dose massive, puis il tourne la page. Résultat : les tourneurs programment moins de tours de chant au profit des one-man-show et des comédies musicales.

⏭ Qui donnera le « la » ?

La télévision et la radio restent aujourd'hui les principaux prescripteurs en matière de consommation de musique. Il suffit à un artiste d'un passage le samedi soir chez Laurent Ruquier ou le dimanche chez Michel Drucker pour dynamiser les ventes de son album dès le lendemain. Mais on sent bien que ce cycle vertueux touche à sa fin. Les jeunes générations s'informent différemment. À une époque, on écoutait *Salut les copains* pour connaître le dernier tube à la mode. Désormais, c'est sur Facebook que les adolescents s'échangent des liens musicaux vers les clips YouTube ou un morceau Deezer pour faire écouter à leurs amis les artistes qu'ils aiment. Une génération d'artiste est née grâce ou à l'aide de YouTube : Lana Del Rey, Justin Bieber, Lady Gaga et bien sûr Psy ont bénéficié de ce nouveau moyen efficace et mondial pour faire connaître leur musique. C'est l'ère du bouche-à-oreille et de l'offre multiple horizontale. Elle n'est plus verticale, d'un média unique vers un large public. Quelle sera donc la plateforme fédératrice et commune de l'avenir ? Le Michel Drucker de demain sera-t-il peut-être un internaute qui fera partager ses goûts *via* les play-lists qu'il créera ? Aujourd'hui, nous écoutons à 70 % sur Deezer ou Spotify des titres anciens (ce que l'on appelle le « back catalogue »), et qu'à seulement 30 % les nouveautés. Exactement l'inverse de nos priorités d'achats *via* iTunes. Par ailleurs ce sont toujours un petit nombre d'artistes et de titres qui concentre la majorité des écoutes. Comment serons-nous amenés à découvrir des nouveautés ? Beaucoup espèrent aujourd'hui que ces plateformes joueront un vrai rôle éditorial et ne seront pas que des robinets à stream.

Bien malin celui qui pourra dire à quoi ressemblera dans dix ans le paysage de la musique enregistrée. Mais gardons espoir : le monde ne change que par la volonté des hommes. Nous n'avons pas à subir le devenir du disque mais à le provoquer. « Suis ta musique où elle va », chantait en guise de conseil Michel Berger. Soyons donc acteurs : écoutons de la musique, achetons des vinyles, des CD, des abonnements aux services de streaming, des places de concerts. Bref, si nous souhaitons que la musique vive et que les artistes continuent à enregistrer des mélodies qui touchent notre cœur, c'est à nous de manifester ce souhait dans nos gestes du quotidien. Alors donnons tout pour la musique. Il faudra en retour que cette industrie retrouve une notion qu'elle a semble-t-il perdue ces dernières années, et qui est pourtant la qualité numéro un pour vendre du disque : la séduction. Mais pour cela, il faudrait retrouver l'inspiration. Après le jazz, le rock des années 1960, le twist, le disco, la dance, la techno, le rap, le R'n'B, l'éléctro la période est aux « musiques urbaines », de Black M à Magic System ou Maître Gims. Mais ne nous manque-t-il pas un mouvement musical fédérateur et puissant qui nous fasse entrer dans cette nouvelle époque ? Il n'est pas encore né... Ou sans doute que si... À l'heure où j'écris ces lignes, peut-être que quatre adolescents dans un garage de Liverpool sont en train d'enregistrer un morceau révolutionnaire qui donnera un coup de fouet à la production musicale.

On a tué mon disque, pas mes rêves.

Annexes

Quelles sont vos chansons préférées ?

🎧 **1972** : Concours « La plus belle chanson du monde » réalisé par RTL auprès de ses auditeurs en janvier 1972. Voici le résultat obtenu après dépouillement de 307 500 cartes.

1. La mer
2. Les feuilles mortes
3. Mammy blue
4. L'avventura
5. L'hymne à l'amour
6. La chanson de Lara
7. Plaisir d'amour
8. Ne me quitte pas
9. Petit papa Noël
10. Le temps des cerises
11. L'âme des poètes
12. Non, je ne regrette rien
13. Yesterday
14. La bohême
15. Il
16. Et mourir de plaisir
17. La mamma

18. Le plat pays
19. Le métèque
20. Only You

(...)

🎧 **1988** : « Le hit-parade du siècle », classement de la chanson du siècle obtenu à l'issu d'un sondage réalisé en janvier 1988 par la SOFRES pour Canal+, la SACEM et RTL.

1. Prendre un enfant par la main
2. Ne me quitte pas
3. Les roses blanches
4. Les corons
5. La montagne
6. Les feuilles mortes
7. Comme d'habitude
8. Petit papa Noël
9. Enfants de tous pays
10. Le chant des partisans
11. La chanson de Lara
12. Parlez-moi d'amour
13. La mer
14. Belle-Île-en-Mer, Marie-Galante
15. Le déserteur
16. Le plus beau tango du monde
17. Mon vieux
18. L'Auvergnat
19. La petite église
20. Y'a d'la joie

🎧 **1991** : « 40 ans de 45 tours en France 1951-1991 », les meilleurs 45 tours depuis la naissance de ce support en 1951 à l'occasion de ses 40 ans (classement établi par un jury de 40 journalistes), Le Nouvel Observateur avec France Inter et la SACEM, janvier 1991.

1. Il est cinq heures, Paris s'éveille
2. Ne me quitte pas
3. Avec le temps
4. Les feuilles mortes
5. La vie en rose
6. Marcia Baila
7. Gaby oh ! Gaby
8. Retiens la nuit
9. Je t'aime moi non plus
10. La mer
11. Chanson pour l'Auvergnat
12. Oh, oh chéri
13. La javanaise
14. Les mots bleus
15. Les élucubrations
16. Le bal des laze
17. Dis, quand reviendras-tu ?
18. Le Sud
19. Une petite fille
20. La bohème
21. Vertige de l'amour
22. Syracuse
23. Lindberg
24. Je suis venu te dire que je m'en vais

25. Joe le taxi
26. Non, je ne regrette rien
27. Douce France
28. Le poinçonneur des lilas
29. Comme d'habitude
30. Et moi, et moi, et moi
31. Les copains d'abord
32. Couleur menthe à l'eau
33. J'entends siffler le train
34. Et maintenant
35. Le déserteur
36. Quelque chose de Tennessee
37. Jolie môme
38. Milord
39. Les amoureux des bancs publics
40. Je suis né dans la rue

2003 : « Les 500 plus grandes chansons de tous les temps » (500 Greatest songs of all time). Classement établi en 2003 dans le magazine Rolling Stone par 172 musiciens et personnalités de l'industrie du disque. La liste a été mise à jour en 2010.

1. Like a Rolling Stone, Bob Dylan
2. Satisfaction, The Rolling Stones
3. Imagine, John Lennon
4. What's Going On, Marvin Gaye
5. Respect, Aretha Franklin
6. Good Vibrations, The Beach Boys
7. Johnny B. Goode, Chuck Berry

8. Hey Jude, The Beatles
9. Smells Like Teen Spirit, Nirvana
10. What'd I Say, Ray Charles
11. My Generation, The Who
12. A Change Is Gonna Come, Sam Cooke
13. Yesterday, The Beatles
14. Blowin' in the Wind, Bob Dylan
15. London Calling, The Clash
16. I Want to Hold Your Hand, The Beatles
17. Purple Haze, Jimi Hendrix
18. Maybellene, Chuck Berry
19. Hound Dog, Elvis Presley
20. Let It Be, The Beatles
21. Born to Run, Bruce Springsteen
22. Be My Baby, The Ronettes
23. In My Life, The Beatles
24. People Get Ready, The Impressions
25. God Only Knows, The Beach Boys
26. A Day in the Life, The Beatles
27. Layla, Derek and the Dominos
28. (Sittin on) The Dock of the Bay, Otis Redding
29. Help!, The Beatles
30. I Walk the Line, Johnny Cash
31. Stairway To Heaven, Led Zeppelin
32. Sympathy for the Devil, The Rolling Stones
33. River Deep – Mountain High, Ike and Tina Turner
34. You've Lost That Lovin' Feelin', The Righteous Brothers
35. Light My Fire, The Doors
36. One, U2

37. No Woman, No Cry, Bob Marley and The Wailers
38. Gimme Shelter, The Rolling Stones
39. That'll Be the Day, Buddy Holly and The Crickets
40. Dancing in the Street, Martha and The Vandellas

(…)

Top 10 des clips musicaux les plus vus sur YouTube en France en 2014.

1. Black M – Mme Pavoshko
2. Magic System – Magic in the Air
3. DJ Hamida Feat. Kayna Samet, Lartiste, Rimk du 113 – Déconnectés
4. Katy Perry – Dark Horse
5. Sia – Chandelier
6. Jul – Dans ma paranoïa
7. Shakira – Can't Remember To Forget You
8. Jason Derulo – Wiggle feat. Snoop Dogg
9. Maître Gims – Zombie
10. David Guetta & Showtek – Bad feat. Vassy

« Les 40 artistes les plus écoutés sur Deezer en 2014 », classement officiel.

1. Tous les mêmes – Stromae
2. Zombie – Maître Gims
3. Je ne dirai rien – Black M
4. OKLM – Booba
5. Instant Crush – Daft Punk
6. Bermudes – Fauve

7. Tout le monde veut des lovés – Lacrim
8. Guts Over Fear – Eminem
9. S.O.S. – Indila
10. Dangerous – David Guetta, Sam Martin
11. Diamonds – Rihanna
12. 80 Zetrei – Kaaris
13. Love Never Felt So Good – Michael Jackson
14. Get Up, Stand Up – The Wailers
15. The Days – Avicii
16. Wasting My Young Years – London Grammar
17. Ma direction – Sexion d'Assaut
18. 7/11 – Beyoncé
19. A Sky Full of Stars – Coldplay
20. Dis-moi oui – Keen'V
21. Lové – La fouine
22. Pour que tu m'aimes encore – Céline Dion
23. Happy – Pharrell Williams
24. Mistral gagnant – Renaud
25. Locked Out Of Heaven – Bruno Mars
26. An Eloquent – Shaka Ponk
27. Madness – Muse
28. Fresh Prince – Soprano
29. Summertime Sadness – Lana Del Rey
30. Dark Horse – Katy Perry
31. Demons – Imagine Dragons
32. K-SOS Musik – Rohff
33. 18 h 30 – bloqué – Casseur Flowters
34. Le passé – Tal
35. Dare – Shakira
36. Color Gitano – Kendji Girac

37. Tombé sous le charme – Christophe Maé
38. Seul – Johnny Hallyday
39. Final Masquerade – Linkin Park
40. Paris-Seychelles – Julien Doré

Bibliographie

CURIEN Nicolas, MOREAU François, *L'Industrie du disque*, La Découverte, 2006.

DERIEUX Emmanuel, *Droit de la communication*, L.G.D.J., 1999.

DUDIGNAC Charlotte, MAUGER François, *La Musique assiégée*, éditions L'Échappée, 2008.

FERMENT Fabrice, *40 ans de tubes*, éditions Lariviere, 2001.

HENNION Antoine, *Les Professionnels du disque, une sociologie des variétés*, éditions Métailié, 1981.

LESUEUR Daniel, *L'Histoire du disque et de l'enregistrement sonore*, éditions Carnot, 2004.

LESUEUR Daniel, *Les Hit-Parades de 1950 à aujourd'hui*, éditions Vaillant, 2014.

MARCILLAC Raymond (dir.), *Chronique de la télévision*, éditions Chronique, 1996.

MATTEWS Jacob Thomas, PERTICOZ Lucien, *L'Industrie musicale à l'aube du XXIe siècle, approches critiques*, L'Harmattan, 2012.

NÈGRE Pascal, *Sans contrefaçon*, Fayard, 2010.

RIFKIN Jeremy, *La Troisième Révolution industrielle. Comment le pouvoir latéral va transformer l'énergie, l'économie et le monde*, éditions Les Liens qui libèrent, 2012.

RIGAUD Jean-Luc, *Pathé Marconi à Chatou, de la musique à l'effacement des traces*, éditions Garnier, 2011.

SILBERMANN Alphons, *La Musique, la Radio et l'Auditeur*, Presses Universitaires de France, 1955.

TOESCA Marc, CONRATH Philippe, *Guide du tube*, Robert Laffont, 1987.

TORREGANO Emmanuel, *Vive la crise du disque !*, Carnets de l'info, 2010.

TOURNES Ludovic, *Du phonographe au MP3 : une histoire de la musique enregistrée*, Autrement, 2008.

VIGNOL Baptiste, *Cette chanson que la télévision assassine*, éditions Christian Pirot, 2000.

Merci au Syndicat national de l'édition phonographique pour m'avoir fourni la totalité de ses rapports annuels de 1989 à 2013.

Également consulté : l'excellent site de Fabrice Ferment top-france.fr regroupant les classements réels des ventes de disques depuis 1969.

Articles consultés :

« 40 ans de 45 tours en France – 1951-1991 », *Les dossiers du Nouvel Observateur*, hors-série n° 4, janvier 1991.

« Bras de fer décisif dans l'industrie du disque », *The Economist* cité par *Courrier International*, 3 juin 1999.

« Six clés pour comprendre l'industrie du disque », *Courrier International*, 18 juin 1998.

ABDI Nidam, « CD : la folie copie », *Libération*, 22 janvier 2000.

AESCHIMANN Eric, « Eddie Barclay, 78 tours », *Libération*, 30 décembre 1999.

ALBERGANTI Michel, « Napster, communauté d'échange des internautes », *Le Monde*, 20 octobre 2000.

BERNIER Alexis, RENAULT Gilles, « Industrie du disque : l'air de la crise », *Libération*, 27 avril 2004.

BERROD Romain, « Les stations musicales se cherchent », *Musique Info Hebdo*, 26 octobre 2001.

BLONDEAU Thomas, « Le streaming poursuit sa percée en France », *Écran Total*, 17 septembre 2014.

BOEHLERT Eric, « Le marché du disque et rayé », *Rolling Stone* cité par *Courrier International*, 6 mars 1997.

CARPENTIER Laurent, « La musique cherche son salut sur les planches », *Le Monde Magazine*, 27 janvier 2010.

DAMBRE Nicolas, « M6 : après quinze ans de musique, direction TNT », *Musique Info Hebdo*, 15 mars 2002.

DAMBRE Nicolas, « TNT : les projets de chaînes musicales », *Musique Info Hebdo*, 5 avril 2002.

DAVET Stéphane, « Les multinationales du disque verrouillent la musique on line », *Le Monde*, 24 janvier 2002.

DAVET Stéphane, SICLIER Sylvain « Les multinationales passent à l'offensive », *Le Monde*, 20 octobre 2010.

DE ROCHEGONDE Amaury, « Le SNEP réclame l'élargissement des quotas de chanson française à la télévision », *CB News*, 27 janvier 1996.

DEVILLERS Sonia, « Do Gynéco : l'industrie du disque n'a pas su utiliser le CD », *Le Figaro*, 16 août 2003.

DICALE Bertrand, « Eddie Barclay, notre dernier nabab », *Le Figaro*, 14 mai 2005.

FERRAT Jean, « Qui veut tuer la chanson Française ? », *Le Monde*, 8 janvier 2002.

FRAIOLI Bruno, « Pour la play-list, allez voir le labo », *Stratégies*, n° 1155, 18 juillet 2000.

GREMILLET Muriel, ABDI Nidam, « Samsung diffuse sur le Net de quoi alimenter son baladeur », *Libération*, 10 décembre 1999.

HIDALGO Frédéric, « Génération Chorus », *Chorus*, n° 40, juin 2002.

JARNO Stéphane, « La crise du disque enrayée – enquête », *Télérama*, 6 avril 2011.

LATRIVE Florent, RENAULT Gilles, « Le CD bientôt DCD », *Libération*, 6 septembre 2003.

LEFEUVRE Gildas, DAMBRE Nicolas, MOLLÉ Nicolas, « Le marché du disque classique », *Musique Info Hebdo*, 3 mai 2002.

LESPRIT Bruno, « Jean-Marie Messier est allé trop loin dans la récupération », *Le Monde*, 14 mars 2002.

LUTAUD Lena, « Stars cherchent grandes salles désespérément », *Le Figaro*, 18 novembre 2014.

MÉDIONI Gilles, « Le disque craque », *L'Express*, 21 juin 2004.

MISTRY Rémi, « La cassette revient par la bande », *À nous Paris*, 1er septembre 2014.

MOLLE Nicolas, « L'avenir des indépendants », *Musique Info Hebdo*, 1er février 2002.

MORTAIGNE Véronique, « Dangereuses collusions entre maisons de disques et médias », *Le Monde*, 11 mars 2002.

MORTAIGNE Véronique, « Goldman et Obispo, les pompiers du succès », *Le Monde*, 7 février 1998.

MORTAIGNE Véronique, « Le SNEP s'inquiète des nouveaux modes de diffusion de la musique », *Le Monde*, 28 septembre 1998.

MORTAIGNE Véronique, « Musique : crise du disque, succès du téléchargement », *Le Monde*, 29 avril 2004.

MORTAIGNE Véronique, « Tout ce qui passe sur Internet doit être autorisé », *Le Monde*, 17 juillet 1998.

NARLIAN Laure, « MP3, ami public ? », *Les Inrockuptibles*, 6 octobre 1999.

PLOUGASTEL Yann, « Qui a tué les variétés ? », *Télévision, le mensuel*, n° 3, juin 1997.

QUELENNEC Yann, « Star Academy, la phase de développement », *Musique Info Hebdo*, 22 mars 2002.

QUIQUERÉ Henri, « Eddie Barclay, producteur pour voir un ami chanter », *Le Matin de Paris*, 9 juin 1982.

RIGOULET Laurent, « Labels infidèles, la musique remastérisée », *Télérama*, 2 décembre 2009.

RONFAULT Lucie, « La Hadopi se bat contre l'asphyxie budgétaire », *Le Figaro*, 29 octobre 2014.

SEBAN Johanna, « Quel avenir pour le disque ? », *Les Inrockuptibles*, 30 novembre 2011.

SICLIER Sylvain, « Du 78 tours au Net, cent ans de musique enregistrée », *Le Monde*, 23 janvier 2010.

SOULA Claude, « Le disque rayé des majors », *Le Nouvel Observateur*, 30 mars 2000.

SOULA Claude, « Le vrai gagnant de "Star Academy" », *Le Nouvel Observateur*, 17 janvier 2002.

TELLIER Emmanuel, « Mon CD va craquer », *Télérama*, 19 mai 2004.

TORREGANO Emmanuel, « La musique française touchée à son tour par la crise », *Le Figaro*, 26 avril 2003.

TORREGANO Emmanuel, « Le disque compact en voie de disparition », *Le Figaro*, 6 septembre 2003.

TORREGANO Emmanuel, « Piratage, le verdict qui fâche », *Le Figaro*, 24 août 2004.

Merci à toutes ces femmes et tous ces hommes qui ont vécu cette belle histoire du disque d'avoir accepté de partager leur expérience et leur vécu (par ordre alphabétique) :

Sophie Amelot, Didier Barbelivien, François Bernheim, Yves Bigot, Alexandre Bompard, Loïc Bony, Michel Brillié, Jean Cazes, Alain Chamfort, Claude Charbit, Roberto Ciurleo, Axel Dauchez, Bernard De Bosson, Philippe De Souza, Renaud Donnedieu de Vabres, Vincent Frèrebeau, Philippe Gildas, Laurent Glépin, David Godevais, Michael Goldman, Marc Gonnet, Alain de Greef, Max Guazzini, Louis Hazan, Mémé Ibach, Jack Lang, Paul Lederman, Monique Le Marcis, Pierre Lescure, Jean-François Loury, Gérard Louvin, Marc Lumbroso, Annie Markhan, Jacques Metgès, Alexandre Michelin, Mickael Miro, Cecilia Mordechai, Pascal Nègre, Denis Olivennes, Alban Pingeot, Jacques Renard, Franck Riester, Hervé Rony, Patricia Sarrant, Olivier Sichel, Thierry Suc, Yann Thébault, Marc Toesca, Jean-Noël Tronc.

Un immense merci à Julien Tricard, oreille patiente et attentive, précieux partenaire dans cette belle aventure qui ne fait que commencer.

Merci à Laurent Boudin, Caroline Destais et aux équipes de First pour leur confiance sur toute la durée de ce projet.

Merci enfin à ma famille pour son soutien indéfectible depuis le début de mon histoire d'amour avec la musique... C'est-à-dire depuis toujours.

Table des matières